# AQA
# GCSE spanish

## Students' Book

**Isabel Alonso de Sudea**

**Vincent Everett**
**María Isabel Isern Vivancos**
**Shirley Buckley**
**Emma Díaz Fernández**

OXFORD
UNIVERSITY PRESS

# OXFORD
UNIVERSITY PRESS

Great Clarendon Street, Oxford OX2 6DP

Oxford University Press is a department of the University of Oxford.

It furthers the University's objective of excellence in research, scholarship, and education by publishing worldwide in

Oxford   New York

Auckland   Cape Town   Dar es Salaam   Hong Kong   Karachi
Kuala Lumpur   Madrid   Melbourne   Mexico City   Nairobi
New Delhi   Shanghai   Taipei   Toronto

With offices in

Argentina   Austria   Brazil   Chile   Czech Republic   France
Greece   Guatemala   Hungary   Italy   Japan   South Korea
Poland   Portugal   Singapore   Switzerland   Thailand
Turkey   Ukraine   Vietnam

Oxford is a registered trade mark of Oxford University Press in the UK and in certain other countries

British Library Cataloguing in Publication Data

Data available

ISBN 978 019 913906 4

10 9 8 7 6 5 4 3

Printed in Malaysia by Vivar Printing Sdn. Bhd.

Paper used in the production of this book is a natural, recyclable product made from wood grown in sustainable forests. The manufacturing process conforms to the environmental regulations of the country of origin.

## Acknowledgements

The publishers would like to thank the following for permission to reproduce photographs:

p6: OUP/Imageshop; p8tl: Dean Mitchell/Shutterstock; p8tr: Monkey Business Images/Shutterstock; p8ml: Yuri Arcurs/Shutterstock; p8m: Monkey Business Images/Shutterstock; p8mr: Felix Mizioznikov/Shutterstock; p8b: Galina Barskaya/Shutterstock; p13a: Basque Country/Mark Baynes/Alamy; p13b: Bigstock; p13d: Imago icon SMI; p13e: Stephane Kempinaire/Agence Vandystadt; p13f: Shaun Botterill/Allsport/Getty; p18: Fancy/Alamy; p20: Getty Images/Carlos Alvarez/Stringer; p24: Bigstock; p26: Richard Mittleman/Alamy; p30: Lisa Peardon/Getty Images; p30: CREATISTA/Shutterstock; p30: David R. Frazier Photolibrary: Inc./Alamy; p30: Bigstock; p33: David R. Frazier Photolibrary: Inc./Alamy; p34: David R. Frazier Photolibrary: Inc./Alamy; p39: Jasper Juinen/Getty Images; p42: Photofusion Picture Library/Alamy; p44: RubberBall Selects/Alamy; p48tl: Galvezo/Corbis; p48tr: Adrian Nakic/Getty Images; p48bl: Juan Carlos Tinjaca/Shutterstock; p48br: David R. Frazier Photolibrary: Inc./Alamy; p56: Radius Images/Alamy; p60: OUP; p62: Imagebroker/Alamy; p66(1&2): Bigstock; p66(3): Travelshots.com/Alamy; p66(4): Galen Rowell/Corbis; p66(5): Chris Jackson/Getty Images; p70a: A v.d. Wolde/Shutterstock; p70b: Rafael Martin-Gaitero/

Shutterstock; p70c: Imagebroker/Alamy; p70d: PIBOR/Alamy; p70: David Thyberg/Shutterstock; p71: Mauricio-José Schwarz; p72: Bigstock; p73l: Atlanpic/Alamy; p73r: AFP/Getty Images; p74t: David R. Frazier Photolibrary: Inc./Alamy; p74b: Bigstock; p75: Juerg Heinimann/Alamy; p78: OUP/Digital Vision; p80: UpperCut Images/Alamy; p87tl: David Young-Wolff/Alamy; p87tr: David R. Frazier Photolibrary: Inc./Alamy; p87bl: CuboImages srl/Alamy; p87br: Steve Dunwell/www.photolibrary.com; p88tl: Cro Magnon/Alamy; p88tr: Carlos Alvarez/Getty Images; p88(1): Serge Lamere/Shutterstock; p88(2): Robert Harding Picture Library Ltd/Alamy; p88(3): Hans Georg Roth/Corbis; p88(4): Cristian Baitg/Photographers Direct; p90tl: Jo Chambers/Alamy; p90tr: Cro Magnon/Alamy; p90bl: De Agostini/Getty Images; p92l: Angela Hampton Picture Library/Alamy; p92r: Andresr/Shutterstock; p96: Chuck Savage/Corbis; p98: Marek Slusarczyk/Shutterstock; p102a: Mira/Alamy; p102b: David Hoffman Photo Library/Alamy; p102c: iStockphoto.com; p102d: Penny Tweedie/Getty Images; p102e: Mitchell Kanashkevich/Getty Images; p102f: WILDLIFE GmbH/Alamy; p102tr: iStockphoto.com; p102br: OUP/Photodisc; p104: Josep Ferrer/Alamy; p108: OUP/Corbis; p110: Tim Graham/Getty Images; p111t: Bigstock; p111b: Jordi Bas Casas/NHPA/Photoshot; p114: Cultura/Alamy; p116: Jeff Greenberg/Alamy; p120l: Jaume Gual/www.photolibrary.com; p120m: Jim Craigmyle/Corbis; p120: B2M Productions/Getty Images; p122t: Robert Fried/Alamy; p122b: Phil Crean/Alamy; p124l: Index Stock/www.photolibrary.com; p124r: OUP; p126t: Adrian Nakic/Getty Images; p126tm: Kevin Dodge/Corbis; p126bm: OUP/Blend Images; p126b: Itani Images/Alamy; p128: Photodisc/OUP; p129: Mandy Godbehear/Shutterstock; p132: Image Source/Alamy; p134: Lisa F. Young/Dreamstime.com; p141a: Emma Rian/www.photolibrary.com; p141b: ImageState/Alamy; p141c: Reuters/Str Old; p141d: TravelStockCollection/Homer Sykes/Alamy; p141e: Bubbles Photolibrary/Alamy; p141f: Penny Tweedie/Alamy; p141g: Victor Watts/Alamy; p141h: Margo Silver/Getty Images; p146l: Bernhard Lang/Getty Images; p146lm: Helene Rogers/Alamy; p146rm: Ausloeser/Corbis; p146r: Scott Barrow/www.photolibrary.com; p150: OUP; p152: Roger Lemoyne/Getty Images; p155: Westend 61 GmbH/Alamy; p156: Horacio Villalobos/epa/Corbis; p159l: United Archives GmbH/Alamy; p159ml: Allstar Picture Library/Alamy; p159mr: Allstar Picture Library/Alamy; p159r: Allstar Picture Library/Alamy; p162: Bigstock; p164: Nature Picture Library/Alamy; p166t: Bigstock; p166m: Michael Blann/Getty Images; p166b: Bigstock; p167: Sean Justice/Getty Images; p170: Jim West/Alamy.

Artwork by: Stefan Chabluk, Kessia Beverley Smith, Phillips Burrows, Moreno Chiacchiera, Peter Donnelly, Hardwick Studios, Mark Draisey, Gemma Hastilow, Bill Houston, Mike Lacey, Mike Phillips, Pulsar Studio, Andy Robb, Pete Smith, Simon Tegg, Laszlo Veres, Ian West

Cover image: Photodisc/Getty

The authors and publishers would like to thank the following people:

Editor: Michelle Armstrong; native speaker checker: Jaime Veiga-Perez

Every effort has been made to contact copyright holders of material reproduced in this book. If notified, the publishers will be pleased to rectify any errors or omissions at the earliest opportunity.

# AQA GCSE spanish

**Isabel Alonso de Sudea**

**Vincent Everett**
**María Isabel Isern Vivancos**
**Shirley Buckley**
**Emma Díaz Fernández**

# Welcome to *AQA GCSE Spanish!*

The following symbols will help you to get the most out of this book:

listen to the audio CD with this activity

work with a partner

work in a group

**GRAMÁTICA** an explanation of an important aspect of grammar

**HABILIDADES** a skill or strategy that will help you maximise your marks

**VOCABULARIO** key expressions for a particular topic

**Remate** a round-up activity that helps you to put the skills and grammar you have learnt into practice. Additional support for these activities is provided on the Resources and Planning OxBox CD-ROM.

**Gramática en acción** grammar explanations and practice

**Controlled Assessment** Extended tasks which will help you to prepare for your speaking and writing controlled assessments. Additional support for these activities is provided in the *Exam Skills Workbooks*.

**Vocabulario** unit vocabulary list

**Escuchar y Leer** Additional exam-style listening and reading material to accompany each unit

# Contents

# Welcome to *AQA GCSE Spanish*!

## What will you be studying?

You will be studying topics from four areas:

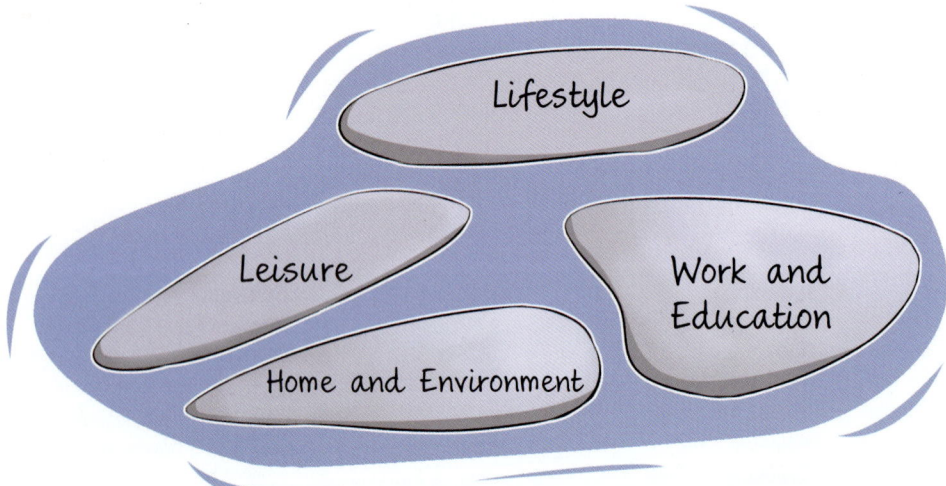

- Lifestyle
- Leisure
- Home and Environment
- Work and Education

## What are the aims of *AQA GCSE Spanish*?

*AQA GCSE Spanish* is all about making Spanish work for you, and making it fun and relevant at the same time. You will be given all the tools you need to develop your Spanish (grammar, skills and vocabulary) and plenty of interesting topics so that you can talk about the things that really matter to you.

Not only that, but we give you lots of support to help you succeed in the AQA GCSE exam, for both the Listening and Reading papers and the Speaking and Writing Controlled Assessments.

By the end of this course you will be able to feel confident about your GCSE exam and able to communicate in Spanish in lots of different situations.

Travelling around Latin America on a motorbike
What NOT to do at a party
with the Spanish exchange students

\*\*\*

How to protest against that new supermarket

\*\*\*

How to lead a healthy lifestyle... eating paella and tapas!

\*\*\*

Design the school of the future

## What is in the exam?

For the AQA GCSE exam, you will be tested in four skills. Speaking and Writing count for 60% of your total mark (see chart), so for 60% of the exam, what you will end up with in the assessment is up to you!

**Listening and Reading** are assessed in exams. The examiners are not trying to trick you or confuse you:
- All instructions will be in English.
- Questions are designed to find out how much you understand.

**Speaking and Writing** are tested by Controlled Assessment. That's designed to let you show off what you can do.

**Overall GCSE grade: 100%**

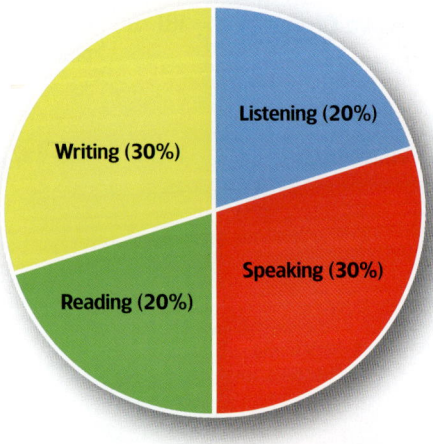

- Listening (20%)
- Speaking (30%)
- Reading (20%)
- Writing (30%)

# What is Controlled Assessment?

There are two types of Controlled Assessment that you will need to do for your AQA Spanish GCSE: one for Speaking and one for Writing.

For the Speaking Controlled Assessment you will have to complete two speaking assessment tasks: one task will be in the style of an interview and the other will be a conversation, and both tasks have to be on different themes. The great news is that you can choose what topics you want to talk on, so you can pick something that interests you!

For the Writing Controlled Assessment you will have to complete two assessment tasks. Again, you can choose to write on topics that really appeal to you.

The Speaking and Writing Controlled Assessment sections at the end of each unit give you lots of helpful advice and practice, so that by the time you come to do your Controlled Assessments you will be more than ready!

# How does *AQA GCSE Spanish* equip me for the exam?

It develops your Listening, Speaking, Reading and Writing skills, step by step, building your confidence in tackling material in Spanish.

It focuses on strategies for success in the exam so you can do your best on the day. There are skills boxes in each unit to set out the best way to learn. Also, there are loads of useful tips and practice questions in the *Exam Practice* section on page 171.

It tells you exactly what you need to approach the Speaking and Writing Controlled Assessments with confidence. At the end of each unit there is a Speaking and a Writing Controlled Assessment: these are similar to the AQA GCSE Controlled Assessment tasks and so you have the opportunity to get lots of practice. All the Spanish and all the grammar and skills you have learnt so far will come into play, so you can use the task as a chance to show off and express yourself.

You will also find lots of extra reading and listening practice in the *Escuchar y Leer* section on page 155. This section has two pages of further listening and reading activities for every unit in the style of the exam so that you can get lots of exam practice in those areas.

The *Exam Practice* section on page 171 provides useful tips and sample papers for you to develop your exam skills. You will find lots of targeted exam strategies that really work!

## What else will help me succeed?

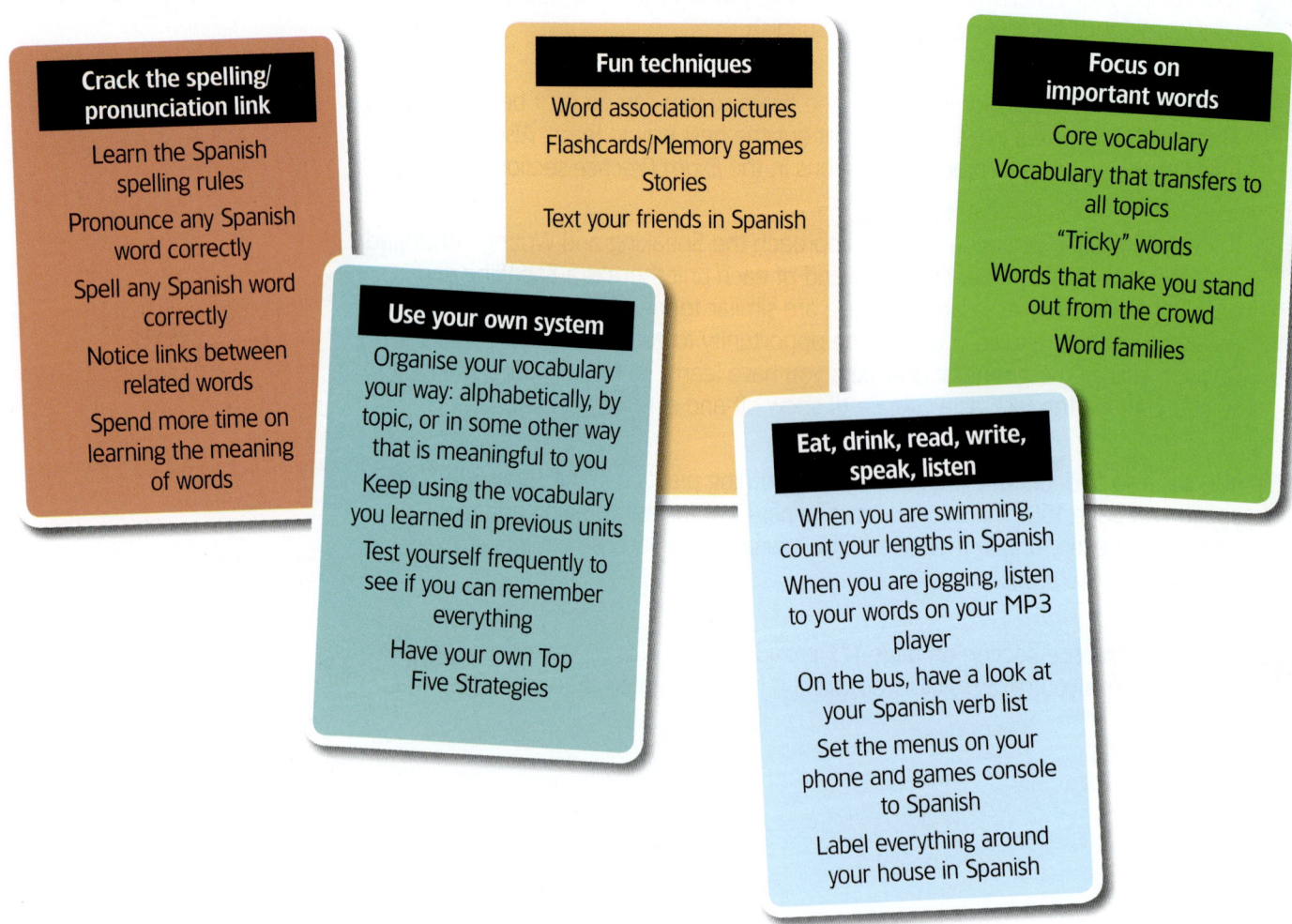 The *Exam Skills Workbooks* (Foundation and Higher) which bring together lots of useful advice and strategies, and provide you with activities to put them into practice.

The *Resources and Planning OxBox CD-Rom*, which provides overviews of Spanish grammar and pronunciation, plus flashcards to help you to master the AQA prescribed vocabulary list. Use the Record & Playback activities to record practice Speaking Controlled Assessment tasks and perfect your pronunciation and delivery.

The *Assessment OxBox CD-Rom* is there to give you lots of interactive assessment practice, so that you are well prepared for your GCSE exam.

## How to learn new words and use them

There are many strategies for learning Spanish vocabulary. The most important thing is to try them, evaluate them, and stick to what works for you. Spending time learning words thoroughly is a simple thing that will make a big difference to your grade. It is something no one else can do for you!

## Top Five Strategies for Learning Vocabulary

### Crack the spelling/ pronunciation link

Learn the Spanish spelling rules

Pronounce any Spanish word correctly

Spell any Spanish word correctly

Notice links between related words

Spend more time on learning the meaning of words

### Fun techniques

Word association pictures

Flashcards/Memory games

Stories

Text your friends in Spanish

### Focus on important words

Core vocabulary

Vocabulary that transfers to all topics

"Tricky" words

Words that make you stand out from the crowd

Word families

### Use your own system

Organise your vocabulary your way: alphabetically, by topic, or in some other way that is meaningful to you

Keep using the vocabulary you learned in previous units

Test yourself frequently to see if you can remember everything

Have your own Top Five Strategies

### Eat, drink, read, write, speak, listen

When you are swimming, count your lengths in Spanish

When you are jogging, listen to your words on your MP3 player

On the bus, have a look at your Spanish verb list

Set the menus on your phone and games console to Spanish

Label everything around your house in Spanish

# What works for you?

I read words over and over again and then repeat them in my head or out loud.

I write each new word out ten times and then I write a sentence using it.

I write new words on a small card with the English translation on the back and use them to test myself.

I record myself speaking and then listen to the recording.

I ask a friend or relative to test me.

I spell new Spanish words out for myself, silently or out loud.

**Which of these ideas would work best for you? Try some and see!**

## Getting to grips with grammar

You will have already come across lots of useful grammar but remember that you need to pay special attention to the following for your GCSE studies:

- Tenses (present, past and future)
- Opinions and reasons
- Linking words
- Descriptions

## Where will you find your grammar tools in *AQA GCSE Spanish*?

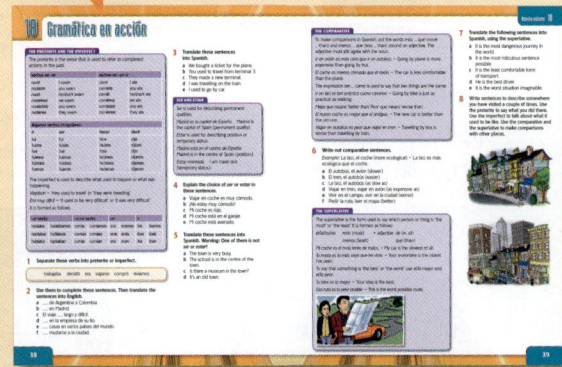

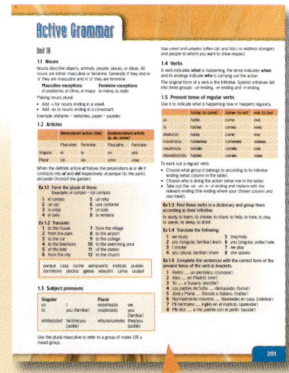

*Gramática en acción* pages towards the end of each unit of the *Students' Book*, with more in-depth explanation and practice activities.

Purple grammar panels on most pages of the *Students' Book*.

A GCSE *grammar bank, Active Grammar*, at the end of the book, for reference and extra practice.

One page of grammar activities for each unit in the *Exam Skills Workbooks*.

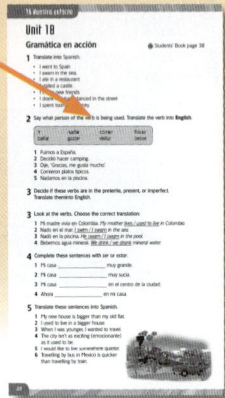

Extensive practice of all of the grammar points covered at GCSE level.

ICT presentations of the core grammar points you need for GCSE.

# 1A Viva la vida

## ¿Ya sabes cómo ...

- ❑ mantenerte en forma?
- ❑ evitar una vida malsana?
- ❑ elegir un régimen sano?
- ❑ explicar los problemas de salud?
- ❑ enfrentarte a las malas costumbres?

Mente sana, cuerpo sano

## Controlled Assessment

- **Speaking:** healthy lifestyles
- **Writing:** healthy living and eating at school

## Gramática

As part of your Spanish 'toolkit', can you ...
- use question words?
- use the present tense of regular, reflexive, radical–changing and irregular verbs?
- use the present continuous and gerunds?
- use positive commands?
- use a verb + the infinitive (*tienes que, debes* etc.)?
- use the immediate future?

## Habilidades

### Hablar

In Spanish, how do you ...
- pronounce the vowel sounds correctly?
- start a conversation?
- ask questions?
- rehearse what you want to say?

### Escribir

When writing in Spanish, how do you ...
- extend your sentences?
- use synonyms, antonyms and understand cognates?

**1a** 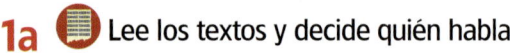 Lee los textos y decide quién habla.

**1b** Lee otra vez y haz una lista de todos los verbos reflexivos.

**A**

**B**

**1**

 Al llegar a casa a las siete me siento muy cansado pero me gusta ponerme a preparar la cena. Siempre me divierto en la cocina porque me encanta comer. Después de comer me relajo un poco y luego me acuesto temprano. Muchas veces me duermo enseguida.

**2**

 Me levanto todos los días, incluso los domingos, a las seis y media en punto. Me pongo la sudadera y me voy al parque a correr. Si llueve mucho entonces prefiero irme a la piscina y nadar durante media hora. Desayuno y después me baño, me visto para el trabajo, me peino y voy a pie a la oficina.

## GRAMÁTICA

**Reflexive verbs**

Remember: when you look up reflexive verbs in a dictionary you will find the pronoun *se* attached to the end of the infinitive: *levantarse, mantenerse*.

You always need to put the reflexive pronoun before a main verb but you don't need to use the personal pronoun unless you want to emphasise who is performing the actions.

*Ella se levanta temprano pero yo me levanto tarde.*

## HABILIDADES

When reading aloud or speaking make sure you pronounce the vowel sounds correctly. Practise saying them in front of a mirror − a e i o u.

**2** Escucha a las personas 1−8. Copia y rellena la tabla.

| ¿Qué hago? | ¿Dónde? | ¿Cada cuánto? |
|---|---|---|
|  |  |  |

cada día      una vez a la semana      dos veces al día

## GRAMÁTICA

**Correct use of determiners**

Don't forget you use **el** *deporte* or **los** *deportes* in Spanish but 'sport' or 'sports' in English.

*Me gustan los deportes.*   I like sports.

**3a** 🎧 Escucha las llamadas telefónicas e identifica el deporte.

**3b** 🎧 Escucha otra vez y copia y completa la tabla.

| Deporte | Cuándo | Veces |
|---------|--------|-------|
|         |        |       |

**3c** 🎧 Escucha otra vez y apunta estas palabras en español.

1 freestyle   butterfly   to dive
2 twice a week   basic level
3 disabled person   wheelchair   without a doubt
4 individual sports   team sports
5 join a club   quite easy   healthy

**3d** 🎧 Escucha la última llamada otra vez y explica cómo se juega.

> se juega con ...   se necesita ...   se pega ...   se juega ...

**GRAMÁTICA**

**Reflexive constructions**

Reflexive constructions (e.g. *se juega*) are used in Spanish to avoid the passive. How would you translate the following? *Se juega con ... Se necesita ...*

**4a** 🎧 Escucha la conversación y contesta a las preguntas.

Who (the man or the woman) ...

1 ran a marathon two years ago?
2 used to eat chocolate every day?
3 has been on a diet for three years?
4 has been going to yoga classes for a month?
5 usually swims before breakfast?

**GRAMÁTICA**

*desde*

With *desde* you use the present tense to indicate that the action is still going on:

*¿Desde cuándo haces yoga?* How long have you been doing yoga?

*Hago yoga desde hace dos años.* (You still do it.)

**4b** 🎧 Escucha la conversación otra vez y anota todas las expresiones que indican tiempo.

*Ejemplo:* Antes comía chocolate ...   Llevo seis meses ...

## Remate

**5** 👥 Ask your partner about their healthy and unhealthy routines.

1  ¿Te gusta el deporte?
2  ¿Qué ejercicio haces?
3  ¿Cuántas veces a la semana?
4  ¿Por cuánto tiempo?
5  ¿Qué día?
6  ¿Qué haces para relajarte?
7  ¿A qué hora te acuestas?
8  ¿Cuántas horas sueles dormir?

> rara vez   a menudo   siempre   normalmente

**6** 👥 Choose a sport and write a brief paragraph about it. Mention
- its name
- how you play it
- what you need for it
- why you think it's good for your fitness.

**G** verbos + el infinitivo, interrogativos   **V** rutinas malsanas   **H** ensayar lo que vas a decir

## 1a Lee el póster e identifica la imagen.

**a** un ratón tímido

**b** un mono ágil

**d** un perezoso durmiente

**c** un hipopótamo gordo

**e** un loro hablador

**1** Me gusta dormir horas y horas. No me levanto temprano nunca. Creo que la cama es el mejor mueble de la casa y el dormitorio es mi cuarto preferido. Soy el animal más perezoso del planeta.

**2** A mí me encanta la comida, sobre todo los dulces, caramelos y chocolates. Siempre tomo un buen desayuno completo y luego el almuerzo, la merienda y la cena siguen casi sin fin, plato tras plato delicioso. Yo soy el animal más gordo del planeta.

**3** A mí me fascinan los plátanos. Puedo comer dos o tres a la vez. No me gusta la rutina pero sí me gusta jugar todo el tiempo. Soy el animal más travieso y ágil del planeta.

## 1b Escoge una instrucción para cada animal (1–3).

**Es hora de cambiar**

hay que + infinitivo   debes + infinitivo
tienes que + infinitivo

dormir menos
hacer más ejercicio
ponerse a dieta
levantarse temprano

no comer tanto
tener más disciplina
dejar de jugar tanto

## 1c Inventa otras instrucciones para los dos animales que sobran.

## 2a Escucha la entrevista y escribe los interrogativos en el orden en el que los oyes.

## 2b Copia y aprende de memoria las palabras

cómo   cuándo   dónde   quién   qué
cuánto/a/os/as   cuál

interrogativas. ¿Qué tienes que recordar cuando escribes una pregunta en español?

## 2c Escucha otra vez y empareja las respuestas de abajo con las preguntas.

**a** Puedo pasar tres/cuatro horas cada noche después del cole.

**b** A nadie: prefiero escuchar música o ver películas de terror.

**c** No hago absolutamente nada. A mí no me importa estar en forma.

**d** No me interesa ningún tipo de deporte.

**e** Mire usted, soy vago en el extremo, lo sé, pero soy feliz como soy. Por favor no traten de cambiar mi rutina.

**f** Pues juego con el Wii o Nintendo o veo la tele.

**g** Todos los miércoles, pero siempre digo que estoy enfermo.

**h** No tengo la menor idea dónde se encuentra.

**i** Claro que sí. Me acuesto muy tarde.

## 2d Lee las respuestas otra vez y analiza los verbos. Para cada uno escribe el infinitivo e indica el cambio si es necesario.

*Ejemplo:* puedo – poder (o → ue)

**HABILIDADES**

Asking questions is one way to start and keep a conversation going. As soon as you see a question mark in Spanish you need to think about the intonation of your voice.

**3a** Escucha y mira los dibujos, y ponlos en orden según las descripciones.

**3b** Escucha otra vez y trata de escribir el equivalente español de estas opiniones sobre la comida.

| Opiniones positivas | Opiniones negativas |
|---|---|
| *Me encanta/Me apasiona* – **I love** | *No soporto* – **I can't stand** |
| *Me chifla* – **I'm mad about** | *No me interesa* – **I'm not interested** |
| *Prefiero* – **I prefer** | *Odio* – **I hate** |

**4** Read the email from Tomás and write 'true' (T) or 'not mentioned' (NM).

¡Hola Rubén!
Ya estoy en España después de mis tres meses en los Estados Unidos.
La gente aquí es estupenda y la comida excelente. Me encanta poder comer otra vez pescado fresco todos los días … ¡Menuda diferencia con la comida de Nueva York! No soporto la comida rápida y grasienta, y tan artificial. Todo aquí es sabroso y auténtico, aunque creo que a veces la comida es un poco salada en comparación.
Esta noche voy a tomar unas gambas con unos amigos. Hasta pronto,
Tomás

**a** Tomás isn't interested in American food.
**b** He loves hamburgers.
**c** Tomás is going to eat some seafood.
**d** Tomás loves authentic food.
**e** American food isn't as tasty as Spanish food.
**f** He hates meat.
**g** Tomás doesn't like cooking fatty food.

**5** Lee otra vez el correo electrónico de la actividad 4 y busca los antónimos de los siguientes adjetivos.

asqueroso   fresca   sosa   saludable   auténtica

**6** Habla con tu compañero/a sobre tus gustos personales. ¿Qué te gusta? ¿Qué prefieres? ¿Qué comida no soportas?

**HABILIDADES**

**Rehearse what you want to say in advance**

Practise thinking in Spanish: it gives you more confidence when you actually speak!

Think about what questions you want to ask about healthy and unhealthy routines and rehearse how you might answer if the same questions were put to you. For example:

*¿A qué hora te levantas normalmente?*

*Pues normalmente me levanto a …*

## Remate

**7** Work with a partner. They hate a particular food and you try to persuade them to change their mind. Then switch roles.

Example: **A** No me gustan las espinacas.
**B** Pero las espinacas son muy sanas.

**8** Write your answers to these two questions.

*¿Desayunas bien?*

*¿Qué sueles comer a la hora del almuerzo?*

**Swap answers with a partner. What advice can you give them? Write down the advice with a programme of healthy activities.**

hay que …   necesitas …   tienes que …   debes …
puedes …

**G** el presente continuo  **V** comida saludable y poco saludable  **H** expresarse de una manera más natural

**1**  Escucha a estos chicos hablando de las comidas. ¿Cuáles mencionan?

| Martín | |
| --- | --- |
| Javi | |
| Mercedes | |

**2** Escucha la actividad 1 otra vez y escribe la frecuencia con que comen la comida que mencionan.

*Ejemplo:* Martín − verduras todos los días y comida rápida dos veces al mes

**3** Con tu compañero/a, practica las siguientes preguntas.

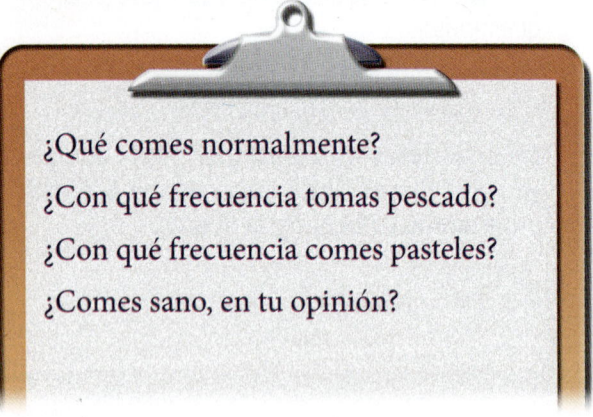

¿Qué comes normalmente?

¿Con qué frecuencia tomas pescado?

¿Con qué frecuencia comes pasteles?

¿Comes sano, en tu opinión?

**4** Ahora escribe tus respuestas en tu cuaderno. Utiliza los adverbios de frecuencia.

de vez en cuando    dos veces al mes    nunca
siempre    a menudo

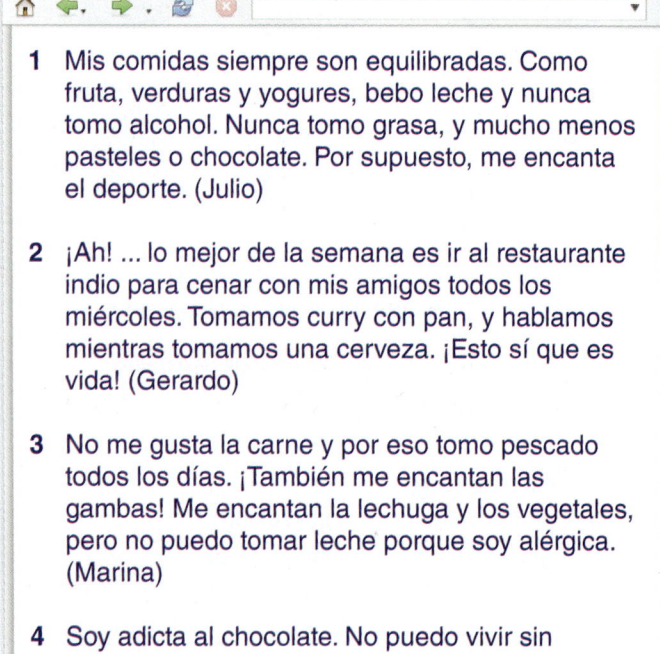

**1** Mis comidas siempre son equilibradas. Como fruta, verduras y yogures, bebo leche y nunca tomo alcohol. Nunca tomo grasa, y mucho menos pasteles o chocolate. Por supuesto, me encanta el deporte. (Julio)

**2** ¡Ah! ... lo mejor de la semana es ir al restaurante indio para cenar con mis amigos todos los miércoles. Tomamos curry con pan, y hablamos mientras tomamos una cerveza. ¡Esto sí que es vida! (Gerardo)

**3** No me gusta la carne y por eso tomo pescado todos los días. ¡También me encantan las gambas! Me encantan la lechuga y los vegetales, pero no puedo tomar leche porque soy alérgica. (Marina)

**4** Soy adicta al chocolate. No puedo vivir sin él; todos los días como chocolatinas para el desayuno, y en el recreo … tomo comida sana también, pero ¡sin chocolate me siento nerviosa e infeliz! (Rosa)

**5** Lee los correos electrónicos y elige quién dice qué. ¿Quién ...

a  ... tiene una intolerancia a los lácteos?
b  ... come muy sano?
c  ... tiene una obsesión?
d  ... come comida poco saludable un día por semana?
e  ... no toma dulces?
f  ... bebe alcohol de vez en cuando?
g  ... come marisco?
h  ... no desayuna comida sana?

**6** Listen to the two friends talking about their diet and write the answers.

a  Why does Manuel feel ill?
b  What does he usually eat?
c  What does Juan eat in his new diet?
d  What does he have for breakfast now?
e  What did he used to have?
f  And Manuel? What is his attitude to breakfast?

**7** 📖 Lee el consultorio de salud de la revista *Saber vivir*.

**1** Odio verme en el espejo porque creo que estoy gordo. Llevo ya tres meses a dieta y he perdido peso pero todavía no veo ningún cambio en mi imagen. Intento comer menos y hago deporte seis veces al día. Prefiero no comer con mi familia porque me observan. Qué puedo hacer?

**2** Estoy pasando por el peor momento de mi vida. Trabajo mucho y tengo mucho estrés, y no estoy comiendo muy bien (normalmente, un bocadillo al mediodía porque no tengo tiempo en mi empresa). Aún así, siempre tengo ganas de vomitar y me duele muchísimo el estómago. Cuando voy a casa, cocino algo ligero (una ensalada de pasta o algo similar) pero después de comer me encuentro todavía peor. Estoy perdiendo peso y no sé qué me pasa.

**a** Creo que estás haciendo una locura. No me dices cuánto pesas ni cuántos kilos has perdido, pero estás tomándote la dieta demasiado en serio y me parece que estás yendo demasiado lejos. Estás haciendo demasiado ejercicio y aislándote de los demás. Tienes que ir a un médico lo antes posible. No se puede vivir así, obsesionado con la dieta. Para estar bien se debe comer una dieta sana con muchas verduras y frutas, y menos grasas.

**b** El estrés en la vida de hoy es un problema importantísimo, y es algo que se debe controlar, pero creo que en tu caso estamos hablando de una alergia, probablemente una alergia al gluten. Estás comiendo dos comidas que tienen un alto contenido en gluten y por eso estás sintiéndote tan mal. Sustituye la pasta por el arroz y, sobre todo, visita a tu médico. Estás corriendo un riesgo muy grande porque estás tomando algo que es malo para tu cuerpo, pero este problema se puede resolver con una dieta correcta y se puede llevar una vida normal.

**8** 📖✏️ Lee la actividad anterior y escribe en tu cuaderno todos los verbos que encuentras en el presente continuo. ¿Puedes recordar cómo se forma?
*Ejemplo:* ¿Estás haciendo deporte?

**GRAMÁTICA**

**Present continuous and gerund**
Use the verb *estar* + *ando/iendo*
*Estoy hablando/Estamos comiendo*
-*ando* and -*iendo* are like the English –ing.

**9** 📖 Busca en la actividad anterior el gerundio del verbo 'ir'. ¿Cuál es?

**10** 📖 El gerundio de 'sentir' es 'sintiendo'. ¿Cómo es el gerundio de los verbos radicales?

**11** 📖 Cambia los siguientes verbos en el presente continuo:

como   preparo   bebemos   lavan   dormís   llevas   cocina

**12** 🎧✏️ Escucha la entrevista con Belén Rueda y escribe verdadero (V) o falso (F) o no mencionado (NM).

**a** Belén trabaja en el mundo de las películas.
**b** Para ella es importante estar en forma.
**c** Belén engorda con facilidad.
**d** Lleva una dieta sana.
**e** El marido de Belén es su entrenador personal.
**f** Ella quiere practicar deporte más a menudo.

**13** 📖✏️ Lee la transcripción de la entrevista y escribe las expresiones (subrayadas) que ayuden a transmitir entusiasmo e interés.

**14** 📖 Ahora busca también las frases en negrita. ¿Qué pueden significar?

**Remate**

**15** ✏️ Write a special diet for a sportsperson. What should they eat and not eat, and why?
Example: Debes comer ...
Es mejor de ...
La ... es mejor que ...

**16** 👥 Work with a partner and do an interview with someone well known. Talk about the secret of keeping fit and well. Use the phrases in activities 13 and 14 to help.

(G) el imperativo, verbos impersonales  (V) hábitos malsanos

## GRAMÁTICA

**The imperative**
Solutions a–j in activity 1a are all imperatives. Can you translate them? See page 23 for more information.

**1a** 📖 Consejos de salud – hay que encontrar una solución a cada problema.

*Ejemplo:* 9 b

1 Cuando tienes dolor de cabeza
2 En caso de cortarte el dedo
3 Si te duele la garganta
4 Si se te ha roto la pierna
5 Cuando te sientes mareado
6 Si tienes sed
7 Cuando tienes fiebre
8 Si te sientes muy gordo
9 Cuando tienes dolor de muelas
10 Si te duele la espalda

a ve al médico
b díselo al dentista
c sal al aire libre
d acuéstate a dormir
e bebe agua
f ve enseguida al hospital
g mira fijamente al horizonte
h pon un esparadrapo
i toma jarabe
j haz un poco de ejercicio

## GRAMÁTICA

**Verbs used impersonally**
**doler (ue)**
Me duele la cabeza.
Me duelen los pies.

**1b** 👥 Por turnos con tu compañero/a, A dice lo que tiene y B da un consejo.

*Ejemplo*: A – Me duele la cabeza.   B – Tienes que …

**2a** 📖 Lee los consejos. ¿Cuáles acciones son buenas y cuáles son malas?

- Es importante dormir bien y suficientes horas todas las noches.

- Es mejor levantarse y acostarse temprano.

- Si es posible trata de organizar tu día. No dejes todo para el último momento.

- Es necesario comer tres veces al día. No hay que picar entre comidas.

- Debes hacer ejercicio dos o tres veces por semana.

- El ser perezoso y flojear en la cama todo el día no es bueno – ¡claro, va sin decir!

- Sobre todo no debes fumar ni beber alcohol en exceso. Ni el uno ni el otro es bueno para la salud.

**2b** 👥 Compara tu lista con la de tu compañero/a.

**2c** ✏️ Utiliza las palabras interrogativas de la página 14 para ayudarte a escribir un cuestionario. Usa también los puntos de la actividad 2a.

*Ejemplo:* ¿Cuántas horas duermes/sueles dormir por la noche?

**2d** 👥 Entrevista a tu compañero/a. Hazle las preguntas de la actividad 2c.

**3a** 📖 Lee el artículo y busca los cognados o casi cognados.

### ¿Qué hacemos los españoles para perder peso?

Comer menos y hacer ejercicio son las estrategias más utilizadas por la población española que decide adelgazar, según un estudio sobre nutrición llevado a cabo por el Instituto Gallup. Mientras los hombres prefieren hacer ejercicio para eliminar las grasas sobrantes, las mujeres adelgazan por los regímenes, los productos dietéticos y otras estratagemas.

**3b** 📖 Estudia las estadísticas y decide cuáles frases son correctas y cuáles incorrectas.

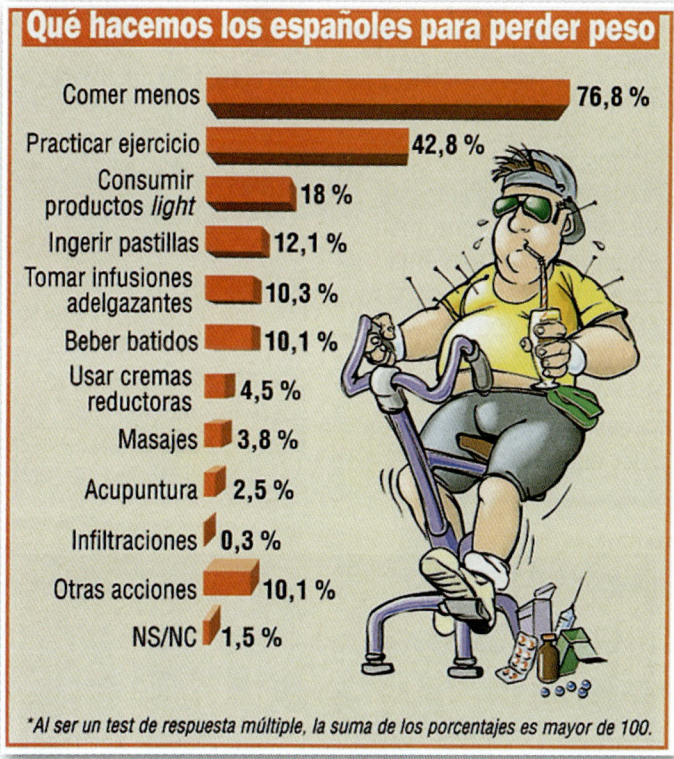

**Qué hacemos los españoles para perder peso**

| | |
|---|---|
| Comer menos | 76,8 % |
| Practicar ejercicio | 42,8 % |
| Consumir productos *light* | 18 % |
| Ingerir pastillas | 12,1 % |
| Tomar infusiones adelgazantes | 10,3 % |
| Beber batidos | 10,1 % |
| Usar cremas reductoras | 4,5 % |
| Masajes | 3,8 % |
| Acupuntura | 2,5 % |
| Infiltraciones | 0,3 % |
| Otras acciones | 10,1 % |
| NS/NC | 1,5 % |

*Al ser un test de respuesta múltiple, la suma de los porcentajes es mayor de 100.*

1 Más gente utiliza la acupuntura que los masajes.
2 La mayoría come menos.
3 Menos gente bebe batidos que practica ejercicio.
4 Menos del 20 por ciento comen productos con menos grasa.
5 Un doce coma uno por ciento usan cremas reductoras.

One way to improve your writing in Spanish is to use synonyms (words of similar meaning) or antonyms (words of opposite meaning) instead of always sticking to the usual vocabulary. Cognates (words that sound and look similar to English words) are also useful, especially when you want your writing to appear more sophisticated.

**4a** ✏ Write a synonym and an antonym for:
a grande
b bueno
c divertido
d interesante

**4b** 📖 Guess the meaning of these cognates.
a las estadísticas
b los masajes
c consumir
d las cremas

**5** 📖 Lee y completa el texto.

La risa − ingrediente necesario en la vida.

Reír a carcajadas es la mejor (1) ... − ¡sin bromear! Las investigaciones comprueban que el reír da oxígeno a la (2) ..., estimula la circulación, reduce las palpitaciones del (3) ... y la presión, suelta endorfinas (las sustancias químicas naturales del (4) ... que nos hacen sentir (5) ...). Resulta que nos sentimos mejor y más positivos hacia la (6) ... .

De modo que: mira algo (7) ...; lee algo que te hace (8) ...; ríete, ríete todo lo que puedas − es buen (9) ... .

| | | | | | |
|---|---|---|---|---|---|
| bien | consejo | corazón | cuerpo | divertido | medicina |
| | | reír | sangre | vida | |

## Remate

**6** 👥 ✏ Play 'call my bluff'. Write ten things about your lifestyle (healthy or unhealthy), some true and some false. Read them out. The class decides which are true and which are false.

**7** 👥 Which generation is healthier? Use the questionnaire you made up for activity 2c on page 18 and interview five people from an older generation and five from your own. Compare the findings.

**G** futuro inmediato  **V** malas costumbres  **H** escribir frases más complejas

**1a** Lee y clasifica las opiniones sobre el tabaco: positivas o negativas.

Es un veneno.

Me disgusta.

Me da confianza.

Todos en mi clase lo hacen.

Me parece en la onda.

Mis padres fuman.

Es malo para la salud.

Me gusta. Me relaja.

Te hace sentir más adulto.

Es un malgasto.

Te da mal aliento.

Los dientes se hacen amarillos.

Es fácil empezar, es más difícil parar.

Huele a feo.

Hay riesgo de cáncer.

Se burlan de mí si no fumo.

**1b** Escucha a Alfredo, Cristina y Jorge. ¿Están en contra o a favor del tabaco? ¿O están indecisos?

**1c** Escribe tres frases para dar tu opinión.

### GRAMÁTICA

**The immediate future**

In Spanish this tense is used just as it is in English, to say what you are going to do or what is going to happen in the near future.

*ir + a +* infinitive of the verb of action.

*Voy a dejar de fumar.*

*¿Tú qué vas a hacer?*

Don't forget that the pronouns go on the end of the infinitive for reflexive verbs.

*¿A qué hora vas a levantarte mañana?*

More ways to express future intentions:

*¿Qué piensas hacer?*

*¿Tienes la intención de hacer más deporte?*

**2** Lee el texto y contesta a las preguntas.

1 ¿De qué problema se trata?
2 ¿Cuál es la mejor solución que se propone?
3 ¿Quién recibe el incentivo?
4 ¿En qué consiste el incentivo?
5 ¿Qué les pasa a los que no superan el test?

*¿Es mejor premiar al que dice 'no' que castigar al que ya ha caído?*

El problema de la presencia de drogas en los colegios es especialmente grave en los países occidentales. En Estados Unidos, por ejemplo, el número de estudiantes de secundaria que consumen estupefacientes aumenta cada año. La solución más eficaz es, sin duda, una mejor coordinación entre profesores y padres en las tareas educativas. Pero ¿por qué no buscar un método más drástico? En Dallas existe el programa Juventud Libre de Drogas en el cual se hacen tests voluntarios de detección de drogas. Los que se demuestran estar 'limpios' reciben un incentivo en forma de bonos de compra o de entradas gratis para ciertos espectáculos. A nadie se le obliga a pasar la prueba. Los que no superan el test no son denunciados; les asesoran discretamente sobre las mejores vías para desengancharse.

**Plan para profesores que enseñan a decir 'no'**

*Más de 1.600 docentes asisten a cursos sobre prevención de la drogadicción.*

'La educación es el mejor instrumento con el que contamos para prevenir el consumo de drogas.'

## HABILIDADES

One way to help you write longer sentences is to use connectors or conjunctions. Here are some examples, but what do they mean?

*pero   donde   porque   que*

### 3a  Lee y analiza el texto.

1  ¿Cuántas palabras conectoras hay? Analiza las dos partes de las frases que se unen.
2  ¿Cuántas veces se usan adverbios? ¿Cuáles son?
3  ¿Cuántas veces se usan adjetivos para añadir más color o una descripción? Haz una lista.
4  ¿Cuáles negativos se usan?

¡Sinceramente yo no quiero seguir los pasos de mis padres ni de mis abuelos tan queridos!

En mi opinión mis abuelos no llevaban una vida sana ni saludable porque trabajaban demasiado y no tenían los electrodomésticos eficientes que tenemos hoy en día y que nos ayudan con las faenas aburridas de la casa. Además no tenían una dieta muy buena porque no comprendían muy bien la nutrición adecuada.

Aunque mis padres tienen más facilidades modernas que los abuelos, ellos trabajan muchas horas – por ejemplo salen temprano de casa y regresan tarde de modo que no descansan casi nada. Hoy se sabe mucho más sobre la dieta apropiada y la comida nutritiva pero no se dan el tiempo necesario para cocinar y comen comida rápida, sobre todo durante la semana.

Yo, en cambio, pienso que voy a poner mucha más atención a lo que como, a las horas que trabajo y a las horas que descanso para vivir de una manera sana y saludable.

### 3b  Anota las palabras que son similares a palabras inglesas.

*Ejemplo*: opinión

### 3c  Busca en un diccionario palabras contrarias a:

| | |
|---|---|
| 1  sana | 4  largas |
| 2  hoy | 5  mucho |
| 3  buena | 6  apropiada |

### 4a  Lee las frases. Usa las palabras conectoras para escribir una sola frase.

pero   donde   porque   mientras que   para   entonces   en cambio

*Ejemplo:*
Los hombres hacen deporte. Los hombres bajan de peso.
Los hombres hacen deporte para bajar de peso.

1  Llevo varios meses comiendo menos. Quiero perder peso.
2  Voy a clases de yoga. Aprendo a relajarme.
3  Tengo un régimen estricto. Voy a perder unos kilos.
4  Algunas personas prefieren nadar. A otras les gusta zambullirse en la piscina.
5  Eres muy sano. Yo soy bastante perezosa.
6  Ahora hago deporte todos los días. Hace dos meses no hacía nada.

### 4b  Añade unas palabras (adjetivos o adverbios) a las frases de arriba para hacerlas aun más largas e interesantes.

## Remate

5  Working with a partner, make a list of unhealthy aspects of young people's lifestyles that haven't yet been mentioned. Possible examples are binge drinking and eating disorders. Create a dialogue where you advise a friend on changing his/her behaviour and how to get help. You could listen again to the conversation in activity 1b on page 20 and use the phrases below to help you.

hay que + infinitive     debes + infinitive
tienes que + infinitive

6  Write a list of ten resolutions that you are going to maintain for a healthier lifestyle. Then write ten questions to ask a partner based on your resolutions.

## VERBS

The infinitive is the form you will find when you look a verb up in a dictionary.

In Spanish there are: a) regular verbs, b) reflexive verbs, c) radical-changing verbs and d) irregular verbs which fall into three groups identified by the last two letters of the infinitive form: *-ar*, *-er*, *-ir*.

**1** What kind of verbs are these: a, b, c, or d?

> ir  levantarse  querer  comer  tener  jugar
> escribir  llamarse  preferir  hablar  hacer
> correr  estudiar  ser  poder  estar  vivir

**2** Complete the verb table with the correct part of the verb (a–h).

| ir | ser | jugar | querer | tener |
|---|---|---|---|---|
| voy | soy | juego | **a** | tengo |
| vas | **b** | juegas | quieres | tienes |
| va | es | juega | quiere | **c** |
| **d** | somos | **e** | queremos | tenemos |
| vais | **f** | jugáis | **g** | tenéis |
| van | son | juegan | quieren | **h** |

**3** Choose the correct verb.

a  Isidoro (tener/tiene/tienes) veintiún años.
b  Jorge (vives/vivimos/vive) en la capital, Madrid.
c  ¿Mari Ángeles y Lorena, (eres/sois/es) buenos estudiantes?
d  Lorena y yo (van/va/vamos) a ganar el premio.
e  Creo que todos (querer/quieren/quiere) ganar el concurso.

**4** Complete the sentences with the correct reflexive pronoun.

Pues te cuento que aquí en Madrid (1) ...... levanto bastante temprano todos los días porque los tíos (2) ...... levantan temprano. Tienen la costumbre de despertar ...... (3) a las seis y siempre (4) ...... bañan en seguida. Normalmente (5) ...... tomamos un café con leche y pan para el desayuno. Espero que (6)...... dediques todavía al violín porque pronto podremos encontrar ......(7) aquí en Madrid y vas a ver lo fenomenal que (8) ...... pasa aquí en España.

## THE PRESENT TENSE

This is used to say what is happening now or happens regularly.

**5** How do you form the present tense of regular verbs? Choose three regular verbs, one for each group (*-ar, -er, -ir*) from the box in question 1 and write them out in full, showing the endings clearly. How many more can you add to this list for each group from memory?

**6** How do the pronouns change in reflexive verbs? Write out *levantarse* in full and show the pronouns clearly.

**7** How is the vowel change for radical-changing verbs shown in the dictionary? Show examples from the box in question 1. Choose one for each type of radical change (*ue/ie*) and write them out.

**8** There are five common irregular verbs in the box in question 1. Write them out in full on cards. Use the first letter of each verb to make up a rhyme to help you remember which they are.

**9** Play a game of 'guess the infinitive'.

*Example:*   soy = *ser*: irregular verb
vivo = *vivir*: regular *-ir* verb

> tenéis  vamos  puedo  escribís  compro  hacen

**10** Complete the questions with the correct form of the verb.

a  ¿A qué hora os ... (despertarse) por la mañana?
b  ¿Qué ... (preferir) tomar para el desayuno?
c  ¿... (Tener que) llevar uniforme al cole?
d  ¿Cómo ... (ir) al colegio?
e  ¿A qué hora ...(salir) del colegio?

**11** In pairs, ask and answer the questions above correctly giving your own information.

**12** What two things do you have to remember when asking a question in Spanish?

● writing:
● speaking:

## VERBS

- Verbs that are used in the third person, for example *me gusta/me gustan*
- Verbs that are used impersonally, for example *se juega*

**13** Look back over the unit and write down a list of all the verbs for these two categories. How many more can you think of? Check them out in your dictionary first and then add them to your list.

**14** Make up five sentences using different verbs from the list in activity 13 to show that you know how to use them. Ask your teacher to check them to make sure they are correct and then learn them and keep them for revision purposes as good examples which you made up.

## IMPERSONAL VERBS

### Impersonal verbs

Remember you use:

- the impersonal verb + another verb in the infinitive
- the impersonal verb + a noun in the singular or plural

*me encanta nadar*        *me encanta la natación*

*me encantan los deportes*

Reflexive constructions are used to avoid using the passive in Spanish, often in notices.

*Aquí se juega al balonmano.*        *No se puede entrar.*

Another useful impersonal expression is *hay que* + infinitive.

*Hay que subir por aquí.*

**15** Completa las frases con un conector.

> pero   donde   con quienes   porque   que

a  Nunca estoy aburrida en casa ... siempre hay algo que hacer.
b  No me gusta ver la tele mucho ... sí me encanta bailar.
c  Tengo dos perros ... son bastante traviesos.
d  Tenemos una finca en el campo ... siempre hay mucha gente.
e  Tengo muchos amigos ... practico deporte.

# Review of commands and instructions

## POSITIVE COMMANDS

To tell someone to do something (the imperative) using regular verbs:

**1** take the infinitive:    hablar / comer / escribir

**2** remove the ending:  habl– / com– / escrib–

**3** add the appropriate ending from the table below:

|  | tú | vosotros | usted | ustedes |
|---|---|---|---|---|
| *–AR verbs* | habla | hablad | hable | hablen |
| *–ER verbs* | come | comed | coma | coman |
| *–IR verbs* | escribe | escribid | escriba | escriban |

What pattern can you see in the way these verb endings change?

Note that in the *vosotros* form, reflexive verbs drop the *d* before adding the pronoun:

*levantad   levantaos*

*sentad      sentaos*

**16** Remember there are several irregular commands in the *tú* form. Here are the first letters. Write them down from memory and add what they mean in English.

**D  H  O  P  S  T  V  V.**

*Ejemplo:* D – di    *say*

## RADICAL- AND SPELL-CHANGING VERBS

|  | tú | vosotros | usted | ustedes |
|---|---|---|---|---|
| **contar** | cuenta | contad | cuente | cuenten |
| **jugar** | juega | jugad | juegue | jueguen |
| **dormir** | duerme | dormid | duerma | duerman |

**17** Write out a table as above for the following verbs:

> preferir   poder   empezar   cerrar   querer   volver   elegir

**Controlled Assessment: Speaking**

## TASK: A conversation about healthy lifestyles

You are going to have a conversation with your teacher about healthy lifestyles. Your teacher could ask you the following:

- What sort of exercise do you do and why?
- Who is your favourite sports personality? Describe him/her.
- What is your opinion on unhealthy eating?
- Do you think it is better to follow a strict food diet? Why?
- Describe anything that you did or ate last week that you consider unhealthy.
- What are your plans for the weekend?
- !

(! Remember: at this point, you will have to respond to something you have not prepared.)

The dialogue will last between 4 and 6 minutes.

### 1 THINK !

**Read the phrases below. Write down any others that you might find useful for the speaking task.**

- [ ] **Types of food:** *las vitaminas, las proteínas, los hidratos de carbono*
- [ ] **Adjectives:** *sano/malsano, dietético, grasienta*
- [ ] **Verbs:** *me encanta(n), adelgazar, engordar, eliminar*
- [ ] **Descriptions:** *alto, delgado, obeso, gordo*
- [ ] **Opinions:** *prefiero ..., me gusta(n) bastante/más ..., odio ..., lo que me gusta es ...*
- [ ] **Giving reasons:** *porque (no) es/son ..., porque es más/menos ...*
- [ ] **Appearance:** *es alto/guapo/tiene los ojos azules*
- [ ] **Personality:** *es muy simpático, es bastante extrovertido*
- [ ] **Present tense:** *desayuno, duermo, hago, no puedo, no quiero*
- [ ] **Reflexive verbs:** *levantarse, mantenerse (en forma)*
- [ ] **Immediate future:** *voy a ir ..., voy a hacer ...*
- [ ] **Tenses:** *preterite and imperfect – me levanté, me levantaba*

**!** *Can you predict what the unexpected question might be?*

What would you advise a friend to do if he/she had an unhealthy lifestyle?

**Add to your list any language you would need to answer this question too.**

### 2 PLAN !

- Listen to a model conversation.
- Listen again and note down any phrases you could use or adapt.
  Add these to your list from Step 1.

Now prepare your answers. Use the bullet points below, and your list of useful words and phrases from Steps 1 and 2, to help you.

**1  What sort of exercise do you do and why?**

- As well as saying what type of exercise you do, remember to give some detail to illustrate why it is good for you.
- Give reasons why you like this sport or type of exercise.
  Example: *Me encanta hacer yoga porque me relaja y me mantiene en forma.*

**2  Who is your favourite sportsperson? Describe him/her.**

- Choose someone that you feel confident about describing.
- Describe his/her appearance and personality.
- Describe their sport and say how good they are at it.

Example: *Me fascina ver a Cesc Fábregas cuando juega porque es un atleta fenomenal. Además tiene buen físico y es guapo. Es el mejor mediocampista del mundo, en mi opinión.*

**3  What is your opinion on unhealthy eating?**

- Remember to say what you consider to be unhealthy eating.

Example: *Todos sabemos que mucha grasa en la comida no es buena para la salud pero a veces nos encanta.*

**4  Do you think it is better to follow a strict food diet? Why?**

- Describe what you think a strict food diet is and remember to give a reason for your opinion.

Example: *Creo que es importante seguir una dieta estricta incluyendo mucha fruta y verdura y no comer demasiados dulces. Así es mucho más fácil mantenerse en forma.*

**5  Describe anything that you did or ate last week that you consider unhealthy.**

- Remember to use a variety of tenses and a range of verbs.

Example: *Ayer salimos en grupo a una cafetería donde todos pidieron comida rápida. Como no quería ser diferente yo también pedí una hamburguesa aunque sabía que no era saludable.*

**6  What are your plans for the weekend?**

- Remember to use the immediate future tense.
- Mention two or three things that you will do.

Example: *Después de comer tanta comida rápida tengo la intención de comer mejor el fin de semana. Voy a comer ensalada nada más.*

! Your answer to the unexpected question could be:
*¡Yo que tú comería menos chocolates!*

## Grade Target

**To reach Grade C, you need to:**

- speak clearly with a good accent.
- use the main tenses correctly (e.g. present tense to describe what you usually do, preterite for completed actions in the past).
- use adjectives correctly, e.g. *una vida sana, un régimen estricto*.
- justify your opinions, e.g. *porque es mejor / peor / más ... / menos ...*

**To aim higher than a C, you need to:**

- use a greater variety of tenses, e.g. use the imperfect as well as the preterite to describe things you have done.
- use expressions of time or frequency, e.g *normalmente, de vez en cuando*.
- create longer, more complex sentences using adverbs and connectives.
- use other persons of the verb, not just the 'I' form, e.g. *fue, comió*.

**To aim for an A or A\*, you could:**

- use less common connectives and include negatives to create complex sentences, e.g. *sin embargo, nunca, jamás*.
- use the superlative, e.g. *En mi opinión la dieta más sana es ...*
- use the conditional to express preference: *sería mejor ..., me gustaría ...*

## TASK: Healthy living and eating at school

Your school wants to promote the idea of healthy living and eating and has asked students to write about their school and lifestyle to raise awareness about what changes need to be made.

You could include:

- A description of your school and any links to sporting personalities, past or present
- What facilities there are for sports and healthy outdoor activities
- Your opinion of school meals
- What you have done up to now to keep fit and healthy
- Your ideas about how to develop school facilities in the future
- Why you think your ideas are worthwhile

(Remember: in order to score the highest marks, you must answer each task fully, developing your answers where it is appropriate to do so.)

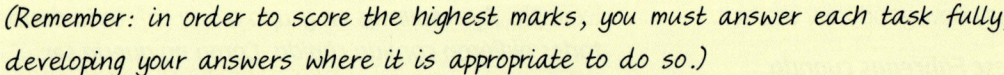

## 1 THINK !

**Start by noting down a few key facts, such as those below.**

1 personalities: *atletas célebres, deportistas famosos*
2 sports: *hacer deporte / ejercicio / jugar (al fútbol)*
3 other activities: *practicar el yoga, dar un paseo, correr*
4 facilities: *el polideportivo, la piscina cubierta/abierta, el estadio*
5 school meals: *la comida, grasienta, la cantina*
6 verbs/verbal phrases: *relajarse, mantenerse en forma, comer bien, ponerse a dieta, sentirse bien*
7 likes: *me gusta, me fascina, me interesa, me encanta*
8 justification: *es saludable, es malsano/sano*

## 2 PLAN !

- **Read the model text.**

Mi colegio es viejo y grande y tiene pasillos muy largos. No me gustaba mucho porque no tenía muchas instalaciones deportivas. El director siempre hablaba de dos deportistas famosos que antes iban al colegio.

Hace tres años construyeron un nuevo gimnasio y ahora tenemos instalaciones modernas en las que se puede practicar toda clase de deporte. Lo que pasa es que los baños están igual de feos y sucios.

Otra cosa fea en este colegio es la cantina que también es vieja. Tenemos que hacer cola, lo que me fastidia mucho cuando tengo hambre. Además la comida nunca está caliente y no hay variedad. Si es lunes sabes que vas a comer espaguettis; si es martes van a servir ...

A mí me gusta comer cosas saludables como fruta y verdura y ahora trato de mantenerme en forma. Antes era vago y no me interesaba hacer ejercicio. Prefería jugar con videojuegos y sentarme delante de la tele. Ahora me levanto temprano y salgo a correr. También quiero hacer yoga porque dicen que te relaja y es bueno para la salud.

Hace una semana nos dijeron que van a instalar dos canchas todoterreno para el fútbol o el hockey que en parte es buena idea pero creo que sería mejor gastar el dinero en reformar los baños horribles.

Si quieren enseñarnos a vivir de una manera saludable deberían reformar la cantina. Si no podemos comer comida sana, no vamos a llevar una vida sana.

- Read the text again and note down any adjectives and ways of expressing opinions that you could use. Add these to your list from Step 1.
- Look carefully at the verbs and tenses and make a note of any you could reuse.

## 3 ACTION !

Now prepare what you will write. Use the bullet points below to help you and use your list of useful words and phrases from Steps 1 and 2. Aim to write about 200 words. (Remember that in the real assessment you will need to write 400–600 words.)

Write a plan. Jot down two or three words for each bullet point in the question.

- Remember not to spend too much time on your plan.
- Try to include every bullet point in the question.

**1** A description of the school and any links to sporting personalities past or present

- Use the preterite for completed actions and the imperfect to talk about past personalities and how your school used to be.
- Have you used time markers? (e.g. *el año pasado, hace dos años*)

**2** What facilities there are for sports and healthy outdoor activities

- Remember to check agreements of adjectives: *Tenemos una nueva piscina abierta y dos piscinas cubiertas.*

**3** Your opinion of school meals

- As well as giving your opinion, give a description of where and what you eat.

Example: *Me parece fantástico porque ahora preparan la comida en la cantina y hay mucha variedad de ensaladas y comida caliente como arroz y verdura.*

*Antes siempre servían hamburguesas con patatas fritas frías.*

**4** What you do to keep fit and healthy

- Don't forget to use reflexive verbs and remember where to place the reflexive pronouns.

Example: *Todos los días me levanto temprano y salgo a correr para mantenerme en forma.*

**5** Your ideas about how to develop school facilities

- Remember to use the immediate future as well as the future tense.

Example: *Van a construir una piscina cubierta.*

**6** Why you think your ideas are worthwhile

- Give more than one reason.

Example: *Creo que mis ideas son muy prácticas y son fáciles a desarrollar. Además no costarían demasiado.*

### Grade Target

**To reach Grade C, you need to:**

- use tenses correctly –
The **present tense** is used to say what facilities there are.
The **preterite tense** is used to say what happened in the past.
The **immediate future** is used to say what (possible) developments are going to take place.
- give opinions –
**Opinion words** are used to describe the canteen and food.

**To aim higher than a C, you need to:**

- use a greater variety of tenses, e.g the conditional to say what you would like to change – *me gustaría cambiar ... , sería mejor ...*
- use **different forms** of the verb – *fuimos ... había ...*
- use link words to create longer, more complex sentences.

**To aim for an A or A*, you could:**

- use the **conditional** to talk about what you would prefer there to be (e.g. *preferiría, me gustaría*).
- always try to justify your opinions: *... porque es saludable.*
- use less common connectives – *sin embargo ...*
- include negatives to create more complex sentences – *No había ... tampoco.*

## Cómo mantenerte en forma (pp. 12–13)

| | |
|---|---|
| una sudadera | track suit |
| la cena | evening meal (supper) |
| el polideportivo | sports centre |
| el nivel | level |
| los discapacitados | disabled |
| una silla de ruedas | wheelchair |
| el baloncesto | basketball |
| la esgrima | fencing |
| saludable | healthy |
| el frontón (pelota vasca) | Basque racquetball |
| | |
| mantenerse en forma | to keep fit |
| nadar | to swim |
| divertirse | to have a good time/enjoy yourself |
| desayunarse | to have breakfast |
| vestirse | to get dressed |
| peinarse | to do your hair |
| acostarse | to go to bed |
| dormirse | to fall asleep |
| zambullirse | to dive |
| inscribirse | to apply |
| hacerle daño | to harm someone |
| | |
| una vez | once |
| dos veces | twice |

## Cómo evitar una vida malsana (pp. 14–15)

| | |
|---|---|
| los dulces | sweets |
| el almuerzo | lunch |
| la merienda | snack/teatime |
| los plátanos | bananas |
| el pescado | fish |
| los mariscos | seafood |
| el pollo asado | roast chicken |
| la verdura | vegetables |
| el postre | dessert |
| el arroz | rice |
| | |
| perezoso/a | lazy |
| travieso/a | naughty |
| vago/a | lazy |
| grasiento/a | greasy |
| salado/a | salty |
| | |
| ponerse a dieta | to go on a diet |
| llevar tiempo | to take time to do something |
| relajarse | to relax |
| solía comer | I used to eat |
| suelo ir a la piscina | I usually go to the swimming pool |
| | |
| nada | nothing |
| ningún | not one/none/no |
| nadie | nobody |
| a la vez | at one go/all at once |

## Cómo elegir un régimen sano (pp. 16–17)

| | |
|---|---|
| a menudo | often |
| de vez en cuando | sometimes |
| por lo menos | at least |
| todos los días | every day |
| los lácteos | dairy products |
| el sobrepeso | excess weight |
| apetecer | to fancy (food) |
| cuidarse | to look after yourself |
| engordar | to put on weight |
| evitar | to avoid |
| hacer un esfuerzo | to make an effort |
| intentar (+ infinitivo) | to try |
| llevar tiempo a dieta | to have been on a diet for a while |
| parar de (+ infinitivo) | to stop |
| perder peso, adelgazar | to lose weight |
| tener ganas de (+ infinitivo) | to feel like, to have the urge to |
| ¿de veras? | really? |
| haga lo que haga | whatever I do |
| no me diga | really? |

## Cómo hablar de los problemas de salud (pp. 18–19)

| | |
|---|---|
| el dolor de cabeza | headache |
| el dedo | finger |
| la garganta | throat |
| la pierna | leg |
| la espalda | back |
| las muelas | teeth |
| la fiebre | temperature/fever |
| el médico | doctor |
| un esparadrapo | plaster |
| el jarabe | cough mixture |
| la sangre | blood |
| el corazón | heart |
| | |
| flojear | to laze about |
| sentirse mareado | to feel dizzy |
| tener sed | to be thirsty |
| tener hambre | to be hungry |
| llevar a cabo | to carry out/execute |
| reírse a carcajadas | to laugh out loud |
| bromear | to joke |

## Cómo cambiar las malas costumbres (pp. 20–21)

| | |
|---|---|
| un veneno | poison |
| un malgasto | a waste of money |
| | |
| oler (ue): huele a feo | to smell: it smells awful |
| premiar | to reward |
| burlarse de | to make fun of |
| | |
| en la onda | 'with it' |

## ¿Ya sabes cómo ...

- ☐ tratar a tus amigos?
- ☐ llevarte bien con tu familia?
- ☐ elegir a tu pareja ideal?
- ☐ discutir asuntos sociales?
- ☐ dar tu opinión sobre la igualdad/desigualdad?

Mi pareja ideal

## Controlled Assessment

- **Speaking:** social issues
- **Writing:** writing an account of your family life for a TV reality show

## Habilidades

### Hablar

In Spanish how do you ...
- sound as much like a native speaker as possible?
- avoid silences?
- use fillers to gain time?

### Escribir

When writing Spanish how do you ...
- change sentences written in the 'I' form to talk about another person?
- correct your work and learn from your mistakes?

## Gramática

As part of your Spanish 'toolkit', can you ...
- use adjectives, compare things and show possession?
- use the personal *a*?
- use the future tense?
- use negative words correctly?

**G** adjetivos  **V** descripciones  **H** pronunciación: vocales

Jorge

Mari Ángeles

Lorena

Isidoro

## 1a Lee el texto y contesta a las preguntas.

Hola a todos; me llamo Jorge Cifuentes y soy boliviano, oriundo de Urubichá en el noreste del país donde todos los jóvenes aprenden a tocar el violín desde chiquitos. Ahora vivo en Madrid con mis tíos. Tengo dieciocho años y mi cumpleaños es el nueve de octubre, así que soy Libra. Me encanta toda clase de música y aspiro a seguir los pasos de mis padres y abuelos de modo que por ahora me dedico a mis estudios musicales en el conservatorio.

1 ¿Cómo se llama el chico?
2 ¿Cuántos años tiene?
3 ¿Dónde vive?
4 ¿De dónde es?
5 ¿Cuál es su nacionalidad?
6 ¿Cuándo es su cumpleaños?
7 ¿Cuál es su interés principal?
8 ¿Qué signo es?
9 ¿Quiénes son sus ídolos?
10 ¿Trabaja o estudia?

## 1b Practica las vocales y las consonantes difíciles.

a Escucha y repite las palabras – Jorge Cifuentes, oriundo, Urubichá, jóvenes, chiquitos, dieciocho, cumpleaños, musicales, conservatorio.

b Escucha, lee y repite el texto de la actividad 1a.

## 2 Escucha a Mari Ángeles. Completa una ficha para ella.

Apellido ......................................................

Nombre ......................................................

Edad ......................................................

Nacionalidad ......................................................

Cumpleaños ......................................................

Domicilio ......................................................

Otra información ......................................................

## 3a Escucha y rellena la tabla. ¡Ojo! – los adjetivos concuerdan (ver página 40).

| nombre | pelo | cara | nariz | ojos |
| --- | --- | --- | --- | --- |
| Lorena | largo | redonda | pequeña | negros |

## 3b Escucha otra vez y escoge la palabra correcta.
*Ejemplo: Lorena tiene el pelo largo y (negra/negro).*

1 Lorena tiene el pelo largo y (negra/negro).
2 Jorge es bastante delgado pero (bajita/bajito).
3 Isidoro es (andaluza/andaluz), de Málaga.
4 Mari Ángeles tiene los ojos grandes y (bonitas/bonitos).
5 Lorena cree que tiene las orejas (feas/feos).

## 3c Explica por qué has eliminado cada palabra.

## 3d Ahora describe a ti mismo/a.

**4a**  Lee y empareja cada carta con una solución adecuada.

www.cartasenconfianza.com

# ¡A corazón abierto!

**Escriba su problema con toda confianza. Va a recibir una respuesta de inmediato.**

**1**

Mi mejor amiga tiene un novio que es bastante antipático en mi opinión. No sé cómo explicarle por qué creo que no le gusto a ese muchacho.

Por ejemplo no habla conmigo; no me invita a tomar una copa con ellos; no me acompañan a casa después del cine. En fin me parece que es una persona poco sociable y hasta impaciente conmigo.

¿Cómo voy a hablar con mi amiga sobre este problema?

*Teresa*

**a**

¡Un poco de paciencia! Los días de colegio trata de respetar lo que dicen ellos pero los fines de semana trata de inventar un programa para salir a hacer deporte por la tarde. Si dices la hora cuando vas a regresar a casa estoy seguro que no va a haber tanto problema. Trata para ver.

**2**

Tengo un grave problema con mis hermanos menores. Siempre tengo que estar con ellos porque mis padres trabajan mucho y regresan tarde durante la semana. Mis hermanos no me respetan; son muy traviesos; siempre ven la tele cuando quiero hacer mis deberes; siempre cogen mi portátil y tratan de abrir mis emails. Total que yo no tengo ni un momento para mí y no tengo nada de privacidad en mi casa.

Estoy desesperada pero no quiero hablar con mis padres de eso porque sé que ellos tienen mucho trabajo. ¿Qué hago?

*Claudia*

**b**

Creo que tienes un problema bastante difícil a resolver. No es justo lo que pasa pero tampoco hay una solución obvia. Explica lo que pasa a una amiga y a ver si entre las dos no pueden controlar a estos niños rebeldes. Puedes llevarles al parque a jugar un rato y cuando están cansados van a regresar un poco más calmados a casa. ¡Buena suerte!

**3**

Tengo casi diecisiete años y no tengo muchos amigos porque mis padres no me dejan salir de noche. Dicen que es peligroso y además que tengo que estudiar para ir a la Universidad.

Comprendo que me quieren y no me gustaría ofenderles pero también creo que debo tener un poco más de libertad a mi edad. ¿Verdad? ¿Cuál es su opinión?

*Marta*

**c**

¡Voy directo al grano! Me parece que no es tu amiga que tiene el problema con este muchacho. En mi opinión eres tú que tienes el problema. Por lo visto ellos no quieren salir contigo pero no saben cómo decirtelo. Trata de no salir con ellos tanto, sobre todo al cine. A lo mejor quieren estar a solas y no acompañados.

**4b**  Busca en las cartas frases que signifiquen:

> he doesn't like me    they come home late
> I don't have any privacy
> don't let me go out at night    at my age
> between the two of you    go straight to the point

# Remate

**5**  Invent a problem and, following the example above, write a letter about it to *Corazón abierto*. Swap letters with a partner and write a reply.

**6**  Take it in turns to read the replies aloud. Who has the best accent? Correct any mistakes in the replies. Who made fewer mistakes?

**G** los adjetivos posesivos **V** cualidades personales **H** estrategias para hablar

**A**

**B**

**C**

**1a**  Escucha. ¿Se trata de la familia A, B o C?

**1b** Escucha otra vez y anota las preguntas.

**1c** Usa las preguntas de 1b para hacer preguntas a un(a) compañero/a sobre la tercera familia.

**2a** Escucha, copia y rellena la tabla.

| Nombre | Persona(s) | Descripción |
|---|---|---|
| Jorge | | |
| Lorena | | |
| Isidoro | | |
| Mari Ángeles | | |

honrado/a   amable   vago/a   alegre   inteligente
travieso/a   guapo/a   mimado/a   perfecto/a
estricto/a   organizado/a   quieto/a   suave
generoso/a   severo/a   cariñoso/a
trabajador(a)   extrovertido/a   servicial   dulce
ruidoso/a   amable   quieto/a   paciente   simpático/a

**2b** Escucha otra vez. ¿Quién se queja de quién? ¿Por qué razón?

### GRAMÁTICA

**Possessive adjectives**

These show who or what something belongs to. They come before the noun and take the place of *un/una/unos/unas* or *el/la/los/las*. Like all adjectives they agree with the noun they describe but in most cases the feminine form is the same as the masculine.

| singular | | plural | |
|---|---|---|---|
| masc | fem | masc | fem |
| mi | mi | mis | mis |
| tu | tu | tus | tus |
| su | su | sus | sus |
| nuestro | nuestra | nuestros | nuestras |
| vuestro | vuestra | vuestros | vuestras |
| su | su | sus | sus |

**3** Completa las frases con la forma correcta del adjetivo posesivo.

a   Aquí está mi padre.  ...... padre es mi abuelo.
b   Quiero mucho a ...... abuelos.
c   ¿Dónde está ...... hermana, Pedro?
d   Vivimos cerca: ...... casa está en el centro de la ciudad.
e   Sois vecinos: ...... casa está al lado de ...... casa.

Reading aloud helps you to practise the sounds and also to get used to the sound of your voice in Spanish. You need to practise this a lot, especially before an exam, so you don't get a surprise when you hear yourself speak!

**4a** ¿A quién te pareces tú? ¿A quién te gustaría parecerte?
*Ejemplo: Me parezco a mi padre porque los dos tenemos la nariz grande/chata/respingada.*

**Personal '*a*'**

Remember to use the personal '*a*' when you refer to a specific person but not when you use the verb *tener*.

*Tengo dos hermanitos pero a veces no quiero a mis hermanitos porque son pesados y traviesos.*

**4b** ¿A quién(es) se parece(n)? Escoge a cinco personas de la lista de abajo y escribe cinco frases.
*Ejemplo:* Mi hermana mayor se parece a mi abuela porque tiene el pelo rizado y rubio.

| | | |
|---|---|---|
| el padre | la madre | los padres |
| el tío | la tía | los tíos |
| el hermano | la hermana | los hermanos |
| el primo | la prima | los primos |
| el abuelo | la abuela | los abuelos |
| el hermanastro | la hermanastra | los hermanastros |
| el padrastro | la madrastra | los padrastros |
| el nieto | la nieta | los nietos |
| el sobrino | la sobrina | los sobrinos |

Learn some key phrases to help you avoid uncomfortable silences.

*¿Puede usted repetir la pregunta/la frase/la respuesta/la palabra?*
*Perdón, pero no entiendo bien.*
*No lo sé, pero creo que ...*
*No estoy seguro/a pero me parece que ...*

**5** Con tu compañero/a prepara una entrevista formal sobre la familia. Usa cada frase de arriba para ganar tiempo cuando no sabes lo que vas a decir.
- ¿Cuántas personas hay en tu familia? Hay ...
- ¿Quiénes son? Son ...
- ¿Cómo es ...? Es ...

**6** ¡A jugar! La clase entera. Cada persona debe escribir una respuesta. Tomad turnos para leer en voz alta tu respuesta. Si tienes la misma respuesta que la persona anterior – sal del ciclo.
- ¿A quién te pareces?
- ¿Por qué?
- ¿A quién te gustaría parecer y por qué?

**7** Escribe una lista de palabras que describen características buenas y otra lista de características malas. Compara tu lista con la de tu compañero/a.

## Remate

**8** Ask and answer these questions.
- **a** ¿Cuántas personas hay en tu familia?
- **b** ¿Cómo se llaman tus padres?
- **c** ¿Tienes hermanos o hermanas?
- **d** ¿Cuántos años tienen?
- **e** ¿Cómo son?

**9** Write a message on your real or imaginary blog. Describe your relationships with the members of your family.

**G** el futuro  **V** características y cualidades  **H** pronunciación

**1a** 📖 Lee en voz alta la inscripción de Lorena y graba tu voz. ¿Qué tal tu pronunciación?

Por la foto puedes ver que soy morena, joven y tengo el pelo bastante largo.

Primero voy a dar mis datos personales: tengo diecisiete años y soy alta y delgada porque me encanta hacer deporte. Soy una fanática del baile y practico todos los días si puedo. Tengo muchos amigos y un novio muy guapo que se llama Vicente que tiene la misma edad que yo. Vamos al cole juntos así que nos vemos todos los días.

Mi familia es un poco grande – somos siete en total con mis abuelos, mis dos hermanos mayores y vivimos en una finca donde hay varios animales incluyendo dos perros traviesos; siempre hay mucha gente en casa, a veces demasiada. Mis padres son un poco estrictos pero muy simpáticos y generosos. Aquí en Ávila lo pasamos bien siempre.

Lorena Villalba

**1b** 🎧 Escucha las preguntas y busca las respuestas en el texto de 1a.

**1c** 📖 Lee el email (actividad 1a) otra vez y señala los conectores.

**1d** ✏️ Escribe una presentación personal para buscar tu pareja ideal.

**2** 👥 Describe oralmente a tu mejor amigo/a. Usa las preguntas para ayudarte.
- ¿Cómo tiene el pelo/los ojos/la cara/la nariz?
- ¿Tiene una cicatriz/un lunar/un tatuaje/un piercing?
- ¿Lleva gafas?

**3** 🧭 Busca las parejas de antónimos. ¿Cuántos conoces ya? Anota lo que significan en inglés.

reservado/a  perezoso/a  agradable  sociable
cobarde  generoso/a  alegre  trabajador(a)
paciente  formal  tonto/a  hablador(a)  egoísta
serio/a  inteligente  callado/a  divertido/a  triste
impaciente  informal  desagradable  valiente

**GRAMÁTICA**

**The future tense**

First remind yourself how and when to use the immediate future.

*Mari Ángeles va a estudiar.*

We use the future tense to say what will happen or what we will do in the more distant future.

Keep the *-ar/-er/-ir* (infinitive) form of the verb and add the same endings to all verbs, even irregular ones:

é, ás, á, emos, éis, án

estudiar: estudiar**é**, estudiar**ás**, estudiar**á**, estudiar**emos**, estudiar**éis**, estudiar**án**

tener: tendr**é**, tendr**ás**, tendr**á**, tendr**emos**, tendr**éis**, tendr**án**

**4** 🗣️ Listen to these young people imagining their lives in the year 2020. Copy and complete the grid.

| How old will they be? | What will they be like? | What will they be doing? |
| --- | --- | --- |
| | | |

**HABILIDADES**

Use various strategies to learn new vocabulary.
- Make lists of opposites (following on from the work you did in Activity 3).
- Keep lists of words you find difficult.
- Focus on the little words.
- Learn a few spelling rules (such as singular noun ending *-z* > plural *-ces*).

**5a** Lee y apunta tu opinión.

amor es...

...ir juntos para casa después de las clases

**1** **¿Crees en el amor a primera vista?**
a sólo pasa en las películas
b sí, pero a mí no me pasaría nunca
c sí

**2** **¿Qué te parece más cierto?**
a el amor es ciego
b el amor es más fuerte que la muerte
c el amor no existe

**3** **¿Te has enamorado de una persona famosa?**
a enormemente
b a veces me siento atraído/a
c no me pasa nunca

**4** **¿Crees que los horóscopos te dicen la verdad?**
a convencido/a
b tal vez
c absurdo

**5** **Si te caes y alguien simpático te ayuda, dices ...**
a es mi destino − el amor de mi vida
b gracias que me llegó una ayuda
c qué amable eres

**6** **¿Has sufrido un fracaso sentimental?**
a hace tiempo
b nunca
c no tengo suerte con el amor

**5b** Cambia tus apuntes con tu compañero/a. Discute las respuestas.

**5c** ¿Cómo os clasificáis?
● Te enamoras fácilmente.
● Eres romántico/a a morir.
● Eres una persona prudente.
● Eres cínico/a en asuntos del corazón.

**6a** Lee las frases.

**Mi pareja ideal ...**
no fumará     tendrá un buen sentido de humor
será guapo/a     será inteligente
se divertirá mucho     me comprenderá bien
siempre estará a mi lado cuando le necesite
se vestirá bien     hará bastante deporte
me escuchará     me querrá siempre

**6b** Escribe una lista en orden de importancia de las cualidades más importantes para ti. Añade más ejemplos si quieres.

**6c** Ahora escribe un horóscopo para tu pareja ideal. Utiliza los siguientes títulos:

Signo:
Personalidad:
Le gusta:
No le gusta:
Mayor virtud:
Peor defecto:
Se parece a:
Se lleva bien con:

## Remate

**7** Think of a person in your class. The class then ask you questions to find out who you are thinking of.
**Example:** *¿Tiene el pelo largo o corto? ¿Es tímido o extrovertido?*

**8** Write about your future plans regarding marriage or partnership. Include a profile of the person (imaginary or real) who will be your partner in life.

(G) comparaciones  (V) problemas sociales  (H) más estrategias para hablar

## 1a  Lee y contesta.
En tu país, ¿a qué edad se les permite …

1 dejar el colegio?
2 casarse si los padres están de acuerdo?
3 trabajar ciertas horas?
4 tener relaciones sexuales?
5 vivir solos?
6 beber alcohol en un lugar público?
7 fumar?
8 votar?
9 sacar el permiso de conducir?
10 conducir una moto?

## 1b  Empareja los dibujos con las leyes de 1a.

A
B
C  COLEGIO
D
E  EMPLEO
F
G
H
I
J

## 1c  Escucha. ¿Qué opinan? Rellena la tabla.

| ley/aspecto | ☺ | ☹ | opinión |
|---|---|---|---|
|  |  |  |  |

Es una tontería
Me parece buena idea
Es ridículo
No es justo / es injusto
Es demasiado joven

**HABILIDADES**

Use 'fillers' to gain time when speaking.
Try to use some of the filler words from activity 2a below when you are speaking Spanish to give yourself time to think what you want to say.

## 2a  Lee la conversación y rellena los espacios con una de las palabras o frases de abajo.

– (a) ......, Isidoro, ¿tú qué opinas de la ley de tener que ponerte el casco cuando conduces una moto?

– (b) ......, en realidad (c) ...... buena idea pero sé que hay muchos de mis amigos que no lo hacen.

– (d) ......, ...... – (e) ...... porque no les parece "cool", (f) ......

– (g) ......, (h) ......, pero yo les digo que si compran un casco de última moda no será tan mala idea.

– ¡Qué (i) ......! (j) ......, es una idea muy buena.

vale   vaya   claro   guay   pues   me parece
tienes razón   ¿verdad?   de acuerdo   bueno

## 2b  Ahora escucha la conversación y anota el orden en que se usan las frases. Compara lo que has escrito con lo que acabas de oír.

## 2c  Inventa una conversación similar y grábala.

**3a** 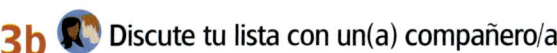 Lee la lista de preocupaciones de abajo y ponlas en orden de importancia para ti.

1   el racismo

2   el paro

3   el SIDA

4   el medio ambiente

5   los animales en peligro de extinción

6   el tabaco

7   las drogas

8   los exámenes

9   las relaciones con los padres

10   las relaciones con otros

11   la intimidación

12   los sin techo

13   la inmigración

14   el botellón

**3b** Discute tu lista con un(a) compañero/a.

**GRAMÁTICA**

**The comparative**

To compare things in Spanish you use *más ... que* (more ... than), *menos ... que* (less ... than) or *tan ... como* (as ... as).

*Me parece que el problema del racismo es más importante que el problema del tabaco.*

**The superlative**

To say which is 'the most' or 'the least', use *el / la / los / las más ...* or *el / la / los / las menos ...*:

*El botellón me parece el problema más grave de todos.*

**HABILIDADES**

**Exam topic preparation**

First prepare a list of specialised/technical vocabulary as in activity 3a above.

Check in a dictionary the meaning of: *una navaja, un capuchón, callejero/a, insoportable.*

Then learn set patterns for giving clear opinions and justifying them.

| | | | |
|---|---|---|---|
| Me parece que | es | necesario/ridículo | porque |
| En mi opinión | sería | mejor/peor | porque |
| Creo que | hay que | cambiar/insistir | porque |

**3c** Lee las descripciones y emparéjalas con una preocupación de la lista. ¡Ojo! Hay más títulos que definiciones.

**a** Es gente que no tiene donde vivir y duerme en la calle.

**b** Están amenazados de extinción y sus vidas están en peligro.

**c** Cuando no encuentras empleo y dependes del estado.

**d** Es el maltrato cuando una persona quiere intimidar a otra persona.

**e** Es mejor si no suspendes o mejor aún si apruebas con honores.

**f** Es una enfermedad contagiosa que amenaza al ser humano.

**g** Consisten de estupefacientes que llevan a la adicción.

**h** Cuando bebes demasiado en la calle.

**3d** Escribe las definiciones que faltan.

**4** Lee las dos opiniones y prepara unos puntos para una discusión.

*Creo que los adolescentes hoy en día son demasiado egoistas y anarquistas. No quieren participar en construir una sociedad moral y tolerante. Sólo quieren atacarse con navajas y andar por la calle encapuchados.*

*En mi opinión todo ha cambiado mucho y es muy importante enseñar a los jóvenes a ser independientes. Necesitan tener coraje para seguir sus pasiones en la vida, sea como sea.*

**Remate**

**5** In small groups discuss what you consider to be the most pressing concerns for young people today. Draw up a list and then give your opinion and say what you think can be done to help the situation.

**6** Use all your imagination and write a page in the diary of a young homeless person.

(G) frases negativas  (V) la desigualdad  (H) estrategias para escribir y chequear tu trabajo

**1a** 📖 Lee las quejas y decide quién habla: el padre o el hijo.

1 ¡Aquí en esta casa mando yo!
2 Nunca tengo suficiente dinero.
3 Jamás regresas a casa a tiempo.
4 No ayudas nunca en casa.
5 Nadie quiere ver mi punto de vista.
6 No se acuerdan de su juventud.
7 Nunca se levantan temprano.
8 No les gustan mis amigos.
9 No haces nada más que ver la tele.

**1b** 🎧 Ahora escucha la discusión. ¿Tus respuestas de 1a son correctas?

**1c** 👥 ¿Cuáles son las quejas más graves y cuáles las menos graves?

¿Hay algunas quejas que no se justifican?

> Es justo / injusto.
> (No) estoy de acuerdo.
> (No) tiene razón.
> Es mentira / verdad.

## GRAMÁTICA

**Negative words**

Remember that when you make a sentence negative you put *no* before the verb. If you put another negative word first then you don't need to use *no* as well.

**1d** 📖 Lee las quejas de la actividad 1a otra vez. Escribe un ejemplo de cada tipo de frase negativa.

**1e** ✏️ Escribe una lista de todas las palabras negativas de la actividad 1a. ¿Sabes qué significan?

**1f** ✏️ ¿Quién manda en tu casa? Escribe un párrafo breve para describir la situación.

## GRAMÁTICA

Look back at page 23 to remind yourself about positive imperatives.

**2a** 📖 Lee esta nota. Copia las frases y complétalas con los imperativos del recuadro.

> Joaquín, si quieres tu paga:
>
> 1 ¡arregla tu dormitorio!
> 2 ¡...... al perro!
> 3 ¡...... la basura!
> 4 ¡...... los platos!
> 5 ¡...... a tu hermano!
> 6 ¡...... la ropa!
> 7 ¡...... tus deberes!
> 8 ¡...... tus exámenes!
>
> Mamá ✕

> pasea  lava  aprueba  plancha  haz
> arregla  saca  cuida

## HABILIDADES

In listening and reading tasks characters often talk about themselves. Remember to change verb endings and write in the third person when you write about them.

**2b** ✏️ ¿Qué debe hacer Joaquín para conseguir su paga? Utiliza tus respuestas de la actividad anterior.

*Ejemplo:* Joaquín **tiene que/debe** arreglar su dormitorio.

**2c** ✏️ Imagina que eres Joaquín. Explica lo que harás en el futuro.

*Ejemplo:* De ahora en adelante prometo que ... arreglaré mi dormitorio.

**2d** 👥 Antes de recibir su paga semanal Joaquín tiene que ayudar en casa. ¿Te parece justo o injusto? ¿Es normal? ¿Todos tenemos derechos y responsabilidades, incluso los jóvenes? Discute con un(a) compañero/a y escribid una lista de "derechos y responsabilidades".

**3a**  Lee las opiniones y anota:
- todos los ejemplos citados
- todas las palabras que son cognados

### ¿Iguales o desiguales? Tú, ¿qué dices?

*Todos **no** somos iguales en este mundo y hay que aceptarlo – ¡Haz tu cama y acuéstate! Desde siempre existen la pobreza, la injusticia y la intolerancia y tenemos que ser realistas porque seguirán existiendo.*

*Me parece bastante intolerante esa actitud. Todos tenemos la responsabilidad de ayudar a la gente menos favorecida en la sociedad porque existen derechos sociales básicos.*

*Tienes razón; hay mucho prejuicio contra los inmigrantes y las minorías étnicas y en realidad debemos aprender a incluirlos y no excluirlos.*

*No estoy de acuerdo. Hay demasiado paro en mi pueblo y nosotros los parados también tenemos derecho a trabajar.*

*No sólo son los extranjeros que hay que considerar. También hay que pensar en los gitanos, los prisioneros, los sin techo – hay tantos grupos que están al margen de la sociedad.*

*Yo soy madre soltera y me parece que hoy hay muchos niños en hogares monoparentales que sufren por la actitud negativa de los políticos.*

*¿Y qué me dices de los viejos? Nosotros, los de la tercera edad, somos el grupo olvidado.*

*Mira, en este mundo todo es posible; hay muchos ejemplos de personas que logran hacerse ricas trabajando duro y a veces ni siquiera han terminado el colegio.*

*Hay muchos grupos vulnerables y nunca van a salir de su situación si los gobiernos no los protegen y si no dan suficiente dinero para poner sistemas para ayudarles.*

**3b** Busca las palabras contrarias en el texto de la actividad 3a.

segregación; tolerancia; inclusión; humano; estabilidad; justicia

**3c** Ahora chequea las frases a–d. Indica cuáles son los errores y explica por qué son errores.

1 Comienza con los verbos; hay tres errores.
2 Hay tres adjetivos que no concuerdan. ¿Cuáles son?
3 Verifica la ortografía. Hay dos palabras mal escritas.
4 ¿Los acentos son correctos? Hay dos que sobran y dos que faltan.
5 Hay otros errores. ¿Cuáles son?

a Las problema es que los jovenes no son tolerante.
b Mís padre son parada y tiene travajo.
c Voy a hago mas esfuerzo para comprender a el extránjero.
d La exclusión no puedo ser bueno para el sociadad.

## Remate

**4** Make a list of all the jobs that your family members do at home. Discuss with a partner:
- Who does the most and who the least?
- Who works the longest hours?
- Who complains the most?
- Who does the best job?
- Who does the worst job?

**5** Check your school's Equal Opportunities policy. Write in simple sentences what it says, e.g. *Cada estudiante debe / tiene que ...*

## NOUNS AND ADJECTIVES

Spanish nouns are either masculine, feminine, singular or plural, and adjectives agree with the noun they describe.

| Adjectives | masculine | feminine |
|---|---|---|
| Many adjectives end with the vowels | o | a |
| Some end with the vowel | e | e |
| Others end with a consonant | s | s |
|  | n | n |
|  | l | l |

To make an adjective plural add *s* to a vowel and *es* to a consonant.

Some adjectives lose their final *o* before a masculine singular noun:

> buen   mal   primer   tercer   ningún   algún

*Grande* becomes *gran* before both masculine and feminine singular nouns.

### Irregular nouns

These common nouns have endings which mislead you as to gender: *el día, el mapa, la mano, la radio*.

**1** Choose the correct word from the box below and complete the text.

> Me gusta mi casa porque es (1) ....... Tiene un jardín (2) ...... con (3) ...... árboles frutales y flores (4) .......
>
> Hay una cocina (5) ...... que tiene bastante aparatos (6) ....... El comedor es (7) ...... con una mesa (8) ....... Mi dormitorio está en el (9) ...... piso y paso (10) ...... horas allí muy contenta.

> domésticos   segundo   muchas   amplio   redonda
> bonita   cultivado   azules   varios   organizada

**2** Write descriptions of these people. Ask a partner to check them for you.

**3** In pairs, each make up the personal facts for a contestant in a TV show.

- Interview the contestants for the show. Use your fact sheet to answer.
- Try to remember the details and describe the contestants.
  es ...   tiene ...   su color ...   vive ...   trabaja ...

**4** Remember what you learnt about writing longer sentences. Complete the sentences below with a connecting word from the box.

**1** A menudo estoy aburrido en casa ... no hay nada que hacer.
**2** Tengo muchos amigos ... voy al cine.
**3** No me gusta ver la tele mucho ... sí me encanta bailar.
**4** Voy a casa de mi abuela los sábados ... siempre tomamos té.
**5** Tengo muchos amigos ... son muy vagos.

> pero   donde   con quienes   porque   que

## HOW TO TALK ABOUT THE FUTURE

The immediate future is used to talk about future events and is often accompanied by time phrases such as 'later', 'tomorrow' and 'next week'.

To form it you use the verb *ir* + *a* + the infinitive of the verb of action. (Look back at page 20.)

The simple future is used to say what will happen or what you will do in the more distant future. In Spanish this tense is used just as it is in English. Remind yourself of the endings (see page 34). It's important to remember that some verbs are irregular:

*hacer* – *haré*

*poner* – *pondré*

*poder* – *podré*

*querer* – *querré*

*saber* – *sabré*

*salir* – *saldré*

*tener* – *tendré*

*venir* – *vendré*

**5** Write the following in Spanish.

  **a** I am going to go on holiday.
  **b** We are going to travel by plane.
  **c** They are going to sunbathe on the beach.
  **d** She is going to go surfing.
  **e** She is going to take loads of pictures.
  **f** We are going to visit our grandparents.

**6** Write out the future tense of:

  nadar   leer   dormir

**7** Complete the sentences using the correct form of the future tense of the verbs in activity 6.

  **a** Nosotros ...... en el mar.
  **b** Ellos ...... el periódico por las mañanas.
  **c** Yo ...... hasta muy tarde todos los días.
  **d** Tú ...... el libro que te regaló Susana.
  **e** Mamá ...... en la piscina del hotel.

**8** Contesta a las preguntas.

En el futuro ...

  **1** ¿Qué ropa llevarás?
  **2** ¿Qué tipo de coche tendrás?
  **3** ¿Cómo será la vida?
  **4** ¿Qué tipo de comida habrá?
  **5** ¿Habrá bebidas nuevas? ¿Cómo serán?
  **6** ¿Cómo será tu casa?
  **7** ¿Qué deportes practicaremos?
  **8** ¿Habrá pasatiempos nuevos?
  **9** ¿Qué tipo de programas verás en la tele?
  **10** ¿Qué problemas habrá en el mundo?

## COMPARATIVES AND SUPERLATIVES

Can you remember how to form comparatives?

To say that something is 'the most' or 'the least', you use the superlative. Always use **de** when in English you would say 'in'.

*el/la/los/las* + *más/menos* + adjective + *de* ...

Remember:

| | |
|---|---|
| *el/la mejor* | the best |
| *el/la peor* | the worst |
| *lo mejor* | the best thing |
| *lo peor* | the worst thing |

**9** Translate these sentences into Spanish.

  **1** My brother is taller than my father.
  **2** Your family is bigger than their family.
  **3** Our house is the best in the street.
  **4** My older sister is the prettiest in the family.
  **5** The worst thing about school is too much homework.

## TASK: A conversation about social issues

You are going to have a conversation with your teacher about social issues. Your teacher could ask you the following:

- What sort of issues concern you?
- Tell me about the rules and regulations in your school.
- What is your opinion on certain laws?
- Do you think it is a good idea to punish young offenders?
- Describe an occasion when you misbehaved.
- What ideas do you have to deal with or help young people who break the law?
- !

*(! Remember: at this point, you will have to respond to something you have not prepared.)*

The dialogue will last between 4 and 6 minutes.

## 1  THINK !

**Read the phrases below. Write down any others that you might find useful for the speaking task.**

- ☐ **Types of issues:** *el botellón, el maltrato, la intimidación, el tabaco, el alcohol, la drogadicción*
- ☐ **Adjectives:** *aburrido, emocionante, interesante, gracioso, sano, malsano*
- ☐ **Verbs:** *emborracharse, fumar, beber, tomar, engancharse*
- ☐ **Opinions:** *en mi opinión, lo que considero asqueroso ..., me parece que ..., odio ..., lo que me gusta es ..., me disgusta*
- ☐ **Giving reasons:** *porque (no) es/son ..., porque es más/menos ...*
- ☐ **Description:** *injusto, severo, complicado, inaceptable*
- ☐ **Preterite tense:** *fui, vi*
- ☐ **Imperfect tense:** *era*
- ☐ **Immediate future:** *voy a ir, voy a hacer*

! *Can you predict what the unexpected question might be?*

Do you think the laws about alcohol are strict enough?

**Add to your list any language you would need to answer this question too.**

## 2  PLAN !

- Listen to a model conversation.
- Listen again and note down any phrases you could use or adapt.
  Add these to your list from Step 1.

# 3 ACTION !

**Now prepare your answers. Use the bullet points below, and your list of useful words and phrases from Steps 1 and 2, to help you.**

**1** What sort of issues concern you?

- As well as saying what issues there are, remember to give some examples with specific details and give reasons why you think they are important issues.

Example: *Hay muchos problemas en este barrio, por ejemplo el botellón y las drogas. Creo que es porque los jóvenes no tenemos nada que hacer aquí.*

**2** Tell me about the rules and regulations in your school.

- Give your opinion as well as a description and say what you think about them – positive and negative points.

Example: *Las normas de mi colegio son buenas porque todos hemos ayudado a escribirlas y las respetamos.*

**3** What is your opinion on certain laws?

- Remember to say why you think the way you do and how effective the law is.

Example: *Me parece que los 'ASBOS' que inventaron para los delincuentes juveniles son una buena idea. Lo que pasa es que es difícil hacer que los jóvenes los respeten. Muchos los consideran una medalla de honor.*

**4** Do you think it is a good idea to punish young offenders?

- Give a reasoned opinion and remember to say why you think it is a good or bad idea.

Example: *En mi opinión es mejor educar a los jóvenes y no encarcelarlos excepto cuando han cometido un crimen terrible.*

**5** Describe an occasion when you misbehaved.

- Try to keep it simple. Use the preterite for completed actions and the imperfect to describe the situation.

Example: *La semana pasada, cuando mis padres pensaban que estaba haciendo los deberes, me escapé de la casa y fui al cine con mis amigos.*

**6** What ideas do you have to deal with or help young offenders?

- Remember to use tenses correctly. You will need the conditional tense to say what you would do but the present tense of *deber* to say what the authorities must / should do.
- Try to mention three things.

Example: *Creo que es importante educarles mejor porque muchas veces no van al colegio. También las autoridades deben trabajar con la familia entera porque a veces es la familia entera que tiene problemas. Me gustaría ayudarles y no castigarles.*

**! Your answer to the unexpected question could be:**
*No, me parece que se necesitan más leyes para proteger a los jóvenes que beben demasiado.*

## Grade Target

**To reach Grade C, you need to:**

- speak clearly with a good accent.
- use the main tenses correctly. When did you use the present tense, the preterite tense and the immediate future?
- use adjectives correctly, e.g. *las normas son buenas*.
- justify your opinions: *porque todos sabemos cómo hay que comportarse*.

**To aim higher than a C, you need to:**

- use a greater variety of tenses; look back at the examples and find a place where you used the perfect tense.
- use the comparative: *es más / menos ... que*
- create longer, more complex sentences: *... excepto cuando han cometido ...*
- use other persons of the verb, not just the 'I' form: *deben trabajar*.

**To aim for an A or A\*, you could:**

- use less common connectives and include negatives to create complex sentences: *No me gustaría ... tampoco.*
- use the subjunctive after *cuando* to express the future: *Cuando tenga 20 años ...*

## TASK: Myself and my family

You want to take part in a reality TV series called *Surviving your family*. You have to write an account of yourself and your family life, and say why your family would be ideal for the programme. You could include:

- A description of your family and home life
- What you did together last week or are going to do next week, for example
- Your opinion of your family and home
- What type of family you would ideally like to be / have
- Your own plans for your future family
- Why you think your family would be suitable for the series

*(Remember: in order to score the highest marks, you must answer each task fully, developing your answers where it is appropriate to do so.)*

### 1 THINK !

**Start by noting down a few key facts, such as those below.**

1 **family:** *padres, abuelos, hermanos, hermanastros, hijos*
2 **home:** *jardín, dos pisos, apartamento, casa adosada*
3 **routines:** *desayunar, ir al cole, cenar*
4 **opinions:** *creo que ..., pienso que ..., sería ...*
5 **likes:** *me gustaría, me fascina, me encanta, prefiero*
6 **linked phrases:** *llevarse bien, parecerse a*
7 **giving reasons:** *porque (no) es/son ..., porque es más/menos ...*

### 2 PLAN !

- **Read the model text.**

Quisiera presentar a mi familia. Somos muy diferentes. Aquí en mi casa viven tres generaciones: mis abuelos, mis padres, mis dos hermanos mayores, Felipe y Gonzalo, y yo, la benjamín, Lucy. Además tenemos una guacamaya, Clarisa, y un perro travieso, Lucifer.

Mi padre es inventor. Mi madre toca la guitarra y en su juventud era miembro de un grupo de roqueros punki. Ahora diseña joyas de piedras semipreciosas y las vende en el mercado. A veces le ayudo.

Normalmente nuestra rutina es muy aburrida, sobre todo durante la semana cuando hay cole. Mi abuela es muy estricta y siempre chequea que vamos con el uniforme correcto y todos los libros. Por la noche mis padres siempre cocinan una cena deliciosa y todos nos sentamos alrededor de la mesa para conversar.

A mí me encanta escuchar a mis hermanos porque siempre cuentan historias divertidas sobre sus amigos o los profesores.

A veces pienso que me gustaría tener una hermana mayor en vez de dos hermanos porque nunca me dejan salir con ellos. Claro, mi madre es mi amiga cuando no está trabajando y me encanta cuando me permite entrar en su taller a ver lo que está diseñando.

A mí me gustaría tener una familia grande con muchos hijos. Creo que mi familia es un buen ejemplo de cómo las varias generaciones pueden llevarse bien. Si hay mucha gente en la misma casa siempre tienes compañía y nunca estás a solas.

- Read the text again and note down any adjectives and ways of expressing opinions that you could use. Add these to your list from Step 1.
- Look carefully at the verbs and tenses and make a note of any you could reuse.

## 3 ACTION !

Now prepare what you will write. Use the bullet points below to help you and use your list of useful words and phrases from Steps 1 and 2. Aim to write about 200 words.

Write a plan. Jot down two or three words for each bullet point in the question.

- Remember not to spend too much time on your plan.
- Try to include every bullet point in the question.

**1** A description of your family and home life

- Have you mentioned daily routines?
- Have you remembered to make adjectives agree?

**2** What you did last week or are going to do next week, for example

- Remember to use the correct form of the preterite to describe what you did, or the immediate future to say what you are going to do next week.
- Have you used time markers?

Example: *La semana pasada fuimos todos a dar un paseo por el campo. La próxima semana vamos a visitar a los abuelos.*

**3** Your opinion of your family and home

- As well as giving your opinion, give a reason for your opinion (*porque somos / no somos ...*).

Example: *Me encanta estar con mis hermanos porque siempre nos divertimos mucho.*

**4** What type of family you would ideally like to have

- Again, remember to give a reason.

Example: *Creo que sería interesante tener una hermana mayor porque podríamos salir de tiendas juntas.*

**5** Your own plans for your future family

- Remember to use the future or conditional.

Example: *Me gustaría tener una familia grande y una casa bonita.*

**6** Why your family would be suitable for the series

- Give more than one reason.

Example: *En mi opinión mi familia sería ideal para la serie porque somos una familia muy unida pero al mismo tiempo cada persona tiene un carácter diferente.*

## Grade Target

**To reach Grade C, you need to:**

- **use tenses correctly** – The **present tense** is used to describe the family and routines. The **preterite tense** is used to say what they did last week. The **immediate future** is used to say what they are going to do.
- **give opinions**

**To aim higher than a C, you need to:**

- use a greater variety of tenses, e.g. the imperfect to talk about when you were little: *era / me gustaba*.
- use different forms of the verb: *tendremos una casa grande*
- create longer, more complex sentences: *sobre todo cuando ...*

**To aim for an A or A\*, you could:**

- use the **conditional** to talk about what you would prefer to do (e.g. *me gustaría ...*)
- use the subjunctive after *cuando* to express future intentions: *Cuando sea mayor tendré ...*
- include less common connectives to create longer sentences: *mientras que mis hermanos son ...*

## Cómo tratar a los amigos (pp. 30–31)

| | |
|---|---|
| el baile | dance |
| el/la cantante | singer |
| el domicilio | home address |
| la edad | age |
| cariñoso/a | loving |
| dulce | sweet natured |
| egoista | selfish |
| mimado/a | spoilt |
| pesado/a | annoying |
| ruidoso/a | noisy |
| ambos | both |
| oriundo/a | native of |
| aspirar a | to hope for / aspire to |
| tener éxito | to be successful |
| aconsejar | to advise |
| tomar una copa | to have a drink |
| tratar de | to try to |
| llevarse bien con | to get on well with |
| actualmente | at the moment |

## Cómo llevarte bien con tu familia (pp. 32–33)

| | |
|---|---|
| la finca | farm |
| un(a) novio/a | boy/girlfriend |
| las orejas | ears |
| el pelo | hair |
| alto/a | tall |
| bajito/a | short/small |
| delgado/a | slim |
| demasiado | too much/many |
| feo/a | ugly |
| mayor | older |
| menor | younger |
| redondo/a | round |
| trabajador(a) | hardworking |
| suave | gentle |
| parecerse a | to look like |

## Cómo elegir a tu pareja ideal (pp. 34–35)

| | |
|---|---|
| el amor | love |
| las películas | films |
| la muerte | death |
| un buen sentido de humor | a good sense of humour |
| moreno/a | dark |
| joven | young |
| simpático/a | kind |
| aburrido/a | bored |
| ciego/a | blind |
| guapo/a | handsome |

| | |
|---|---|
| enamorarse de | to fall in love with |
| pasarlo bien | to have a good time |
| tener suerte | to be lucky |
| quererse | to love one another |
| a primera vista | at first sight |
| tal vez | perhaps |
| hace tiempo | some time ago |

## Cómo discutir los problemas sociales (pp. 36–37)

| | |
|---|---|
| la ley | the law |
| el permiso | permit / licence |
| un casco | helmet |
| el peligro | danger |
| el empleo | employment |
| el maltrato | ill treatment |
| el ser humano | human being |
| una enfermedad | illness / disease |
| el botellón | binge drinking |
| el paro | the dole / out of work |
| la intimidación | bullying |
| el medio ambiente | environment |
| el SIDA | AIDS |
| los sin techo | homeless |
| suspender | to fail exams |
| aprobar (ue) | to pass an exam |
| estar de acuerdo | to agree |
| casarse | to get married |
| conducir | to drive |

## Cómo quejarte de la desigualdad (pp. 38–39)

| | |
|---|---|
| la paga | pocket money |
| los derechos | rights |
| los extranjeros | foreigners |
| los gitanos | gypsies / travellers |
| un hogar monoparental | single parent family |
| la tercera edad | old age pensioners |
| la pobreza | poverty |
| el prejuicio | prejudice |
| justo/injusto | just / injust |
| arreglar | to tidy up |
| planchar | to iron |
| ayudar | to help |
| hacerse rico/a | to get rich |
| proteger | to protect |
| jamás | never ever |
| nunca | never |
| nadie | nobody |
| nada | nothing |
| al margen de | at/on the edge of |

## ¿Ya sabes cómo ...

☐ disfrutar del tiempo libre?

☐ hacer planes para salir?

☐ hablar sobre las compras?

☐ estar en la onda?

☐ evaluar la nueva tecnología?

## Controlled Assessment

- **Speaking**: the advantages and disadvantages of new technology
- **Writing**: write an account of your favourite TV programme

¡Hoy empieza el festival!

## Habilidades

### Leer

When reading Spanish, how do you ...
- read for context and gist?
- read for detail?

### Escribir

When writing Spanish, how do you ...
- use adverbs to enhance your sentences?

## Gramática

As part of your Spanish 'toolkit', can you ...
- use the preterite tense?
- use negatives correctly?
- form and use adverbs?
- use verbs + infinitives?
- use object pronouns correctly?
- use the imperfect tense?

**G** pretérito, negativos **V** el deporte y el tiempo libre **H** expresiones de frecuencia

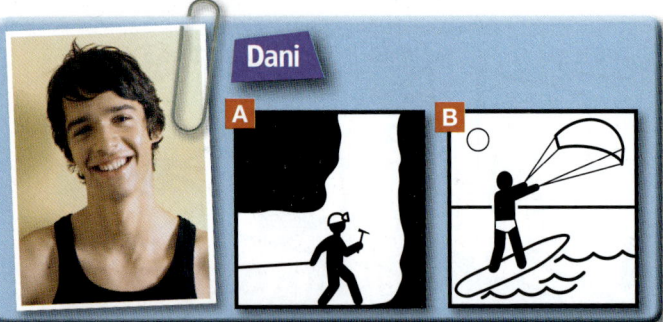

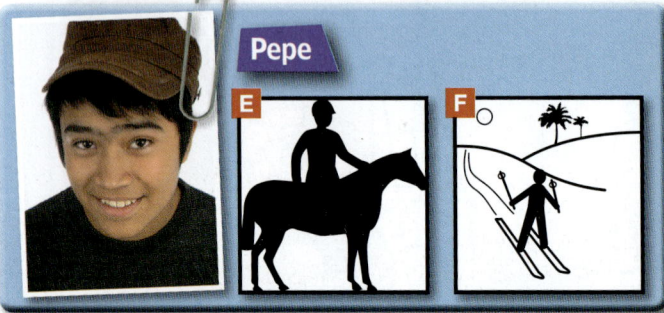

| | |
|---|---|
| **1** equitación | **5** esquiar sobre arena |
| **2** buceo (con tubo) | **6** volar con cometa |
| **3** surf | **7** senderismo |
| **4** todo terreno | **8** espeleología |

**1a** Empareja cada icono con una palabra adecuada.
*Ejemplo:* A 8

**1b** Antes de escuchar lo que dice cada persona decide quién va a decir cada una de las frases a–f.

**a** Pasé las vacaciones a orillas del mar.
**b** Me fascina volar en el aire.
**c** Prefiero estar al fondo del mar.
**d** Me encantan los animales.
**e** A mí me gustaría estar muy profundo debajo de la tierra.
**f** Ir rápido sobre dos ruedas es lo mejor.

**1c** Escucha e identifica la actividad o actividades.

**1d** Escucha otra vez. ¿Cuáles prefieren y por qué?

**1e** Apunta estas palabras en español, luego escucha otra vez y verifica.

under the ground    you're right    it's too windy
fly high in the air    on horseback
the top of the dunes    in a wetsuit    to the bottom

**1f** Ahora escribe dos frases para resumir lo que hizo cada persona. Usa las frases de la actividad 1c y el vocabulario del 1a.

*Ejemplo:* Pepe quiso/fue a/… porque …

## GRAMÁTICA

**Preterite tense**

We use this tense to refer to completed actions – what we did or what happened in the past.

The ending of the verb depends on its infinitive:

| Verbs ending in -ar | Verbs ending in -er/-ir |
|---|---|
| viaj**é** | com**í** / sub**í** |
| viaj**aste** | com**iste** / sub**iste** |
| viaj**ó** | com**ió** / sub**ió** |
| viaj**amos** | com**imos** / sub**imos** |
| viaj**asteis** | com**isteis** / sub**isteis** |
| viaj**aron** | com**ieron** / sub**ieron** |

Some irregular verbs are: hacer – hice; tener – tuve; ver – vi; poder – pude; poner – puse; ser – fui / ir – fui

Note that the irregular verbs don't have accents and the verbs *ser* and *ir* have the same form.

**2** Escucha a Paco y a su amigo hablando del campamento de verano. ¿Qué actividades mencionan?

**3** Escucha otra vez y escribe cuáles son las actividades ideales del chico que no quiere ir al campamento.

**4** Une las preguntas y las respuestas.

a  ¿Qué deportes te gustan?
b  ¿Qué actividades no te gusta hacer?
c  ¿Qué actividades sueles hacer en tu tiempo libre?
d  ¿Cuántas veces por semana las practicas?
e  ¿Qué actividades te gustaría practicar?

1  Me gustaría hacer surf en la semana que dura el campamento.
2  Suelo practicar natación y el baloncesto.
3  Me gustan los deportes acuáticos en general.
4  Nunca practico el baile ni la gimnasia – ¡no tengo sentido del ritmo!
5  Normalmente practico mis actividades dos veces por semana pero no siempre tengo tiempo libre.

**5** Practica con tu compañero/a. Responde a las preguntas de la actividad 4 y utiliza expresiones de frecuencia:

*Ejemplo:* ¿Qué deportes te gustan?
Me gusta el tenis, y juego casi todos los días. También practico natación siempre que puedo.

> casi   siempre que puedo   de vez en cuando
> raramente   nunca

**6** Listen to Eva talking about her family's hobbies. True, false or not mentioned?

a  Her brothers/sisters and father do team sports.
b  Her mother is a gym teacher.
c  Her parents go jogging early in the morning.
d  Her father never goes out for coffee with his friends.
e  In Eva's family, no-one ever criticises her mother.
f  They go to the swimming pool every day.

**7** Lee las frases y escoge la opción apropiada.

a  No me gustan los deportes y por eso (nunca/siempre) he jugado al tenis.
b  (Nadie/muchas personas) de mi familia es aficionado al fútbol y por eso nunca vamos a los partidos.
c  No tenemos (nada/ningún) en común: a ti te gusta salir por la noche y yo prefiero quedarme en casa.
d  Odio el rugby, ¡es un deporte tan violento! A mí (también/tampoco) me gusta.
e  (Ninguna/alguna) de mis amigas hace deporte, así que nunca vamos al gimnasio.

**8** Habla con tu compañero/a. Elegid un deporte y uno tiene que estar a favor y el otro en contra.

---

**GRAMÁTICA**

**Negatives**

Here are some more negative words and phrases.

*no quiero* – I don't want
*no me gusta* – I don't like (it)
*nada* – nothing
*nadie* – nobody
*ninguno (ningún)/a/os/as* – no thing

*nunca* – never
*ni ... ni* – neither ... nor
*jamás* – never ever

What do you need to remember about placing the negative word? Look at these examples:

*Nunca viene a vernos./No viene nunca a vernos.*

---

# Remate

**9** Write a short text about a real or imaginary sporting event or activity camp you went to recently. Describe what took place and try to convince your friends that it was exciting and worthwhile.

**G** adverbios, el pretérito, verbos + infinitivo  **V** salir  **H** escuchar

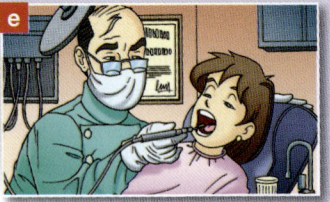

**1** Mira las imágenes a–g. Escucha a Sergio y apunta cuándo va a hacer cada actividad.
*Ejemplo:* lunes – karate – tarde

**2** Lee el correo de Julia y escucha otra vez. ¿Cuándo pueden salir juntos?

Sergio,

¿Qué planes tienes para las vacaciones? ¡Yo tengo tantas cosas que hacer!

**Lunes 19**
No hay clase, entonces voy a la piscina.

**Martes 20**
Necesito ganar dinero para comprar regalos, y afortunadamente hoy voy a ir a trabajar.

**Miércoles 21**
Tengo mi clase de baile por la mañana. Por la tarde, ¿puedes salir, Sergio?

**Jueves 22**
Es la fiesta de Noelia, tu hermana.

**Viernes 23**
Por la mañana hay que ir de compras, no para comprar regalos, sino comida – muy importante.

**Sábado 24**
Estoy libre.

**Domingo 25**
En casa con la familia.

Julia

Watch out for these words which are used when people change their mind:

> pero    aunque    sin embargo

**3** Con un(a) compañero/a, haz un diálogo entre Sergio y Julia.

¿Qué vas a hacer el …?    ¿Estás libre el …?

¿Y el …?    ¿Qué planes tienes para el …?

## GRAMÁTICA

### Adverbs

- Many adverbs are formed by adding *–mente* to an adjective:
  *fácil* ➔ *fácilmente*    *normal* ➔ *normalmente*
  *posible* ➔ *posiblemente*

- If the adjective has a feminine form you add *–mente* to this:
  *lento/lenta* + *mente* = *lentamente*

- Some adverbs do not use *–mente*:
  *siempre, a veces, a menudo, mucho, poco, bien, mal*

Use a dictionary if you need to and write down what each of the following adverbs means.

Time = *ayer/hoy/mañana/anteayer/pasado mañana*
Place = *aquí/allí/más allá*
Frequency = *siempre/nunca/a veces*

You've already used various adverbs to intensify – write them down and learn them.

## GRAMÁTICA

**The preterite tense**

Some verbs change their spelling in the first person singular:

*car* ➔ *qu: sacar − saqué*

*gar* ➔ *gu: jugar − jugué*

*zar* ➔ *c: empezar − empecé*

Some *-ir* verbs change in the 3rd person singular and plural:

*e* ➔ *i: sentir: sentí sentiste sintió sentimos sentisteis sintieron*

*o* ➔ *u: dormir: dormí dormiste durmió dormimos dormisteis durmieron*

**4** Escribe en español.

   **a**  I played tennis but he played rugby.

   **b**  I began first, then they began later.

   **c**  The cat slept in the chair.

### ¡Un fracaso total!

Te cuento que la primera vez que (1) ...... a los bolos no tenía la menor idea de cómo se jugaba. Además (2) ...... tarde para mi clase y el profe me (3) ...... que una de las cosas más importantes del deporte era la disciplina personal de modo que (4) ...... muy mal. Todos los otros deportistas (5) ...... uniformes impecables y en seguida se (6) ...... la diferencia – yo una persona joven y despeinada y ellos mayores de edad y elegantes. (7) ...... el primer bolo y (8) ...... los bolos de dos de los competidores y se enfadaron conmigo. Todo me fue tan mal que (9) ...... a reír y al final me (10) ...... de la bolera. En seguida decidí que los bolos no iba a ser mi deporte favorito.

**5a** Lee el texto y complétalo usando los verbos de abajo.

> jugué  sintió  comencé  despidieron  toqué
> vistieron  llegué  saqué  dijo  empecé

**5b** Escribe cinco frases usando cinco de los verbos de arriba. Imagina un incidente que te pasó con un deporte que no te gusta. Explica lo que pasó, cómo y cuándo y lo que hiciste al final.

**6** Escucha 1−4. Decide quién realmente quiere aceptar la invitación. Desde "¡¡¡¡Sí!!!" (5 puntos) hasta "¡No! ¡No! ¡No!" (0 puntos).

## GRAMÁTICA

**Verbs + infinitives**

Note that several verbs are followed by an infinitive.

Example: *Quiero salir a las ocho.* − I want to go out at 8 o'clock.

Mostly you can translate the infinitive as you would in English − here 'to go out'.
Sometimes you need to drop the 'to' as in:
*No puedo salir contigo hoy.* − I can't go out with you today.

Sometimes you can translate the infinitive as if it were a gerund ending in -ing.
Example: *Me gusta jugar al tenis.* − I like playing tennis.

Now make up sentences using the following verbs:
*necesito; debo; prefiero; suelo*

**7** Trabaja con un(a) compañero/a. Una persona invita, la otra hace excusas y pone pretextos. Mira los dibujos en la página 50 para ayudarte.

*Ejemplo: ¿Quieres ir al cine? Tengo que ir al dentista.*

| | |
|---|---|
| ¿Quieres ...? | Voy a ... |
| ¿Puedes ...? | Tengo que ... |
| ¿Te gustaría ...? | No me gusta ... |
| ¿Por qué no vamos a ...? | No puedo ... Lo siento, pero ... |

## Remate

**8** Write an invitation to the other members of the group. Explain what you are going to do, where, when and with whom.

**9** Read the invitations of the others in the group and then talk to them, telling them if you can accept or if not, why not.

**G** pronombres, números  **V** compras  **H** leer

### Héctor

A mí me encanta ir de compras con mis amigos, aunque no compro mucho. Disfruto yendo a ver los nuevos videojuegos o películas en DVD. Pero si quiero comprar algo, suelo hacerlo en Internet, porque es más cómodo. De todas formas, no tengo mucho dinero, y prefiero gastarlo en salir. Quiero ir a ver un partido de fútbol el próximo fin de semana, así que no puedo gastar todo mi dinero en las tiendas.

### Carlos

Cada fin de semana voy al centro con mis amigos, pero no vamos realmente de compras. Vamos rápido a las tiendas si necesitamos algo: pilas para mi walkman, gafas de sol, chicle o una bebida. Luego vamos a la plaza a charlar o a hacer monopatín. El fin de semana pasado quería ir al centro con mis amigos, pero fui de compras con mi madre para comprar mi nuevo uniforme escolar. Vi allí a todos mis amigos, ¡qué vergüenza!

### Elena

Voy de compras cada fin de semana, y me encanta probarme ropa en las tiendas. La semana pasada compré unos zapatos nuevos y una falda. Tengo que devolver la falda porque mi madre dijo que ya tengo demasiadas faldas. Es verdad que tengo muchas, pero nunca se tiene demasiada ropa.

### Virginia

Si voy de compras de comida, entonces me gusta, aunque tengo que ir con mi madre. Vamos al supermercado y siempre puedo escoger algo bueno de comer: carne, pescado o queso. Lo de ir de compras de ropa: eso es diferente. Lleva horas y nunca encuentras lo que buscas. Fui a una tienda para comprar un pantalón, pero cuando me los probé, eran todos muy feos.

**1** Lee rápidamente los textos. Busca los diferentes tipos de artículos que mencionan comprar.

*Ejemplo:* Héctor – nuevos videojuegos

**2** ¿Quién menciona ...

**a** a los amigos?
**b** a miembros de la familia?
**c** otras actividades aparte de las compras?

**3** Busca estos datos específicos:

**a** ¿Quién va a las tiendas sólo para mirar?
**b** ¿Quién va a las tiendas sólo cuando necesita comprar algo?
**c** ¿Quién dice que es imposible encontrar ropa para comprar?
**d** ¿Quién compra cosas que no necesita?

**4** Busca estas palabras en español:

> I enjoy    too many/too much    meat    batteries
> to try on    to spend    to take back    skateboarding

### GRAMÁTICA

**Pronouns**

Pronouns replace nouns that have already been mentioned to avoid repetition.

The direct object pronouns are:

singular: *me, te, le* (masc. person), *lo* (masc. thing), *la* (fem. person/thing)

plural: *nos, os, los, las*

The indirect object pronouns are: *me, te, le, nos, os, les*

They are generally placed before the verb except in the case of infinitives, the present continuous (gerunds) and positive commands when they are attached to the end of the verb and become part of it.

**5** Haz corresponder:

**1** Compré un regalo para mi hermano.
**2** Le compré un regalo.
**3** Lo compré para él.
**4** Se lo compré.

**a** I bought him it.
**b** I bought a present for my brother.
**c** I bought it for him.
**d** I bought him a present.

**6** 🎧 Escucha (1–5) y decide de quién (Héctor, Carlos, Elena, Virginia) hablan.

COMPRA EN INTERNET, PREFIERE DEPORTE — **Héctor**

ROPA, ROPA, Y MÁS ROPA — **Elena**

SÓLO COMPRA LO QUE NECESITA — **Carlos**

COMIDA SÍ, ROPA NO — **Virginia**

## La psicología de las compras

**Eres adicto a las compras …**

- si compras ropa que no necesitas.
- si compras artículos de ropa que ya tienes en casa.
- si compras ropa que no llevas nunca.
- si ves algo bonito y tienes que comprarlo.
- si compras ropa sin probártela – no importa si no te está bien.

**Tienes una fobia a las compras …**
- si compras tu ropa en el supermercado.
- si nunca te pruebas la ropa – nada te va bien.
- si haces las compras por Internet o catálogo, pero de todas formas lo devuelves todo.
- si vas de compras y sólo compras cosas para otra gente.
- si vas de compras y no encuentras nada bueno.
- si tu madre tiene que comprar tu ropa.
- si siempre llevas ropa de tu hermano/a.

### GRAMÁTICA

**Cardinal numbers**

The number one (*uno*) and all numbers ending in *-uno* and *-ciento* agree with the noun they describe. No other numbers agree.

*doscientos gramos*

*Uno* changes to *un* before a masculine noun:

*un litro de leche     veintiún niños*

*Ciento* changes to *cien* before masculine and feminine nouns and before *mil* and *millones*:

*cien gramos     cien mil     cien millones*

**7** 👥 Practica estos números con tu compañero/a. ¿Cómo se dicen en español?

| | | |
|---|---|---|
| 100 euros | 115 euros | 125 euros |
| 70 euros | 23 euros | 200 euros |

¡NO AL SUPERMERCADO EN NUESTRO BARRIO!

**8** 🎧 Escucha la entrevista con los vecinos de Marhuenda y escribe verdadero (**V**) o no mencionado (**NM**).

**a** Ya hay demasiados supermercados en la zona.
**b** Es más barato comprar en el mercado.
**c** Los productos del supermercado son mejores.
**d** El cierre del mercado afectará a muchas familias.
**e** El supermercado es mejor para los jóvenes.
**f** Los vecinos quieren tener mercados y supermercados.

## Remate

**9** 👥 Prepare a questionnaire to find out if there are shopping addicts or people with shopping phobia in your class. Interview members of the group.

| | |
|---|---|
| Cuando vas de compras … | ¿te gusta …? |
| ¿prefieres …? | ¿vas con …? |
| ¿vas a …? | ¿cuánto gastas en …? |

**10** 🖊️ 👥 Write down your opinion about going shopping. Include your habits, what happened the last time you went shopping, and your plans. Then read what your partner has written and offer them advice.

Debes …  Hay que …  Necesitas …  Tienes que …  porque …

G el pretérito y el imperfecto, el comparativo  V gustos y preferencias

H expresar lo que te gusta y lo que no te gusta

     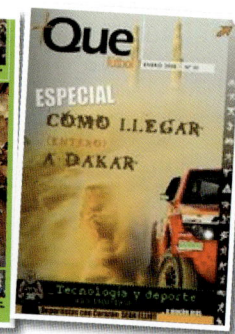

**1** Escucha y rellena el cuadro con las preferencias de estos jóvenes. ¿Qué tipo de revistas les gustan? ¿Por qué?

|  | Quo | ¡Hola! | Patrones | Fotogramas | Geo | +Quefutbol |
|---|---|---|---|---|---|---|
| opinión |  |  |  |  |  |  |
| razón |  |  |  |  |  |  |

**2** Escucha a los jóvenes hablando de sus gustos antes y ahora y elige la opción adecuada. ¿Verdadero o falso?

a A Rocío le gustaban las historias de suspense.
b Ahora ya no ve series de misterio.
c La amiga de Rocío no estaba interesada en el cine.
d La amiga de Rocío no dedica mucho tiempo a la televisión.
e A la amiga de Rocío le gustaban los programas infantiles.
f Ahora Rocío ve los vídeos de cuando era pequeña.

### GRAMÁTICA

**Imperfect tense**

This tense is used to talk about what used to happen:

*Cuando **era** niña me **gustaba** jugar con muñecas.*

*Antes **veíamos** Teletubbies.*

*No **había** tantos canales en la tele.*

There are only two irregular verbs in the imperfect:

*ser: era eras era éramos erais eran*

*ir: iba ibas iba íbamos ibais iban*

For more details and examples, see page 58.

**3a** Lee las opiniones 1–4 sobre los programas de televisión y emparéjalos con las siguientes frases.

a Tuvo que abandonar su pasatiempo favorito durante un tiempo.
b Antes veía programas en otras lenguas.
c Ahora le gusta volver a ver películas conocidas.
d Antes no le interesaba tanto la televisión.
e Antes veía la televisión como una obligación.

**1** Cuando era pequeña, mi madre me obligaba a ver solamente programas educativos y por eso odiaba la tele. Yo quería ver los programas de mis amigos, pero ella no me dejaba. Un día me harté de obedecer y hablé con ella. Era un programa divertido y era apto para jóvenes. ¡Después empezamos a ver la tele juntas!

**2** Antes empezaba a ver un programa y siempre encontraba algo diferente que hacer más interesante. No era muy paciente, la verdad. Ahora que trabajo y mi ritmo de vida es mucho más activo, veo la tele como algo relajante. En cuanto acabo de cenar pongo mi programa favorito y ¡qué relax!

**3** Yo, si hay un buen programa en la tele, me olvido del mundo y soy feliz. También me gusta volver a ver series o películas que me han gustado. Antes nunca hacía eso, pero ahora me relaja.

**4** Cuando era un adolescente, no paraba de ver la televisión, pero sobre todo películas, primero en español y luego en inglés para practicar el idioma. Después dejé de ver la tele porque empecé a trabajar como camarero y no tenía tiempo. Ahora tengo un trabajo más estable y tengo más tiempo libre y puedo relajarme delante de la televisión.

**3b** Mira en la actividad 3a y escribe la preposición.

| verbo | preposición | significado |
|---|---|---|
| hartarse | | to be fed up with |
| dejar | | to stop doing something, quit |
| volver | | to do something again |
| empezar | | to start to |
| acabar | | to finish doing something |

**GRAMÁTICA**

**Imperfect and preterite**

Remember to use the imperfect to describe a continuous action in the past, or what someone used to do in the past:

Cuando Juan era joven, le gustaba el heavy metal.
*When Juan was young, he liked heavy metal.*

The preterite is not continuous, it has an end:

Juan aprendió a tocar la guitarra de pequeño.
*Juan learnt to play the guitar when he was little.*

**4** Escucha la conversación entre Miranda y Bruno y contesta a las preguntas.

a ¿Quién fue a un concierto ayer?
b ¿Quién cantó en el concierto?
c ¿Quién bailó en el concierto?
d ¿Quién tiene una opinión diferente del grupo después de ir al concierto?
e ¿Quién pensó que el cantante era estupendo?
f ¿Quién pudo ver a la cantante de cerca?
g ¿Quién cree que el grupo tiene mucho talento?
h ¿Quién piensa que la música del grupo es repetitiva?

**GRAMÁTICA**

**Comparatives**

Remember that in Spanish the comparative is formed with *más ... que* (more than), *menos ... que* (less ... than) or *tan ... como* (as ... as). Two exceptions are *mejor* (better) and *peor* (worse).

**5** Escucha las siguientes descripciones sobre estas dos películas españolas, *Mar Adentro* y *El Orfanato*, y elige la opción adecuada.

a *El Orfanato* es una película (verdadera/romántica/de terror).
b *Mar Adentro* trata de (la vida de una persona real/una historia de ficción).
c (*El Orfanato/Mar Adentro*) ganó más premios.
d El protagonista de *Mar Adentro* es un hombre (joven/mayor).
e El tema de (*El Orfanato/Mar Adentro*) es un tema polémico.
f El director de (*El Orfanato/Mar Adentro*) ha ganado una estatuilla.
g (*El Orfanato/Mar Adentro*) termina mal.

**6** Escoge la opción adecuada para ti en estas frases. Justifica tu opinión con tu compañero/a.

a Es (más/menos) apasionante ver una película en el cine que en la televisión.
b Las películas de ciencia-ficción son las películas (más/menos) emocionantes de toda la cartelera.
c Las adaptaciones de los libros a las películas suelen ser (mejores/peores).
d (Las mejores/las peores) películas son siempre las películas románticas.
e Las películas taquilleras son siempre (las mejores/las peores).

> es más auténtico   es más entretenido
> es/no es tan interesante como

**Remate**

**7** Do a survey in class:

- ¿Qué programas veías antes? Veía ...
- ¿Qué programas empezaste a ver? Empecé a ver ...
- ¿Qué programas te hartaste de ver cuando eras pequeño? Me harté de ver ...
- ¿Qué programas has vuelto a ver? He vuelto a ver ...

**8** Write a web page for the fan club of your favourite actor, singer or band.

**G** los tiempos de los verbos  **V** la tecnología  **H** leer

**1a** Escucha a los jóvenes que hablan de las nuevas tecnologías. Anota de qué hablan.

1 la comida rápida
2 un robomop
3 libros parlantes
4 cámaras de circuito cerrado
5 coches eléctricos o de energía solar
6 la teleputer
7 Skype

**1b** Escucha otra vez y clasifica sus ideas.

- Habrá / no habrá …
- Habrá más de …
- Habrá menos de …

**1c** ¿Cuántos ejemplos más puedes añadir a la lista de la actividad 1a? Discute con un(a) compañero/a.

**1d** Escribe frases como las en 1b para explicar tus ideas.

**2a** Lee el artículo bastante rápidamente. ¿De qué trata en general?

## Ya llegó la ecomoda.

Nuestra manera de vestir afecta también a la Tierra y ahora la conciencia medioambiental está llenando nuestro armario de vestidos hechos con tejidos reciclados.

Hoy en día se puede decir que salir de compras ya no es lo que era. Puedes comprar una camiseta por menos de lo que cuesta un bocadillo. Se llama el *fast fashion* – la moda rápida – y las marcas que lideran esta nueva forma de vestir se han convertido en paraísos para los consumidores. Ropa barata para desechar al final de la temporada sin pensarlo dos veces. A los adolescentes les encanta el concepto porque les permite cambiar de estilo y renovar el armario cada año por pocos euros.

Lo malo de esto es que afecta mucho al medio ambiente por las cantidades enormes de agua, energía y productos químicos que se gastan.

**HABILIDADES**

**Reading strategies**

- What can you tell about the text from the title?
- Identify the words you definitely know.
- Guess words that look like cognates.
- If you don't know a word, identify what work it does in the sentence.

**2b** 📖 Lee el texto en voz alta poniendo atención a la pronunciación.

**2c** 📖 Identifica todas las palabras que crees que conoces. ¿Son verbos, adjetivos, conectores ...?

**2d** ✏️ Escribe una lista de todas las palabras cognadas. Escribe su equivalente en inglés.

**2e** 📖 Busca frases o palabras que signifiquen lo mismo que:

1 reused
2 clothes
3 go shopping
4 who are at the forefront
5 people who spend money
6 throw away
7 every year

**2f** ✏️ ¿Qué comentarios hace el autor? Escribe dos frases.

Según el autor ...

1 Lo bueno es que ...
2 Lo malo es que ...

**HABILIDADES**

**Suffixes and prefixes**

Some well-known suffixes are:

| | |
|---|---|
| -dad | English equivalent of '-ty' (*ciudad* city) |
| -ción | English equivalent of '-tion' (*acción* action) |
| -ía | English equivalent of '-y' (*teoría* theory) |
| -mente | English equivalent of '-ly' (*rápidamente* quickly) |
| -és/esa | indicates nationality (*inglés/inglesa* English) |
| -ería | name of a shop (*panadería* baker's) |

Some well-known prefixes are:

| | |
|---|---|
| des- | English equivalent of 'un-/dis-' (*desventaja* disadvantage) |
| in-/im- | English equivalent of 'un' (*imparable* unstoppable) |

**3a** 📖 Lee las opiniones sobre la tecnología y clasifícalas en ventajas y desventajas.

**1** Me flipa el Skype porque me encanta hablar con mi novia por horas y no cuesta nada.

**2** Me parece fenomenal que se puede hacer tanto por Internet y sigue mejorándose.

**3** Tengo miedo de los alimentos transgénicos (los OMG) porque no sabemos lo que estamos comiendo.

**4** Es increíble ver a los deportistas minusválidos competir en los Juegos Olímpicos con piernas o brazos artificiales – las prótesis sí son un ejemplo de los beneficios de la nueva tecnología.

**5** La nanotecnología ha aportado muchos cambios a la medicina porque permite la cirugía menos invasiva.

**6** Me da mucho miedo pensar en los nuevos avances en armamento como los misiles guiados por ordenadores o las bombas tan pequeñas que caben dentro de un bolígrafo.

**7** Hay que pensar también en las cremas y lociones que nos ponemos en la cara y el cuerpo cada día. ¿Qué afecto producen tener en el futuro todos los productos químicos que la piel absorbe?

**8** La clonación es algo que me preocupa mucho porque parece imparable. Estoy muy indeciso sobre los beneficios y peligros y no sé adónde nos llevará.

**3b** 📖 ¿Cuántas palabras puedes identificar en el texto de arriba que tienen prefijos o sufijos?

## Remate

**4** 👥 Discuss with a partner or in small groups which invention from the recent past has most affected your lifestyle. Describe it and say how your life has changed as a result.

**5** ✏️ Imagine a day in your future life, surrounded by gadgets and future technology. Write an account of what you did in your diary or blog.

## THE PRETERITE AND THE IMPERFECT

The preterite is the tense that is used to refer to completed actions in the past.

| -*ar* verbs | | -*er*/-*ir* verbs | |
|---|---|---|---|
| nad**é** | I swam | com**í** | I ate |
| nad**aste** | you swam | com**iste** | you ate |
| nad**ó** | he/she/it swam | com**ió** | he/she/it ate |
| nad**amos** | we swam | com**imos** | we ate |
| nad**asteis** | you swam | com**isteis** | you ate |
| nad**aron** | they swam | com**ieron** | they ate |

| some irregular verbs | | | |
|---|---|---|---|
| **ir** | **ser** | **hacer** | **decir** |
| fu**i** | fu**i** | hic**e** | dij**e** |
| fu**iste** | fu**iste** | hic**iste** | dij**iste** |
| fu**e** | fu**e** | hiz**o** | dij**o** |
| fu**imos** | fu**imos** | hic**imos** | dij**imos** |
| fu**isteis** | fu**isteis** | hic**isteis** | dij**isteis** |
| fu**eron** | fu**eron** | hic**ieron** | dij**eron** |

The imperfect is used to describe what used to happen or what was happening.

*Viajaban* – 'they used to travel' or 'they were travelling'.

*Era muy difícil* – 'it used to be very difficult' or 'it was very difficult'.

It is formed as follows:

| -*ar* verbs | | -*er*/-*ir* verbs | | *ser* | | *ir* | |
|---|---|---|---|---|---|---|---|
| hablaba | hablábamos | comía | comíamos | era | éramos | iba | íbamos |
| hablabas | hablabais | comías | comíais | eras | erais | ibas | ibais |
| hablaba | hablaban | comía | comían | era | eran | iba | iban |

## RADICAL AND SPELLING CHANGES IN THE PRETERITE

Some radical-changing verbs change in the third person singular and plural forms.

- The *e* changes to *i*, for example *vestir(se): vestí, vestiste, vistió, vestimos, vestisteis, vistieron. Sentir, preferir, divertir(se), seguir, competir* are the main ones you will come across at GCSE.

- The *o* changes to *u*, for example *dormir: dormí, dormiste, durmió, dormimos, dormisteis, durmieron. Morir* is another example of this type.

Several verbs change their spelling in the first person to preserve the same sound as in the infinitive:

- Verbs ending in –*car* change their *c* to *qu*, for example *tocar: toqué*, but it then continues *tocaste, tocó, tocamos, tocasteis, tocaron. Sacar* and *buscar* follow this same pattern.

- Verbs ending in –*gar* change their *g* to *gu*, for example *llegar: llegué*, but then it continues *llegaste, llegó, llegamos, llegasteis, llegaron. Jugar* and *pagar* follow this same pattern.

- Verbs ending in –*zar* change their *z* to *c*, for example *cruzar: crucé*, but it then continues *cruzaste, cruzó, cruzamos, cruzasteis, cruzaron. Empezar* and *comenzar* are further examples.

**1** Separate these verbs into preterite or imperfect.

> trabajaba  decidió  era  viajaron  compró  vivíamos

**2** Use them to complete these sentences. Then translate the sentences into English.

a ...... de Argentina a Colombia.
b ...... en Madrid.
c El viaje ...... largo y difícil.
d ...... en la empresa de su tío.
e ...... casas en varios países del mundo.
f ...... mudarse a la ciudad.

**3** Look at these sentences and decide which will need verbs that are radical changers and which need a spelling change.

1 Ellos ...... (competir) en todos los deportes ese día.
2 Pedro ...... (llegar) temprano pero yo ...... (llegar) tarde.
3 Cuando comenzaron los juegos yo ...... (buscar) mi equipo.
4 De repente Luisa ...... (sentirse) enferma pero aun así ...... (divertirse).

## PRONOUNS

Pronouns replace nouns that have just been referred to.

- There are direct object pronouns:
  *le* – masculine person, *lo* – masculine object,
  *la* – feminine person or thing
  *Compré el libro. > Lo compré.*
  *Quiero a mi madre. > La quiero.*

- There are indirect object pronouns:
  *me, te, le, nos, os, les*
  *Regalé el libro a mi hermano. > Le regalé el libro.*

When you need to use both a direct and an indirect object pronoun in the same sentence then the indirect pronoun comes first and changes to *se*.

If you have le and *lo/la* together, *le lo* sounds awkward, so the *le* changes to *se* to make it sound better. *Se lo regalé.*

- There are emphatic (sometimes called disjunctive) pronouns which are used after certain prepositions such as *para*, *detrás de*, *al lado de* and *delante de*.
  *¿Este regalo es para mí?*
  *Lo siento; no es para ti, es para ella.*

Note: *conmigo, contigo, consigo, con él, con ella, con nosotros, con vosotros, con ellos, con ellas*

## OBJECT PRONOUNS

| Direct object | Indirect object | Disjunctive (after a preposition such as *para*) |
|---|---|---|
| me *me* | to me *me* | for me *para mí* |
| you *te* | to you *te* | for you *para ti* |
| him / her / it *lo / la* | to him / to her *le* | for him / her *para él / para ella* |
| us *nos* | to us *nos* | for us *para nosotros* |
| you *os* | to you *os* | for you *para vosotros* |
| them *los / las* | to them *les* | for them *para ellos / para ellas* |

**4** Answer the following questions about pronouns.

a Where can object pronouns be placed in the sentence? What does it depend on?

b What order do pronouns follow?

c What happens when a sentence has a *le* pronoun followed by a *lo/la/los/las* pronoun?

## NEGATIVES

Remember what you have learnt about negatives. Put them at the beginning of the sentence to make it easier.

To make a sentence negative, you put '*no*' before the verb, but there are other negative expressions:

*nada* - nothing

*nadie* - nobody, no one, not anyone

*nunca* - never

*jamás* - never, not ever

*ninguno/a* - none, not any

*ni ... ni* - neither ... nor

*tampoco* - nor, neither

*ya no* - not any more, no longer

Normally, '*no*' goes before the verb; in order to emphasise the negative expression, use it first and omit '*no*':

*Nadie bebe alcohol en mi casa. / No bebe alcohol nadie en mi casa.*

*Nunca voy al cine. / No voy nunca al cine. / No voy al cine nunca.*

**5** Fill the gaps in these sentences with the right negative:

a \_\_\_\_ vive en esta casa desde hace 10 años.

b \_\_\_\_ voy de vacaciones porque no tengo dinero.

c Tú no tienes muchos amigos y yo \_\_\_\_ .

d \_\_\_\_ persona entró aquí en los últimos diez minutos.

e No hay \_\_\_\_ interesante en la tele.

f Ni tú \_\_\_\_ yo vamos a salir por la noche, ¡estamos castigados!

| | | | |
|---|---|---|---|
| 1 | nunca | 4 | nadie |
| 2 | ninguna | 5 | ni |
| 3 | nada | 6 | tampoco |

## NUMBERS

In Spanish the numbers 100–1000 start with **cien** and then, from 101 change to *cie**n**to uno*, *cie**n**to dos*, etc.

| 100 – cien | 600 – seiscientos |
|---|---|
| 200 – doscientos | 700 – setecientos |
| 300 – trescientos | 800 – ochocientos |
| 400 – cuatrocientos | 900 – novecientos |
| 500 – quinientos | 1000 – mil |

## TASK: A conversation about new technology

You are going to have a conversation with your teacher about the advantages and disadvantages of new technology. Your teacher could ask you the following:

- What sort of gadgets/equipment do you like and why?
- What do you consider to be the most important piece of new technology? Describe it.
- In your opinion what are the most useless bits of modern technology? Why?
- What is your opinion of the internet and social networking sites such as Facebook?
- Can you remember what life used to be like ten years ago? Describe it.
- How do you think technology will influence or change our future?
- !

*(! Remember: at this point, you will have to respond to something you have not prepared.)*

The dialogue will last between 4 and 6 minutes.

## 1 THINK !

**Read the phrases below. Write down any others that you might find useful for the speaking task.**

- ☐ **Types of equipment/gadgets:** *el móvil, Internet, la pantalla plana, la clonación, el control remoto*
- ☐ **Adjectives:** *innovador, fascinante, magnífico, estupendo*
- ☐ **Verbs:** *me encanta(n), me fascina(n), me choca(n)*
- ☐ **Descriptions:** *genial, importante, necesario*
- ☐ **Opinions:** *prefiero ..., me gusta(n) bastante/más ..., odio ..., lo que me gusta es ..., creo que ..., mi punto de vista es que ...*
- ☐ **Giving reasons:** *porque (no) es/son ..., porque es más/menos ...*
- ☐ **Preterite tense:** *fui, vi*
- ☐ **Imperfect tense:** *era, había, hablábamos, usábamos*
- ☐ **Immediate future:** *voy a ir, voy a hacer*
- ☐ **Future tense:** *habrá, será, iremos, hablaremos*

**!** *Can you predict what the unexpected question might be?*

Can you give any examples of the dangers of new technology?

**Add to your list any language you would need to answer this question too.**

## 2 PLAN !

- Listen to a model conversation.
- Listen again and note down any phrases you could use or adapt.
  Add these to your list from Step 1.

# ③ ACTION !

Now prepare your answers. Use the bullet points below, and your list of useful words and phrases from Steps 1 and 2, to help you.

**1** What sort of gadgets/equipment do you like and why?

● As well as saying what type of gadgets you like, remember to give reasons why you like them.

Example: *Me encanta el nuevo equipo de sonido porque me fascina la música y ahora puedo escuchar y ver a mis grupos favoritos en digital.*

**2** What do you consider to be the most important piece of new technology? Describe it.

● Choose something that you feel confident about describing.
● Describe what it looks like, how it functions, its uses etc.

Example: *Creo que la tecnología que ayuda la medicina es la más importante porque puede prolongar la vida de los enfermos o por lo menos aliviar su sufrimiento.*

**3** In your opinion what are the most useless bits of modern technology? Why?

● Remember to say why you think they are useless.

Example: *Me parece que hay muchos videojuegos que son inútiles porque no te enseñan nada y te hacen perder mucho tiempo. Muchas veces no son divertidos tampoco.*

**4** What is your opinion of the internet and social networking sites such as Facebook?

● Remember to give a reason.

Example: *¡Me chiflan! Me parece que para la gente joven Internet es el mejor invento porque podemos mantenernos en contacto permanentemente y eso es bueno.*

**5** Can you remember what life used to be like ten years ago? Describe it.

● Remember to use tenses correctly. You will need the preterite and the imperfect tenses.

Example: *Hace diez años los móviles eran grandes; parecían unos ladrillos y pesaban mucho. Nosotros los jóvenes no teníamos móviles porque costaban demasiado y mis padres no me lo permitían.*

**6** How do you think technology will influence or change our future?

● Remember to use the immediate future or future tense to say what changes there will be.
● Mention two or three things.

Example: *En el futuro creo que habrá muchos cambios, por ejemplo todo funcionará más rápido, desde el servicio de Internet hasta el microondas en casa.*

**! Your answer to the unexpected question could be:**
(Try to give a straight answer to show you have understood the question.)

*Navegar Internet puede ser peligroso para los niños. Hay muchos sitios web que no son apropiados para ellos.*

## Grade Target

**To reach Grade C, you need to:**
● use adjectives correctly – *muchos cambios, videojuegos inútiles*
● use the main tenses correctly. When did you use the present tense, the preterite and the immediate future?
● speak clearly and with a good accent.
● give opinions: *porque es ...*

**To aim higher than a C, you need to:**
● use a greater variety of tenses, e.g. use the imperfect to describe how life used to be in the past.
● use the comparative or superlative: *es más importante que, es la más práctica de todas.*
● create longer, more complex sentences.
● use other persons of the verb, not just the 'I' form.

**To aim for an A or A*, you could:**
● use less common connectives and include negatives to create complex sentences: *... mientras que muchos aparatos no son prácticos tampoco.*
● use pronouns to replace nouns just mentioned: *Creo que voy a usarlo mucho.*

## TASK: My favourite TV programme

You decide to enter a competition for the chance of winning a date with your favourite TV star. You have to write a critical account of your favourite TV programme. You could include:

- What sort of TV programmes you like and why
- What happened in the last series / programme
- What you don't like about TV in general
- Who is your favourite TV personality and why
- Your plans for the date; where you will go and what you will do
- Why you think you should win the competition

*(Remember: in order to score the highest marks, you must answer each task fully, developing your answers where it is appropriate to do so.)*

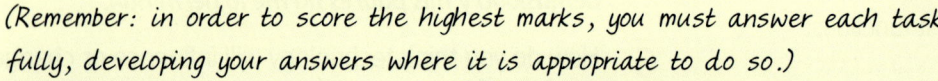

## 1 THINK !

### Start by noting down a few key facts, such as those below.

1 programmes: *culebrones/ telenovelas, reality, películas*

2 storyline: *trata de, lo que pasa, termina bien/mal, el protagonista*

3 opinions: *en mi opinión ..., pienso que ..., me parece que ..., creo que ...*

4 likes: *me gusta, me fascina, me interesa, me encanta, prefiero*

5 descriptions: *guapo, feo, espectacular, divertido, romántico*

6 giving reasons: *porque (no) es/son ..., porque es más/menos ...*

7 immediate future: *voy a ir ..., voy a hacer ...*

8 tenses: preterite, imperfect and immediate future

## 2 PLAN !

- **Read the model text.**

Primero que todo tengo que confesar que soy un teleadicto; puedo pasar horas viendo telenovelas o películas viejas. También me fascina el deporte y no me pierdo los campeonatos mundiales.

Pero si tengo que elegir el tipo de programa que más me gusta de todos, elijo los documentales. Me parece que siempre ofrecen algo interesante que ver y los presentan de una manera a veces divertida y a veces seria pero nunca aburrida.

Por ejemplo, los documentales sobre la naturaleza son fantásticos porque puedes ver tanto detalle. Aprendes mucho y al mismo tiempo te entretienes. Nunca olvidaré la primera vez que vi las tortugas gigantes de las islas Galápagos; fue algo muy especial.

Esto es lo bueno de la tele pero claro hay lo malo también. Lo que no me gusta mucho son los "reality" y los programas en que la gente gana mucho dinero. Me parecen muy falsos.

A mí me gustan los presentadores honestos. Por eso me encantaría encontrarme con David Attenborough porque me parece una persona simpática, elocuente y con un buen sentido de humor. Además ha hecho programas magníficos.

Me gustaría acompañarle al nuevo Centro Darwin del Museo de Historia Natural. Después iría con él a Kew Gardens porque estoy seguro que sería muy entusiasmado y me explicaría todo claramente. Creo que debo ganar la competición porque tengo la intención de estudiar ciencias naturales y quisiera seguir los pasos de una persona como él.

- Read the text again and note down any adjectives and ways of expressing opinions that you could use. Add these to your list from Step 1.
- Look carefully at the verbs and tenses and make a note of any you could reuse:

  preterite tense for completed actions – *la primera vez que vi las tortugas gigantes ...*

  conditional for what would you would like to happen – *Por eso me encantaría encontrarme con ...*

## ③ ACTION !

Now prepare what you will write. Use the bullet points below to help you and use your list of useful words and phrases from Steps 1 and 2. Aim to write about 200 words.

Write a plan. Jot down two or three words for each bullet point in the question.

**1** What sort of TV programmes you like and why

- Don't just give a list; describe the programmes with some relevant details and give the reasons why you like them.

Example: ***Normalmente prefiero los programas que entretienen como los programas de música o las telenovelas que tratan de la vida del barrio porque me gusta relajarme delante de la tele.***

**2** What happened in the last series / programme

- Remember to use the correct form of the preterite to say what happened and also to use the imperfect.
- Have you used time markers?

Example: ***La semana pasada dos de mis personajes favoritos se casaron por fin después de mucho tiempo de indecisión. Parecían muy enamorados.***

**3** What don't you like about TV in general

- As well as giving your opinion, give a reason for your opinion (*porque era/no era...*).

**4** Who is your favourite TV personality and why?

- Remember to describe their personality as well as appearance.

Example: ***Pues, creo que X es la estrella más graciosa de la tele actualmente y me encanta verle cuando se viste de niña chiquita. Me fascina su sentido del humor además de su cara bonita.***

**5** Your plans for your date; where you will go and what you will do

- Remember to use the immediate future or future tense.

Example: ***Me gustaría ir a comer a un restaurante exclusivo. Voy a ponerme un vestido elegante y compraré unos zapatos nuevos especialmente para la cita.***

**6** Why you think you should win the competition

- Give more than one reason.

### Grade Target

| To reach Grade C, you need to: | To aim higher than a C, you need to: | To aim for an A or A*, you could: |
|---|---|---|
| • **use tenses correctly** – the **immediate future** or **future** to say where you will go on the date: *iremos a comer ...* the **preterite** tense to say what happened in the last episode: *la heroína murió* <br> • **give opinions** – *Me gustó...* | • use different forms of the verb in different tenses: *fuimos, comí, iremos, comeré.* <br> • create longer, more complex sentences using *porque, donde, entonces.* | • use the **conditional** to talk about what you would prefer to do: *Preferiría ir a ...* <br> • use less common connectives: *en cambio, mientras que* <br> • use less common negatives: *a mí tampoco me gustaría ...* |

## Cómo disfrutar del tiempo libre (pp. 48–49)

| | |
|---|---|
| el buceo con tubo | snorkelling |
| el buzo | wet suit |
| una cometa | kite |
| la natación | swimming |
| el senderismo | hiking / walking |
| encerrado/a | closed in / shut up |
| gozar | to enjoy |
| pasarlo bomba | to have a good time |
| lanzarse | to throw oneself off |
| lograr | to manage to |
| quedarse | to remain / stay |
| dentro | inside |
| fuera | outside |
| anteayer | day before yesterday |
| pasado mañana | day after tomorrow |

## Cómo hacer planes para salir (pp. 50–51)

| | |
|---|---|
| los bolos | bowling |
| el deporte | sport |
| un fracaso | a disaster |
| la playa | the beach |
| los regalos | presents |
| enfadarse con | to get angry with |
| ganar dinero | to earn some money |
| ir de compras | to go shopping |
| cerrado/a | closed |
| conmigo | with me |
| contigo | with you |

## Cómo hablar de las compras (pp. 52–53)

| | |
|---|---|
| la carne | meat |
| el chicle | chewing gum |
| la falda | skirt |
| las gafas de sol | sunglasses |
| el monopatín | skateboarding |
| las películas | films |
| el pescado | fish |
| el queso | cheese |
| los zapatos | shoes |
| devolver | to take back / return |
| gastar dinero | to spend money |
| probar | to try on / out |
| barato/a | cheap |
| caro/a | expensive / dear |
| yendo a ver | going to see |
| suelo hacerlo | I usually do it |

## Cómo estar en la onda (pp. 54–55)

| | |
|---|---|
| un concierto | a concert |
| la revista | magazine |
| feliz | happy |
| relajante | relaxing |
| dejar de hacer | to stop doing something |
| estar en la onda | to be with it |
| obedecer | to obey |
| obligar | to make someone do something |
| odiar | to hate |
| olvidarse de | to forget |
| pararse de | to stop doing something |
| hartarse de | to get fed up with |
| volver a ver | to see / watch again |

## Cómo evaluar la nueva tecnología (pp. 56–57)

| | |
|---|---|
| la cámara de circuito cerrado | CCTV |
| la cirugía | surgery |
| la energía solar | solar energy |
| las prótesis | artificial limbs |
| la piel | skin |
| el armario | wardrobe |
| el tejido | textile |
| las marcas | makes of clothes |
| el paraíso | paradise |
| el consumidor | consumer |
| los beneficios | benefits |
| los peligros | dangers |
| medioambiental | environmental |
| imparable | unequalled |
| desechar | to throw away |
| renovar | to renew |
| mejorarse | to get better |
| me flipa | (slang) I love it |

## ¿Ya sabes cómo...

- ❑ expresar tus preferencias?
- ❑ planear tus vacaciones ideales?
- ❑ decidir lo que vas a ver?
- ❑ trasladarte?
- ❑ relatar tus experiencias?

## Controlled Assessment

- **Speaking**: describing holidays
- **Writing**: writing an account of an exchange trip

¡Felices vacaciones!

## Habilidades

### Hablar

In Spanish, how do you ...
- ask questions?
- use intonation to make it clear you are asking a question?
- extend your answers by giving examples?

### Escuchar

When listening to Spanish, how do you ...
- listen for detail?
- listen for alternative answers?

## Gramática

As part of your Spanish 'toolkit', can you ...
- use the conditional?
- use the immediate future and future tenses?
- choose correctly between *tú* and *usted*?
- use the perfect tense?
- use ordinal numbers?

**G** el condicional   **V** adjetivos   **H** expresar opiniones

**Islas Maldivas**

**La cordillera de los Alpes**

**Barcelona**

**Perú**

**Ibiza**

**a** Me gustan los países menos desarrollados porque así puedo aprender sobre culturas muy diferentes a la mía.

**b** Trabajo mucho durante todo el año y cuando llegan las vacaciones estoy agotada así que sólo me apetece relajarme con una buena novela.

**c** Ya tendré tiempo para hacer cultura, por ahora lo que me encanta es ir de fiesta con mis amigos.

**d** Prefiero las ciudades al campo porque me gusta su energía y variedad y me interesan la arquitectura y la gastronomía.

**e** Me fascina la belleza de las montañas y me encantan el montañismo, la escalada y la espeleología pero mi pasión son los deportes de invierno.

**1a** Empareja cada frase a–e con la foto más adecuada.

**1b** Encuentra la traducción de estas palabras:

1 Less developed countries
2 When the holidays arrive I am exhausted
3 I only fancy relaxing
4 What I love is going out partying
5 I am fascinated by

### GRAMÁTICA

The conditional tense is something that **would** happen in the future if ...

I would travel by train (if I had the time). *Viajaría en tren.*

But we also use it to describe an ideal situation:

I would buy my own plane. *Compraría mi propio avión.*

See page 76.

Now compare these endings with the endings for the future tense.

**2a** 🎧 Escucha y decide quién menciona estos aspectos del clima – ¿Mikel, Arantxa, Betty o Salva?

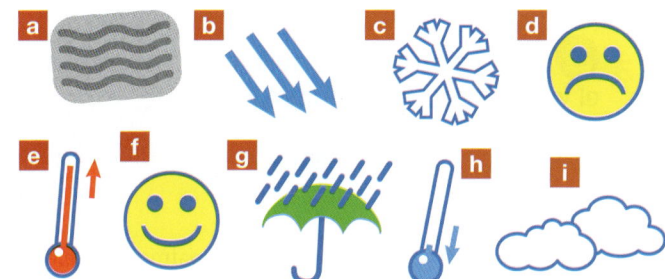

**2b** 🎧 Escucha otra vez y rellena la tabla.

| Nombre | País | Razones | Actividades |
|--------|------|---------|-------------|
|  |  |  |  |
|  |  |  |  |

**3a** ✏️ Copia las frases y complétalas con la palabra que falta.

**a** Para largas distancias prefiero viajar en ... porque es más rápido y ahora los vuelos no son caros, aunque los controles en las aduanas a veces son un fastidio.

**b** En ... se viaja bien. Es un medio de transporte relajado, relativamente económico, y que contamina menos, sin embargo los horarios son poco fiables.

**c** Imagino que viajar en ... es más barato pero para distancias largas es muy lento e incómodo.

**d** El ... es una opción cómoda y te da libertad pero los atascos en las carreteras son un problema.

**e** La ... es ideal pero no es práctica si llevas mucho equipaje.

**3b** ✏️ Escribe las ventajas y desventajas de los medios de transporte que se mencionan en la actividad 3a. Utiliza un diccionario si es necesario.

Una ventaja/desventaja del coche es ...
Lo mejor/peor del avión es ...

**4a** ✏️ Rellena los espacios con el verbo adecuado.

Para mis vacaciones ideales (1) ... al Caribe seis semanas con mis amigos porque (2) ... la playa y el buen tiempo. (3) ... en primera clase ya que es más cómodo y (4) ... en un hotel de cinco estrellas con piscina, jacuzzi y pistas de tenis. Todas las mañanas (5) ... hasta muy tarde, después (6) ... el sol en la playa, (7) ... en el mar o en la piscina y (8) ... a voleibol con mis amigos. Por las tardes (9) ... por la ciudad y (10) ... regalos caros para mi familia. También (11) ... comprar un yate en el que mis amigos y yo (12) ... una semana.

> pasearía   tomaría   iría   me gusta   pasaríamos
> volaría   nadaría   me alojaría   compraría   jugaría
> dormiría   me gustaría

**4b** 🎧 Escucha y corrige tus respuestas.

**5a** 🎧✏️ Escucha estas conversaciones (1–4) y escribe la información.

Alojamiento     Precio
Personas     Instalaciones
Fecha/Noches     Modo de pago
Régimen*     Información adicional

\* *Sólo alojamiento, desayuno incluido, media pensión o pensión completa*

**5b** 🎧 Escucha otra vez. Encuentra las palabras o expresiones que significan:

**1** room with a double bed
**2** sea view
**3** 'eat as much as you can' buffet
**4** the tennis courts
**5** a double room with a cot
**6** a souvenir shop
**7** a big locker next to the bed

## Remate

**6** 👤 What type of holiday would you prefer and why? Prepare some notes for a spoken reply lasting between 30 seconds and one minute.

Me gustaría ... . Prefiero ... porque ...

**7** 🎧✏️ Listen to the recording. Which do these people prefer: holidays abroad or in their own country? Write a list of advantages and disadvantages for both and add any ideas of your own.

**G** el futuro y el condicional   **V** las vacaciones   **H** preguntas

**1** Empareja lo que dice el joven con lo que dicen sus padres.

1 ¡Siempre vamos al mismo sitio!

2 ¡Siempre me aburro con mis padres!

3 ¡El viaje hasta el sur es muy largo!

4 ¡A todos mis amigos les dejan ir solos!

5 ¡Nunca me dan dinero para hacer nada divertido!

6 ¡Ahora ya no me gusta ir al pueblo!

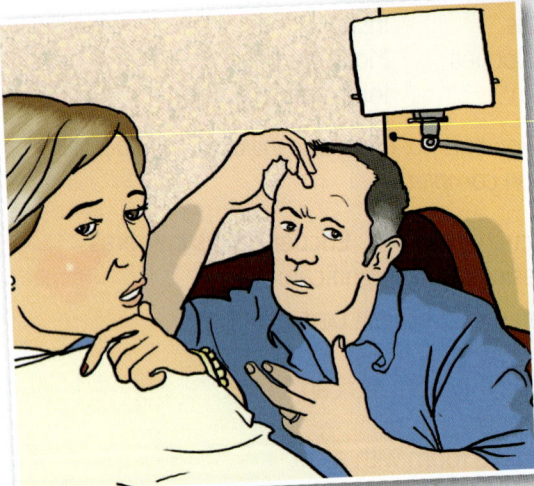

a Este año podríamos ir en avión.
b Se gasta una fortuna en tonterías.
c Podría invitar a un amigo.
d No es suficientemente mayor para eso.
e ¿Adónde le gustaría ir?
f ¡No sabe lo que quiere!

**GRAMÁTICA**

Remember the immediate future is formed with the present tense of the verb *ir* + *a* + infinitive. Now compare when you would use this with when you would use the future tense or the conditional. See page 76.

**2a** Lee este email y rellena los espacios con el verbo adecuado en futuro inmediato.

**Queridísimo Román,**

¡Tengo muchas ganas de ir a Ronda! Normalmente vuelo a Sevilla pero este año (1) _____ a Málaga y (2) _____ el tren porque es más barato.
En Ronda me gustaría visitar el museo de arte y ver el Puente Nuevo, (3) _____ por el barrio de San Francisco donde están los bares y restaurantes de moda aunque no (4) _____ a ver el Palacio Mondragón porque hace tres años fui a verlo. Si hace buen tiempo, después (5) _____ unos días en la playa donde podemos bañarnos y hacer surf porque en abril sin duda (6) _____ viento. También me gustaría ir a Sierra Nevada un fin de semana porque aprendí a esquiar en un viaje del colegio hace seis meses.
Mi amiga Alicia está harta de escucharme porque sólo hablo de las vacaciones y sobre mis planes. (7) ¡ _____ bomba! – Susana XX

voy a pasear    voy a volar    va a hacer    voy a ir
vamos a pasarlo    voy a coger    vamos a pasar

**2b** Lee el texto completo y contesta a las preguntas.

1 ¿Adónde va a ir de vacaciones Susana?
2 ¿Cómo va a ir?
3 ¿Cuándo va a ir?
4 ¿Qué hay de interés en Ronda?
5 ¿Qué tiempo va a hacer en la costa?
6 ¿Por qué hace años que Susana no esquía?
7 ¿Cuánto tiempo van a pasar en Sierra Nevada?
8 ¿Quién es Alicia? ¿Por qué está molesta?

**2c** Encuentra en el email las expresiones que significan:

1 I am looking forward to
2 fashionable
3 three years ago
4 six months ago
5 (she) is fed up

Make sure you remember the meaning of all the question words you learnt on page 14. This helps you to narrow down the possible answers or answer more promptly in speaking tasks.

Remember also that in Spanish it is particularly important to use the correct intonation when asking questions because the word order may be the same as a statement of fact.
Example:
*Hay ascensores en el hotel.*
*¿Hay ascensores en el hotel?*

**3a** Empareja estas preguntas con sus respuestas.

1 ¿Adónde irás de vacaciones este año?
2 ¿Con quién irás?
3 ¿Cómo viajarás?
4 ¿Dónde te alojarás?
5 ¿Qué harás?

a Jugaré/Iré/Visitaré ...
b Iré con ...
c Me alojaré en ...
d Viajaré en ...
e Iré a ...

**3b** Utiliza las preguntas de la actividad anterior para entrevistar a diez de tus compañeros. Contesta a las preguntas cuando seas entrevistado.

**3c** Presenta tus descubrimientos de una forma gráfica.
*Ejemplo:* El 20% de los estudiantes irán de vacaciones a España.

**4** Este joven periodista entrevista a los ciudadanos sobre sus planes para las vacaciones para un programa de verano. Escucha y rellena la tabla.

| ¿Quién? | ¿Cuándo? | ¿Adónde? | Actividades | Información adicional |
|---------|----------|----------|-------------|------------------------|
|         |          |          |             |                        |
|         |          |          |             |                        |

## GRAMÁTICA

### *Tú* and *usted*

Remember you use *tú* or *vosotros* to talk to people you know. You use *usted* or *ustedes* to talk to people you want to show respect towards or whom you don't know or who are much older than you.

**5** Escoge la respuesta correcta.

a Al guía turístico: ¿Tienes/tiene un mapa de la zona?
b A un señor mayor: ¿Necesitas/necesita ayuda?
c A un amigo: ¿Podemos ir a tu/su apartamento?
d A un cliente: ¿Qué deseas/desea?
e A tu padre: ¿Quieres/quiere ir de vacaciones a Perú?
f A un niño pequeño: ¿Dónde está tu/su toalla?

Giving examples is a good way to extend your answers. Some useful phrases are: *por ejemplo*; *además*; *otra cosa*. *Me gustaría ir a España, por ejemplo a Barcelona, y visitaría muchos monumentos además de los museos.*

# Remate

**6a** You're a client and you call to make the following reservations. Prepare the questions and answers suggested by the information below for each of the conversations A, B and C.

| A | B | C |
|---|---|---|
| 4 Aug | 24 Dec | 15 Mar+tent |
| 5 nights | 7 nights | 3 nights |
| 1 couple | 1 woman | 2 adults+2 children |
| double+shower | single+shower | hot shower? |
| how much? | breakfast? | how much? |
| pool? | station how far? | card? |
| card | cash | card |
| surname? | surname? | surname? |

**6b** Listen and complete the dialogues with your notes from 6a.

**6c** Practise again. Pay attention! Which receptionist doesn't use formal language?

**6d** Take turns with a partner to play the role of the receptionist. Invent similar conversations.

**7** Make a reservation by email for your family's summer holidays. Mention: when, how many nights, type of room, meals, method of payment, and ask for information about the facilities available.

G el pretérito perfecto  V lugares de interés  H escuchar detalle

**1a** Escucha. ¿Qué van a ver? Anota la foto que corresponde.

**1b** Escucha otra vez. ¿Qué opinan?

> fue aburrido    (no) me gustó mucho
> lo pasamos muy bien    fue increíble    excelente
> impresionante    me quedé desilusionado/a
> me pareció horrendo

**1c** Ahora escribe una frase.

*Ejemplo*: Fui a la catedral y me pareció impresionante.

**2a** Lee la tarjeta.

Un saludo afectuoso para todos de aquí en la cordillera andina. Todo ha ido de maravilla. He visto paisaje espectacular – vicuñas, cóndores, picos increíbles. Ha hecho un clima agradable para mí – llovizna suave, días nublados y templados – hasta hemos tenido neblina. Hemos viajado varios días a caballo que siempre me ha asustado un poquito. ¡Todo va bien menos mi pompis adolorido! Nos vemos pronto.

Alejandro

**2b** Anota todos los verbos en pretérito perfecto.

**2c** Lee las frases. Sólo hay dos correctas. ¿Cuáles son?

1  Alejandro está de vacaciones en la playa.
2  Ha pasado unos días muy agradables.
3  No le ha gustado el tiempo porque ha hecho demasiado calor.
4  No ha tenido miedo montando a caballo.
5  Le duele el pompis un poco.

## GRAMÁTICA

**The perfect tense**

Remember: *he, has, ha, hemos, habéis, han* is used to form the perfect tense plus the past participle which is formed like this:

-ar → ADO    -er → IDO    -ir → IDO

There are a number of irregular past participles which you need to learn by heart!

| | | |
|---|---|---|
| abierto | hecho | roto |
| cubierto | muerto | visto |
| dicho | puesto | vuelto |
| escrito | | |

Can you write their infinitives?

## HABILIDADES

**Listening for detail or alternatives**

Before listening to the recording in activity 3 look at the questions to check out the alternatives offered. Make sure you know what two pieces of information to listen out for, then focus your attention on these two aspects when listening.

**3** Escucha la crónica sobre la Semana Negra de Gijón y elige la opción adecuada.

**a** La Semana Negra tiene lugar (en el invierno/en el verano).

**b** El festival dura (una semana/más de una semana/ dos días).

**c** El festival comenzó a celebrarse hace (dos años/ veinte años/doce décadas).

**d** Durante el festival puedes (escuchar poemas/ver películas policíacas).

**e** Durante la Semana Negra también puedes ver exposiciones (fotográficas/de periódicos).

**4** Lee las siguientes opiniones de la encuesta sobre la Semana Negra y responde a las preguntas.

**a** ¿Qué piensa Doña Manolita de los conciertos de la Semana Negra?

**b** ¿Por qué va la gente a la Semana Negra, según Miriam?

**c** ¿Qué es lo más importante para los jóvenes que van a la Semana Negra, según Telmo?

**d** ¿Qué es necesario para mejorar la situación durante la Semana Negra, según Telmo?

**e** ¿Qué es lo mejor de la Semana Negra, según Oscar?

No soporto el ruido de los conciertos de la Semana Negra – siempre estoy deseando que se acabe el festival.
**Doña Manolita, 75 años**

Me encanta el ambiente que hay, tanta gente interesada en la cultura. ¡Y cada año somos más! **Miriam, 28 años**

Lo que no me gusta de los festivales es que siempre atraen a los jóvenes que beben y tiran basura en los parques. A ellos no les importa la ciudad, sólo les interesa pasarlo bien. ¡Necesitamos más policía en las calles para evitar el problema! **Telmo, 62 años**

No me gusta la literatura policíaca pero creo que la Semana Negra es una oportunidad excelente para hacer propaganda de nuestra ciudad. ¡Gijón es maravillosa!
**Oscar,18 años**

## Remate

**5** Listen to the discussion about what to see.

> **Ayer**
> fuimos a / visitamos / vimos

> **Hoy o mañana**
> vamos a ver / visitar / ir a

> **Mañana**
> iremos a / visitaremos / veremos / podremos ir a / visitar / ver

la Plaza Mayor; el Museo del Prado; el Escorial; Cibeles; el parque del Retiro; el museo Reina Sofía

Follow this pattern and make up dialogues of your own about what you want to see in your home town or in an imaginary place.

**6** Write a leaflet advertising a summer camp and try to convince your friends to spend their holidays there.

¡Butlins! ¡Las vacaciones de tus sueños!
El campamento tiene lugar en la costa, en Margate …
Durante estas vacaciones puedes hacer …
Lo mejor es que …

**G** contestar a preguntas   **V** el transporte   **H** transferir lenguaje, buscar errores

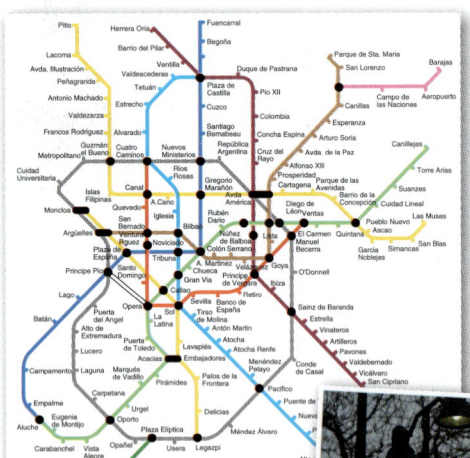

El sistema de metro de Madrid tiene siete zonas, pero la mayoría de los lugares de interés turístico están dentro de la Zona A.

Un billete sencillo cuesta 1 euro. El billete Metrobús es válido para diez viajes, a un costo de 7 euros. Se pueden comprar en taquillas en las estaciones, en las máquinas o en quioscos de prensa.

Otra opción es comprar un Abono Turístico que puede tener una validez de 1, 2, 3, 5 ó 7 días. Deben de comprarse en la taquilla, ya que se necesita presentar el pasaporte. Los niños entre 4 y 11 años tienen un descuento del 50%.

El metro funciona desde las 6.30 hasta la una de la madrugada con trenes a intervalos de cinco minutos. Hay once líneas interconectadas que se identifican por su número y por su color. Hay mapas y señalización clara en los andenes.

*Información correcta a la fecha de imprimirse*

**1**  **Lee y contesta a estas preguntas.**

a  ¿Cuántas zonas hay?
b  ¿Qué zona cubre el centro de la ciudad?
c  ¿Cuáles son los tipos de billete?
d  ¿Qué precios y qué validez tienen?
e  ¿Dónde se puede comprar los diferentes tipos de billete?
f  ¿Si tienes 15 años, hay un descuento?
g  ¿Está abierto las 24 horas del día?
h  ¿Cómo se puede encontrar la ruta más directa?

**2**  **Busca estas palabras clave. Tendrás que buscar en la página completa:**

> ticket office   ticket   line   station   platform
> turnstile   machine   map   sign   discount
> Do I need to …?   Is it cheaper if …?   Is it worth …?
> Isn't it?   Do I have to …?   Do I go this way …?

**3**  **Lee y escucha al señor. Descubre los cuatro errores según la información.**

– Necesito ir al Parque del Retiro. ¿Cuál es la estación de metro más cercana?
– Necesita ir a la estación Retiro.
– Está en la línea 7. ¿Verdad?
– No, señor, está en la línea 13, la roja.
– ¿Necesito cambiar de tren?
– No, es directo. Está a unos cinco minutos de aquí.
– ¿Es más barato si compro diez billetes?
– Un billete de diez viajes cuesta 8 euros y un abono para un día cuesta 5 euros.
– ¿Vale la pena comprar un abono?
– Sólo si se va a hacer más de cinco viajes en un solo día.
– Bueno, compro un billete sencillo. Es 1 euro 50, ¿no?
– Aquí tiene.
– Gracias. ¿Tengo que validar el billete en la máquina?
– No, eso es para los abonos. Sólo hay que cancelarlo en el torniquete.
– ¿Cuándo es el próximo tren?
– Llegan cada tres minutos.
– Ah, sí, claro. ¿Voy por aquí a la izquierda?
– No señor, es el sentido contrario. Hay que seguir las señales para la línea roja, próxima estación Banco de España.

**4** Escucha y apunta los datos en un billete.

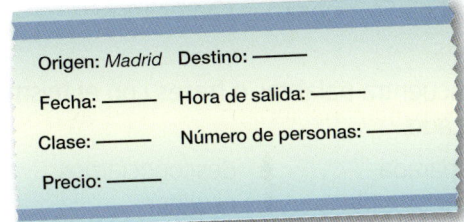

Origen: *Madrid*   Destino: ———

Fecha: ———   Hora de salida: ———

Clase: ———   Número de personas: ———

Precio: ———

**5** Lee y utiliza la información de abajo y haz seis frases en inglés sobre el **AVE**.

*Ejemplo:* The AVE is a high speed train.

Sevilla Santa Justa

El AVE es el tren de alta velocidad que conecta Madrid con Sevilla y Málaga en el sur, y con Barcelona en el este. Los tiempos de viaje son comparables con el avión, si tomas en cuenta la necesidad de llegar al aeropuerto con una hora de antelación. Los precios son altos, pero los trenes tienen muchas facilidades por ejemplo videos, canales de música, restaurantes, y actividades para niños. Hay tres clases: Club, Preferente, y Turista (el más barato). Además hay descuentos para compra de billetes con antelación o en Internet. Si el tren llega con retraso, prometen devolver el costo del billete.

**6** Escucha y completa la información.

- Terminales
- Terminal para Iberia
- Acceso
- Tiempo requerido
- Controles
- Facilidades

## Remate

**7** Write a guide about how to use public transport in the place where you live. Follow the style of the information given on this page.

**8** Test your partner's knowledge. Ask them about transport in Madrid. Who knows the most?

G números ordinales  V problemas y soluciones  H vocabulario: sinónimos / antónimos

**1a** Mira estas ilustraciones. Para cada una anota el vocabulario relacionado que se te ocurra.

*Ejemplo:* jabón, no hay jabón, falta jabón, necesito jabón

**1b** Lee lo que han escrito estos jóvenes. ¿Quién menciona cada uno de estos problemas?

**www.cartasenconfianza.com**

## Cuéntanos tu historia ...

**Malagueña**

Primero, cuando llegamos al hotel, nuestra habitación no estaba lista: las sábanas y el cuarto de baño estaban sucios y el grifo estaba roto. Por la noche nos dimos cuenta de que la luz no funcionaba y además no se podía dormir porque había mucho ruido de la discoteca del cuarto piso.

**Cyber**

Lo mío no tuvo nada de gracia. Era temporada alta y en el hotel me dieron una habitación en la octava planta y como el ascensor no funcionaba tuve que subir el equipaje por la escalera que era muy vieja y poco segura. Al llegar arriba descubrí que el recepcionista me había dado la llave equivocada y tuve que bajar otra vez. ¡Un desastre!

Buscábamos alojamiento barato así que reservamos un hotel pequeño que no conocíamos ... Barato sí, pero no había toallas, ni tan sólo jabón en el cuarto de baño y la ventana estaba rota. Tampoco había papel higiénico y el retrete se atascó el segundo día. Además, la recepcionista era muy desagradable y la comida daba asco. ¡Nunca más!

**1c** Encuentra palabras o frases con el mismo significado.

a preparada  
b era imposible  
c el octavo piso  
d las maletas  
e desconocíamos  
f el wáter  
g antipática  

**HABILIDADES**

It is important to learn to use synonyms (words of similar meaning) in your answers. Always think about ways of expressing the same idea but using different words or phrases.

**2** Escucha estas conversaciones. Identifica en cada caso:

- ¿Problema?
- ¿Solución?
- ¿Número de habitación?

Keep in mind the vocabulary you have prepared for activity 1a. Could you predict some solutions?

**3a** ¿Qué significan las palabras subrayadas de la actividad 1b?

**3b** Ordena estos números ordinales de menor a mayor.

a segundo/a  
b quinto/a  
c noveno/a  
d décimo/a  
e cuarto/a  
f sexto/a  
g séptimo/a  
h primer(o/a)  
i octavo/a  
j tercer(o/a)  

*Ejemplo:* primero (first), ... (second), ...

**GRAMÁTICA**

Spanish ordinal numbers are either masculine or feminine depending on what they refer to: *cuarto piso* but *cuarta planta*

Beware! *primero* and *tercero* lose the '-o' before masculine nouns.

**3c** Traduce al inglés.

a the fourth day  
b the third year  
c the second door  
d the first train  
e the first door  
f the eighth window  
g the first receptionist  
h the sixth key

Querido Oriol,

Te cuento de mis vacaciones. Normalmente voy de vacaciones a Francia porque está cerca pero el año pasado en abril fui a Puerto Rico diez días. Viajé en avión desde Madrid y el viaje fue cómodo pero muy largo. Durante la primera semana me alojé en la capital y cuando llegué al hotel el recepcionista me pareció bastante desagradable y antipático aunque el hotel me gustó porque tenía una piscina grande donde nadé y tomé el sol todos los días.

El viernes llegó mi amiga Tara, alquilamos un coche y fuimos a Rincón que es un pueblecito muy bonito en la costa oeste de la isla. Allí nos alojamos en un albergue juvenil muy sencillo, en una habitación pequeña y con camas un poco incómodas pero estaba todo limpio y era acogedor así que no me pareció inaceptable. Durante nuestra estancia hicimos surf y nos relajamos en las playas preciosas y tranquilas. El lunes tuvimos que quedarnos en el hotel porque el tiempo era inestable y llovió pero el martes hicimos submarinismo por la mañana y piragüismo por la tarde. ¡Fue un día fantástico!

Lo mejor de Puerto Rico fue la música porque me encanta el reggaetón pero lo que menos me gustó fue la comida porque es muy pesada.

¡Hasta pronto!

Ariel

**4** 📖 Lee el texto y encuentra antónimos de:

> agradable   simpático   cómodo   aceptable   estable

**5a** 📖 Lee estas preguntas. ¿Qué significan? ¿Qué tipo de respuesta es más adecuada?

> tiempo   lugar   tipo de alojamiento   actividades   opinión

a ¿Adónde vas de vacaciones normalmente?
b ¿Adónde fuiste el año pasado?
c ¿Cómo fue el viaje?
d ¿Dónde te alojaste?
e ¿Te gustó el alojamiento?
f ¿Qué hiciste?
g ¿Qué tiempo hizo?
h ¿Qué es lo que más te gustó?

**5b** Imagina que eres Ariel. Contesta a las preguntas de 5a según el texto.

**5c** Ahora piensa en tus vacaciones pasadas o en unas vacaciones imaginarias. Túrnate con un compañero/a para preguntar y responder a las preguntas de la actividad 5a.

**6** En equipos completad estas frases. Tenéis un minuto para cada categoría para anotar todas a las posibilidades que podáis.

a El año pasado fui a …
b Fui en …
c El viaje fue …
d Me alojé en …
e El alojamiento era …
f En el hotel había …
g Durante las vacaciones (actividades) …
h Durante mi estancia (tiempo) …
i Lo que más me gustó fue …
j Lo peor fue …

**Puntuación**

| | |
|---|---|
| La frase tiene sentido | 1 punto |
| Es gramaticalmente correcta | 1 punto |
| Es única | 1 punto |
| Categoría sin respuestas válidas | –5 puntos |

# Remate

**7** Listen and take notes on the following:

1 Usual/recent destination
2 Length of stay
3 Journey
4 Accommodation
5 Weather
6 Activities
7 Opinion

**8** Write an account of a previous holiday. Use the following steps:

1 Write 10 sentences using activity 6.
2 Extend your sentences by adding more description.
3 Convert your sentences into paragraphs, using connectors.
4 Create a way to add at least two verbs in the present tense. (For example: *normalmente … pero el año pasado … porque …*)
5 Add a paragraph about your plans for a future holiday.

### CONDITIONAL

**The conditional** is used to indicate what would happen if ... **I would go** to the Caribbean (if I had money) or **I would travel** with my friends (if my parents let me).

viajar: viaja**ría**, viaja**rías**, viaja**ría**, viaja**ríamos**, viaja**ríais**, viaja**rían**.

**1** Translate these sentences into Spanish.

a I would go to Brazil.
b You (singular) would stay in your friend's house.
c He would fly with American Airlines.
d It would be fun.
e You, Sir, would travel in first class.
f We would dance in the streets.
g You (plural) would swim in the sea.
h They would sleep until very late.

### CONDITIONAL/FUTURE

Now revise and compare the endings for the future tense with the conditional tense.

**2** Immediate future, future simple or conditional?

a Iría de compras todos los días.
b Voy a ir a Panamá en diciembre.
c Aprendería a hacer vela.
d Iré de viaje después de los exámenes.
e Viajaría siempre en primera clase.
f Voy a reservar dos habitaciones.
g Voy a quejarme de la falta de respeto del personal.
h Me levantaré temprano para hacer el curso de vela.

**3** Make up five sentences of your own using the grid below.

### THE POLITE FORM

In Spanish, you can use **tú**, the familiar form, to talk to friends or family, but you would use **Usted** for strangers and older people, as a way of showing respect.

*¿Vas al restaurante una vez al mes?* (familiar)

*¿Va al restaurante con su familia?* (polite)

**4** How would you ...

a ask a friend to go to the supermarket with you?
b offer a drink to an elderly lady?
c suggest going for an ice-cream to a friend?
d ask the head teacher if he/she wants a coffee?
e ask your brother to help you cook?

### QUESTIONS

Remind yourself how to ask questions (see page 69).

**5** Read these answers and write a suitable question for each one.

*Example:* Por lo general suelo ir a Alicante. − ¿Adónde vas normalmente de vacaciones?

a Al final el año pasado me quedé aquí en Galicia porque mi padre vino a visitarme con mi madrastra y mi hermanastro.
b Hicimos excursiones todos los días pero no fuimos a la playa porque hacía bastante frío.
c El año que viene voy a ir a Marruecos con una amiga.
d Vamos a viajar en avión porque es más rápido.
e Nos vamos a alojar en un hotel en Fez.
f En Marruecos va a hacer calor y buen tiempo.
g Por la mañana vamos a bañarnos en la piscina del hotel y por la tarde vamos a pasear e investigar el mercado típico porque nos encanta ir de compras.

| 1 | 2 | 3 | 4 | 5 | 6 |
|---|---|---|---|---|---|
| Me gusta | | Escocia | | | hace buen tiempo |
| | ir a | | para visitar a mis abuelos | porque | |
| Me fascina | | Málaga | | | llueve a menudo |
| | viajar a | | para ir a la playa | pues | |
| Me interesa | | Portugal | | | hace calor |
| | veranear en | | para conocer la cultura | pero | |
| Me encanta | | la India | | | es relajante |
| | pasar las vacaciones en | | para descansar | aunque | |
| Prefiero | | los Pirineos | | | siempre hace sol |

## THE PERFECT TENSE

This is mainly used in questions that do not refer to any particular time. It is also used like it is in English to say what has happened.

Have you played rugby before?
*¿Has jugado al rugby antes?*

How much chocolate have you eaten today?
*¿Cuánto chocolate has comido hoy?*

You form it with the present tense of the auxiliary verb *haber* followed by the past participle of the verb of action.

|  | comprar | comer | subir |
|---|---|---|---|
| he | comprado | comido | subido |
| has |  |  |  |
| ha |  |  |  |
| hemos |  |  |  |
| habéis |  | · |  |
| han |  |  |  |

Reflexive verbs follow the same pattern but you must remember to put the reflexive pronoun (*me, te, se, nos, os, se*) before *haber*:

*me* he levantado, *te* has levantado, **se** ha levantado, **nos** hemos levantado, **os** habéis levantado, **se** han levantado

Some common irregular past participles are:

| | |
|---|---|
| abrir – abierto | morir – muerto |
| cubrir – cubierto | poner – puesto |
| decir – dicho | romper – roto |
| escribir – escrito | ver – visto |
| hacer – hecho | volver – vuelto |

**6** That's a lot to remember so make up a jingle or rhyme to help you remember them all.

*Example*: **A**ngry **C**arlos **d**isturbed **E**nrique ... H... M ... P ... R ... V ... V ...

**7** Practise question and answer sessions using the perfect tense of these verbs.

*Example: Por turnos A pregunta*

> ¿**Has montado** a caballo antes?

*B responde*

> Sí, **ya he** .../ no, todavía **no he** ...

> ir a ...   visitar   ver   escribir   hacer un viaje a
> subir   volar   viajar

## SER AND ESTAR

*Ser* is used for describing permanent qualities:

*Madrid es la capital de España.*   Madrid is the capital of Spain (permanent quality).

*Estar* is used for describing position or temporary status:

*Madrid está en el centro de España.*
Madrid is in the centre of Spain (position).

*Estoy mareado.*   I am travel sick (temporary status).

**8** Explain the choice of *ser* or *estar* in these sentences.
  a   Viajar en coche es muy cómodo.
  b   ¡No estoy muy cómodo!
  c   Mi coche es rojo.
  d   Mi coche está en el garaje.
  e   Mi coche está averiado.

**9** Translate these sentences into Spanish. Warning: One of them is not *ser* or *estar*!
  a   The town is very busy.
  b   The school is in the centre of the town.
  c   Is there a museum in the town?
  d   It's an old town.

## TASK: An interview about your holidays

You are going to be interviewed about your holidays. Your teacher will play the part of an interviewer for your local radio station and could ask you the following:

- What sort of holidays do you like and why?
- Which is your favourite destination? Describe it.
- What is your opinion on camping holidays? Why?
- Do you think it is better to stay at home or go abroad? Why?
- Describe your last trip; where you went, who you went with etc.
- What are your plans for next half term?
- !

*(! Remember: at this point, you will have to respond to something you have not prepared.)*

The dialogue will last between 4 and 6 minutes.

## 1 THINK !

**Read the phrases below. Write down any others that you might find useful for the speaking task.**

☐ **Types of holidays:** *hacer camping, hacer turismo, ir a la playa/a las montañas*
☐ **Adjectives:** *aburrido, emocionante, interesante, maravilloso*
☐ **Verbs:** *me encanta(n), me fascina(n), me aburre(n)*
☐ **Descriptions:** *espectacular, estupendo*
☐ **Opinions:** *prefiero …, me gusta(n) bastante/más …, odio …, lo que más/menos me gusta es …*
☐ **Giving reasons:** *porque (no) es/son …, porque es más/menos …*
☐ **Preterite tense:** *fui, vi*
☐ **Imperfect tense:** *era*
☐ **Immediate future:** *voy a ir, voy a hacer*

**!** *Can you predict what the unexpected question might be?*

Where would you definitely **not** like to go on holiday and why?

**Add to your list any language you would need to answer this question too.**

## 2 PLAN !

- **Listen to a model conversation.**
- **Listen again and note down any phrases you could use or adapt.**
  **Add these to your list from Step 1.**

# ③ ACTION !

**Now prepare your answers. Use the bullet points below, and your list of useful words and phrases from Steps 1 and 2, to help you.**

**1** What sort of holidays do you like and why?
- Mention several different types of holiday.
- Give reasons why you like this type of holiday.

Example: ***Me encanta hacer camping o esquiar porque me divierto más.***

**2** What do you like doing on holiday?
- Choose something you feel confident about describing.
- Give details of when or where you do it.

Example: ***Me gusta hacer senderismo o cualquier deporte porque me gusta estar activa y en el aire libre.***

**3** What is your opinion on camping holidays?
- You could start *Creo que hacer camping es muy divertido / aburrido* ... and then add several reasons why.

**4** Do you think it is better to stay at home or go abroad? Why?
- Remember to justify your answer: *Me parece que es mejor quedarse en tu propio país porque* ...

**5** Describe your last trip.
- If you haven't been anywhere, make up something interesting.
- Remember to use tenses correctly. You will need the preterite and possibly the imperfect tenses.
- You need to say when and where you went.
- Try to add an opinion: *Lo pasé bomba.*

**6** What are your plans for next summer?
- Remember to use the immediate future tense to say what you are going to do.
- Mention two or three things that you will do.
- Make up something, even if you have no plans, e.g. *Me gustaría ir a hacer safari en Kenya.*

**! Your answer to the unexpected question could be:**

*¡No me gustaría ir a la Costa del Sol porque me parece que hay demasiados ingleses allí!*

## Grade Target

**To reach Grade C, you need to:**
- use adjectives correctly – *unas vacaciones divertidas, un lugar interesante*.
- use the main tenses correctly. When did you use the present tense, the preterite and the immediate future?
- remember to speak clearly and with a good accent.

**To aim higher than a C, you need to:**
- use a greater variety of tenses, e.g. use the imperfect as well as the preterite to describe your holiday, e.g. what the weather or the place was like.
- use the comparative to say one type of holiday is better than another.
- create longer, more complex sentences: ... *porque me interesaba mucho*.
- use other persons of the verb, not just the 'I' form: *fuimos a, era*.

**To aim for an A or A\*, you could:**
- use less common connectives and include negatives to create complex sentences: ... *sin embargo no iría a X jamás porque me parece que es* ...
- use the superlative ending *ísimo* to enliven your writing.

### TASK: My Spanish exchange visit

You recently went on a Spanish exchange visit. You have to write an account of your experiences and what you thought about it.

You could include:

- A description of where you stayed, how you got there, when you went etc.
- What you did whilst you were there
- Your opinion of the visit
- What type of holidays you like best and why
- Your plans for your holiday next year
- Why you would or would not choose to go on an exchange visit again

*(Remember: in order to score the highest marks, you must answer each task fully, developing your answers where it is appropriate to do so.)*

## 1 THINK!

**Start by noting down a few key facts, such as those below.**

1 travel: *fui/fuimos a X en autocar/avión/barco*
2 activities: *hice (windsurfing), nadé, fui a (la playa/las montañas ...)*
3 opinions: *en mi opinión ..., pienso que ..., era ...*
4 likes: *me gusta, me fascina, me interesa, me encanta, prefiero*
5 holidays: *ir al campo, ir a la playa, descansar, ir a las montañas*
6 giving reasons: *porque (no) es/son ..., porque es más/menos ...*
7 immediate future: *voy a ir ..., voy a hacer ...*
8 other tenses: preterite and imperfect

## 2 PLAN!

- **Read the model text.**

El año pasado, al principio del verano, fui con un grupo de mi colegio a Barcelona.

Este año íbamos a hacer un intercambio con un colegio de las afueras de la ciudad y las familias de los estudiantes iban a alojarnos en sus casas. Yo tenía miedo porque mi corresponsal tiene una familia grande y yo soy hijo único.

Por fin llegó el día de la salida cuando nos despedimos de nuestros padres ansiosos y montamos en el autocar – destino Barcelona. Fue un viaje largo y aburrido y dormí casi todo el tiempo. Unos comieron todos sus bocadillos antes de llegar al puerto de Dover.

Atravesamos los Pirineos y no tuvimos que hacer aduana. Después de viajar muchas horas llegamos al colegio, donde un grupo de estudiantes nos esperaba. Claro ya nos conocimos por Internet pero siempre es un poco difícil al principio.

Mi familia era maravillosa – me trataron como un hijo suyo. Lo que encontré raro fueron las horas de comer, sobre todo la cena que me parecía muy tarde – comían casi a las diez de la noche.

Fuimos a ver todos los monumentos famosos – la Sagrada Familia y el Parque Güell, por ejemplo. Me llevaron al estadio del Camp Nou pero no vimos ningún partido.

Todo fue muy interesante pero tengo que confesar que prefiero las vacaciones tranquilas en casa de mi abuela. Allí no hay tantos turistas, hacemos senderismo por las colinas y es muy bonito.

El año que viene voy a quedarme en Inglaterra porque tengo que estudiar pero me gustaría volver a Barcelona. Me parece muy importante aprender costumbres diferentes y comer platos distintos y hacer un intercambio es una buena idea. Además creo que te enseña a apreciar lo que tienes en casa.

- Read the text again and note down the tenses, pronouns and adjectives, etc. that the writer uses. Add these to your list from Step 1.

## 3 ACTION !

Now prepare what you will write. Use the bullet points below to help you and use your list of useful words and phrases from Steps 1 and 2. Aim to write about 200 words.

Write a plan. Jot down two or three words for each bullet point in the question.

- Remember not to spend too much time on your plan.
- Try to include every bullet point in the question.

**1** A description of the exchange visit you went on – where you stayed, how you got there, when you went etc.

- Have you used the preterite and imperfect tenses?
- Have you used time markers (e.g. *el año pasado*)?

Example: ***Fui con un grupo de amigos de mi colegio a Barcelona durante las vacaciones de agosto. Aunque hacía mucho calor lo pasamos bomba.***

**2** What you did whilst you were there

- Remember to use the correct form of the preterite to say what you did.

Example: ***El primer día fuimos a visitar la Sagrada Familia.***

**3** Your opinion of the visit

- As well as giving your opinion, give a reason for your opinion (*porque era/no era* ...).

Example: ***Nos divertimos mucho durante toda la semana porque vimos tantas cosas interesantes.***

**4** What type of holidays you like best and why

- Again, remember to give a reason why you like the holidays that you do.

Example: ***Prefiero ir al campo porque siempre hay demasiado ruido en las ciudades.***

**5** Your plans for your holiday next year

- Remember to use the immediate future.

Example: ***En julio del año que viene voy a ir en tren a Italia.***

**6** Why you would or would not go on an exchange visit again

- Give more than one reason.

Example: ***Me pareció muy buena idea hacer un intercambio con un grupo del colegio porque estuvimos con nuestros amigos y al mismo tiempo visitamos familias españolas. Lo haría otra vez si tuviera la oportunidad.***

## Grade Target

**To reach Grade C, you need to:**

- **use tenses correctly** –
The **present tense** is used to say what holidays the writer likes.
The **preterite tense** is used to say what holiday the writer went on last year.
The **immediate future** is used to say where the writer is going on holiday next year.
- **give opinions** –
*Todo fue muy interesante pero tengo que confesar que prefiero ...*

**To aim higher than a C, you need to:**

- use the **imperfect tense** and use different forms of the verb in different tenses. This writer uses the **imperfect** to talk about what a holiday was like and verbs such as *fuimos* and *me llevaron* to talk about holiday activities.

**To aim for an A or A\*, you could:**

- use the **conditional** to talk about you would prefer to do (e.g. *preferiría ir* ...).
- extend your answers by giving more detailed examples.

## Cómo expresar tus preferencias (pp. 66–67)

| | |
|---|---|
| las aduanas | customs (in border controls) |
| los atascos | traffic jams |
| la belleza | beauty |
| las carreteras | roads |
| el equipaje | luggage |
| un fastidio | a nuisance |
| los países menos desarrollados | less developed countries |
| los regalos | presents |
| los vuelos | flights |
| agotado/a | exhausted |
| fiable | reliable |
| descansar | to rest |
| ir de fiesta | to go out partying |
| te da libertad | it gives you freedom |

## Cómo planear tus vacaciones (pp. 68–69)

| | |
|---|---|
| la entrevista | the interview |
| el mismo sitio | the same place |
| el/la periodista | journalist |
| las tonterías | silly things |
| estar harto/a | to be fed up |
| estar molesto/a | to be annoyed |
| ir solo | to go alone |
| pasear | to take a walk |
| tener muchas ganas | to look forward to |
| de moda | fashionable |
| sin duda | without a doubt |

## Cómo decidir lo que vas a ver (pp. 70–71)

| | |
|---|---|
| un saludo | greeting |
| la cordillera andina | the Andes range of mountains |
| el paisaje | countryside |
| la llovizna | light rain |
| el caballo | horse |
| el pompis | bottom / backside |
| aburrido | boring |
| impresionante | impressive |
| desilusionado/a | disappointed / let down |
| horrendo/a | horrendous |
| nublado/a | cloudy |
| tener lugar | to take place |
| lo mejor | the best bit |

## Cómo trasladarte (pp. 72–73)

| | |
|---|---|
| un andén | a platform |
| un avión | a plane |
| un billete de ida y vuelta | a return ticket |
| un billete sencillo | a single ticket |
| un horario | a timetable |
| una señal | a sign |
| una taquilla | a ticket office |
| un torniquete | a turnstile |
| un tren | a train |
| cambiar | to change |
| llegar | to arrive |
| salir | to leave |
| está a ... metros | it is ... metres away |
| trasladarse | to get about / move from one place to another |

## Cómo relatar tus experiencias (pp. 74–75)

| | |
|---|---|
| el jabón | soap |
| la llave equivocada | the wrong key |
| las maletas | suitcases |
| el piragüismo | canoeing |
| el ruido | noise |
| las sábanas | sheets |
| el submarinismo | diving |
| la temporada alta | high season |
| las toallas | towels |
| el wáter | toilet |
| acogedor(a) | welcoming |
| sencillo/a | simple |
| poco seguro/a | not very safe |
| bajar | to go down |
| dormir | to sleep |
| subir | to go up |
| cuéntanos tu historia | tell us your story |
| daba asco | it was disgusting |
| el grifo estaba roto | the tap was broken |
| la luz no funcionaba | the light was not working |
| no tuvo nada de gracia | it wasn't at all funny |
| nos dimos cuenta | we realised |
| el retrete se atascó | the toilet got blocked |

# 3A Mi casa y mi barrio

## ¿Ya sabes cómo ...

- ☐ celebrar una fiesta en casa?
- ☐ organizar una fiesta?
- ☐ describir dónde vives?
- ☐ promocionar tu barrio?
- ☐ comparar antes con hoy?

¡Es fácil!

## Controlled Assessment

- **Speaking**: describe a special occasion celebrated at home
- **Writing**: your ideas for improving your home town and local area

## Habilidades

### Leer

When reading Spanish, how do you ...
- scan for information?
- recognise key tenses?

### Escuchar

When listening to Spanish how do you ...
- pick out clues to decide which information is relevant?
- listen for opinions and key phrases?

## Gramática

As part of your Spanish 'toolkit', can you ...
- use the preterite and the imperfect?
- use the perfect tense?
- use the comparative and the superlative?
- use *ser* and *estar* correctly?
- use *este*, *ese* and *aquel* accurately?
- use *tú* and *usted* correctly?
- use the continuous form of the imperfect?

**G** el imperfecto continuo, pronombres  **V** fiestas  **H** leer/escuchar

La semana pasada fui a una fiesta en la casa de mi amigo Rigoberto. Era una fiesta de cumpleaños, pero no había pastel y no cantamos "Cumpleaños Feliz". Cuando llegué, algunos estaban escuchando música en el salón, pero la mayoría estaba hablando en la cocina donde había refrescos y otras bebidas.

Encontré a Rigo y le dije "Feliz cumpleaños". Me dijo que algunos amigos estaban jugando con una consola de videojuegos en uno de los dormitorios. Entonces subimos y vi a varios de mis amigos que estaban haciendo un concurso de tenis en el aparato interactivo. Resultaban ridículos, pero era divertido.

Decidí salir al patio donde unas chicas estaban bailando y los chicos hablaban sentados en las sillas. Una de las chicas quería invitar a los chicos a bailar, pero dijeron que más tarde, y momentos después entraron a la casa.

Fue una fiesta muy relajada, sin incidentes pero divertida. Unos amigos reunidos para pasarlo bien.

**1** Lee el texto en voz alta, poniendo atención a la pronunciación.

**GRAMÁTICA**

**Imperfect continuous**
Just as on page 17 you used the present continuous, now you can use the same construction in the imperfect. Example: *Estaba bailando.*

**2** Busca los verbos en el pretérito (*I went, I saw, they said*) y en el imperfecto (*I was talking, they were dancing*).

**3** Haz una lista en inglés de todas las actividades que hacían en la fiesta.

**4** Busca todas las opiniones y palabras referentes al tiempo.

**5** Explica a un(a) compañero/a todo lo que entiendes. Discute qué hacer con las palabras desconocidas.

**GRAMÁTICA**

**Interrupted action**
Just as in English: I was dancing when they turned the music off. – *Estaba bailando cuando apagaron la música.*

**6** Haz frases completas y tradúcelas al inglés.
*Ejemplo:* Estaba bailando en el salón cuando apagaron la música.

*I was dancing in the sitting room when they turned the music off.*

**1** Estaba bailando en el salón cuando ...
**2** Estaba jugando al tenis con la consola cuando ...
**3** Estaba hablando con una chica cuando ...
**4** Estaba tomando un refresco cuando ...
**5** Estaba comiendo un bocadillo cuando ...
**6** Estaba lavándome las manos cuando ...

**a** ... lo dejé caer y rompí el vaso.
**b** ... llegó su novio.
**c** ... abrieron la puerta del baño.
**d** ... apagaron la música.
**e** ... golpeé a mi amigo en la cara.
**f** ... encontré un insecto.

**7** Escucha y decide cuál es la actitud en cada caso. Desde 'Humor' (5 puntos) hasta 'Horror' (0 puntos).

**8** 🎧 Escucha a los dos amigos discutiendo sobre una fiesta. Contesta a las preguntas en inglés.

a Who is the party for?
b Why?
c Who is coming?
d What two problems are there?
e How do they solve the problems?

> **GRAMÁTICA**
>
> **Direct and indirect object pronouns**
> Check page 38 before you complete activity 9.

**9** 📖 Haz corresponder las frases españolas y su traducción al inglés:

| | |
|---|---|
| **1** me invita | **a** we invite him |
| **2** te invito | **b** I want to invite you |
| **3** lo invitamos | **c** he invites us |
| **4** la invitan | **d** we invite them |
| **5** nos invita | **e** I invite you |
| **6** os invitan | **f** they invite her |
| **7** los invitamos | **g** he invites me |
| **8** quiero invitarte | **h** they invite you all |

**10** 🎧 Jesús organiza una fiesta. Escucha y contesta a las preguntas. ¿A cuáles de las preguntas no contesta Jesús?

a ¿Por qué hace una fiesta?
b ¿Quién puede ir?
c ¿Dónde va a ser?
d ¿Qué día?
e ¿A qué hora?
f ¿A qué hora termina?
g ¿Necesito dinero?
h ¿Hay que traer algo?
i ¿Vamos a comer allí?

**11** 👥 Lee una de las propuestas (de Miguel o Rosa). Trabajo con un(a) compañero/a. A hace el papel del estudiante inglés y hace las preguntas de arriba. B hace el papel del español y explica qué va a pasar.

*Ejemplo:* texto de Rosa

**A** Estudiante – ¿A qué hora?
**B** Rosa – A partir de las once.

Quiero invitar a los estudiantes ingleses a ir a los bolos el sábado por la tarde. Claro, también estáis invitados los españoles, y vuestras familias si quieren venir, aunque creo que podrá jugar un máximo de veinte personas porque hay que reservar. Hay una cafetería allí, pero vamos a ir después de la cena, como a las diez. Podemos jugar dos o tres juegos y estar en casa un poco después de la medianoche. Cuesta ocho euros por persona por juego, y yo voy a invitar a mi amigo inglés Chris. Decidme si podéis ir,

Miguel

Fiesta en la discoteca ZØØ el sábado por la noche. Si no sabes qué hacer con tu invitado inglés el sábado, quiero organizar una salida a la discoteca. Voy a estar allí con unos amigos a partir de las once, o si queréis, nos vemos antes para cenar en el Maldonado (comida rápida). Es sábado, así que podemos estar allí hasta la madrugada. La entrada es gratis pero las bebidas son caras. Nos vemos allí.

Rosa

## Remate

**12** ✏️ Imagine that you are going to have a Spanish exchange student to stay in your house. Write to them and describe the different choices of things to do when you go out.

**13** 👥 Ask a partner about the different suggestions you have written down. Play the role of the Spanish student, using the questions in activity 10.

**G** el pretérito perfecto, comparativos  **V** fiestas  **H** leer/entender

**1** Discute con un(a) compañero/a y pon las actividades en orden de importancia.

**a** comprar globos y flores
**b** comprar un pastel
**c** ponerse un disfraz
**d** comprar comida
**e** comprar regalos
**f** arreglar la casa
**g** informar a tus padres
**h** comprar bebida
**i** seleccionar la música
**j** invitar a tus amigos

Es importante ...    No es muy importante ...
Hay que ...    Tienes que ...

**2** Escucha y compara tu lista con lo que dicen Pablo y Elena.

**3a** Escribe tus planes para otra fiesta, según las imágenes.

### Planes para una fiesta

Voy a hacer una fiesta para mi amiga inglesa.
Voy a invitar a todos mis amigos. Voy a hacer un CD especial con mis canciones favoritas para bailar.
Voy a comprar mucha comida y bebida, y voy a hacer un pastel de cumpleaños. Voy a adornar la casa con globos. Voy a comprar un regalo para ella.

primero    luego    después    y    pero
por ejemplo    claro

**3b** La fiesta de 3a fue ayer. Cuenta lo que has hecho.
*Ejemplo*: He escrito las invitaciones.

vestirse    comer    comprar    beber    invitar    preparar
hacer    escribir invitaciones    cumplir años    recibir regalos

**Lety**

Fui a la boda de mi amigo inglés. Fue una ocasión muy especial. Lo que me sorprendió fue que la boda no fue en una iglesia. ¡Fue en un hotel! Era muy diferente a las bodas en México, pero el lugar era muy bonito, con un jardín, un lago, y claro hubo una fiesta allí mismo en el hotel. La ceremonia fue muy corta. La hermana de mi amigo leyó un poema, firmaron el registro y eso fue todo. Después tardamos casi una hora en colocarnos para las fotos. Lo que pasa es que todos se organizan como típicos ingleses, hicieron fotos con la familia de la novia, fotos con los tíos, fotos con los niños, fotos con los amigos … Los invitados compraron regalos para los novios, pero no se los dieron en la boda. Los compraron por Internet, y la tienda entrega los regalos directamente a la casa de los novios. Si no compras un regalo, no te invitan, creo. Después de la boda 'desayunan' aunque es la hora de cenar. Luego hay una disco en el hotel y todo el mundo se emborracha. Otro detalle: se gastan casi diez mil libras en una boda, con el hotel, la comida, el vestido de la novia, el coche y las flores. Para mí fue una experiencia rara pero muy linda.

**Jenny**

Fui a una boda en un pueblo de México. Un primo de un amigo mío se casaba e invitaron a toda la familia y a todo el pueblo. Estaban todos sus tíos, sus primos, los abuelos, y los miembros de la familia que venían de Estados Unidos para la boda. Fui a la boda en la iglesia. La boda civil fue unos días antes y sólo para la familia. Lo más importante es la boda religiosa. Después hubo una fiesta en la calle principal del pueblo. Había mesas para sentarse y una orquesta para bailar. Los novios bailaron primero, un vals. Luego todos bailamos, ¡yo también! Bailamos en conga alrededor de los novios parados en sillas. Había música mexicana y música rocanrol. Después comimos todos juntos. La madre de la novia hizo la comida. Durante la comida pasaron uno de los zapatos de la novia por las mesas y los invitados pusieron dinero en el zapato como regalo. Después continuamos bailando. Los amigos del novio le quitaron la ropa y la llevaron como a un muerto, mientras la orquesta tocaba la marcha fúnebre.
Fue una experiencia inolvidable. Lo que más me gustó fue el ambiente.

**4** Lee sobre las dos bodas. Contesta a las preguntas en inglés.

At which wedding …
a  … did they take ages taking photos?
b  … did they dance in the street?
c  … did they invite the whole town?
d  … did they pass a shoe round?
e  … did they spend loads of money?
f  … did they buy presents in advance?
g  … did they pretend the groom had died?

**5** Lety y Jenny comparan las fiestas. Haz frases y explica por qué.

*Ejemplo:* En México una boda es menos cara que en Inglaterra porque la madre de la novia hace la comida pero …

En Inglaterra/México …

| … una boda es<br>… la gente es | más<br>menos | tradicional<br>personal<br>cara<br>divertida<br>generosa<br>religiosa<br>alegre | que en<br>Inglaterra<br>que en<br>México | porque …<br>por ejemplo … |
|---|---|---|---|---|

**6** Completa las frases:

1  Lo que más me sorprendió fue que …
2  Lo que más me gustó fue …
3  Lo que pasa es que …
4  Lo que es muy típico es que …
5  Lo que hacen los ingleses es …

a  … se organizan en grupos para las fotos.
b  … beber mucho.
c  … hay muchos primos y tíos invitados.
d  … el ambiente.
e  … se casaron en un hotel.

## Remate

**7** You are going to prepare for a festive occasion at home. Discuss with a partner what the occasion is to be; what you will need for it – food, clothes, decorations, music; who you are going to invite and who you are not going to invite.

**8** Think of a recent memorable special occasion. Write about it or imagine one and make up the details.

## David Bustamante, cantante y oriundo de San Vicente de la Barquera, nos habla de su pueblo natal

Realmente me encanta San Vicente de la Barquera. En mis viajes por el mundo, siempre echo de menos mi pequeño pueblo. Hoy es un pueblo bastante turístico, con nuevos hoteles, restaurantes, bares y actividades en las playas. Cuando yo era joven, San Vicente era muy bello y muy verde, con los bosques, su castillo pintoresco y la costa sin nadie. Pero no había mucho que hacer para los jóvenes. Yo dejé el instituto a los dieciséis años y fui a trabajar para mi tío en su empresa de construcción. No había futuro para mí como cantante en San Vicente, pero no quería abandonar el pueblo. Me gusta porque es tan tranquilo, no quiero vivir en una ciudad ruidosa. Ahora tengo varias casas preciosas en diferentes partes del mundo, pero siempre en lugares que me recuerdan a San Vicente.

1

2

3

4

**1** En el texto sobre San Vicente de la Barquera, busca:

- personas y lugares
- adjetivos para describir lugares
- opiniones
- palabras que denominan el tiempo
- palabras para conectar o separar ideas

**2** Escucha y lee a la vez.

**3** Escucha otra vez y contesta a las preguntas.

a ¿De dónde es David?
b ¿Le gusta o no su pueblo?
c ¿Cuáles son los aspectos positivos?
d ¿Cuáles son los aspectos negativos?
e ¿Cómo ha cambiado?

### GRAMÁTICA

**Useful expressions for describing places**

*es/no es*: it is/isn't
*era/no era*: it was/wasn't
*hay/no hay*: there is/there isn't
*había/no había*: there was/there wasn't

**4** ¿Que significan estas palabras? Luego haz frases sobre San Vicente de la Barquera.

*Ejemplo:* San Vicente de la Barquera es un pueblo pintoresco.

mucho que hacer   concurrido
bosques   hermoso   feo   industrial
pintoresco   histórico   cultural
moderno   oportunidades
grande   emocionante

**5** Mira las cuatro fotos (página 88). Haz una lista del vocabulario necesario para describirlas. Escucha y haz corresponder las tres descripciones con las fotos.

**6** Escucha y deduce quién va a quedarse allí donde vive, y quién va a abandonar el lugar.

*Ejemplo:* Persona A va a abandonar el lugar.

**7** Apoderarse de vocabulario: Escucha otra vez y apunta estas palabras en español:

*Ejemplo: sucia* – dirty

dirty   so many people   a good job   convenient   advantages
when I want   the only problem   expensive
I get bored   too   nobody   ugly   depressing

### HABILIDADES

**Expressing and justifying opinions**

| Dar una opinión → | | → Dar una razón | | → Continuar |
|---|---|---|---|---|
| Me gusta | vivir en la ciudad | (no) es | verde | y |
| No me gusta | vivir en el campo | | tranquilo | pero |
| Me gustaría | vivir en las afueras | | concurrido | por ejemplo |
| No me gustaría | vivir en la | | ... | entonces |
| Me encanta | montaña | (no) hay | mucho que hacer | sin embargo |
| Odio | vivir en la costa | | oportunidades | |
| | | | muchas | |
| | porque ... | | facilidades | |
| | | | ... | |

### Remate

**8** Use the expressions in the *Habilidades* box to help you talk about the places in the photos.

**Example:**

*Me gusta vivir en la ciudad porque es concurrida pero hay mucho que hacer, sin embargo no me gustaría vivir en el campo porque ...*

**9** Write a description of the place where you live. Make it possible to work out from this description whether you're intending to stay there or not. If not, where would you like to live? What would there be there and what could you visit or see there?

**G** comparativos, ser/estar, este/ese/aquel  contrastes  escuchar/hablar

Su noche es mítica, también su vida en la calle, la forma en que sus habitantes acogen a los que vienen de fuera.

¿Cuáles son los conceptos que definen a Madrid? Una ciudad moderna y de moda. Una ciudad histórica y cultural de galerías y teatros. Una ciudad de tres millones de habitantes, con un ambiente íntimo y amistoso en las calles y en los bares. Una ciudad cosmopolita y a la vez muy española. Una ciudad verde, que luce su título de Ciudad de Árboles. Y no te olvides de su club de fútbol, Real Madrid, la casa de estrellas tan brillantes como Raúl González. Madrid. La capital, y el verdadero corazón de España.

Municipio costero de Cantabria, San Vicente de la Barquera se sitúa en el noroeste de España. Sus 4 mil habitantes se reparten entre nueve núcleos poblacionales. San Vicente de la Barquera es un pueblo marinero por excelencia y el pueblo viejo es un conjunto monumental plagado de interesantes edificios y monumentos que le han merecido la declaración de Bien de Interés Cultural. Buena parte del municipio se integra en el Parque Natural de Ovambre, idóneo para caminar y observar la naturaleza. Por la gran belleza natural y patrimonial que alberga este enclave, el turismo es su principal fuente de ingresos. Actualmente su hijo más ilustre es el cantante David Bustamante que nació en el pueblo en el año 1982.

Situada en el Valle de Paravachasca, y con 43 mil habitantes, Alta Gracia es una de las ciudades más importantes de la Provincia de Córdoba, Argentina. Sus museos, sus monumentos y su historia la convierten en uno de los atractivos culturales más relevantes de esa zona de Argentina, hecho reconocido por la UNESCO con el palmarés de Patrimonio de la Humanidad. Es conocida por su hijo pródigo Ernesto "Che" Guevara, revolucionario e ídolo mundial. Punto estratégico para acceder a los centros turísticos como el circuito de carreras automovilísticas TC2000, y a tan sólo treinta y seis kilómetros de Córdoba, Alta Gracia es un lugar que no puede dejar de conocer.

| | |
|---|---|
| **Nombre:** | *Madrid* |
| **Situación:** | *Capital de España* |
| **Población:** | _____ |
| **Características:** | *Contrastes: cultura, historia, moda* |
| **Puntos de Interés:** | *Galerías*, _____ |
| **Deporte/Recreación:** | _____ |
| **Título:** | *Ciudad de los Árboles* |
| **Personajes:** | _____ |

## HABILIDADES

### Reading and listening for gist

First you need to gain an overall idea of what the text or listening passage is about. The questions may help you but do not try to answer them immediately. When you have read or listened to a passage once then read the questions again to focus on more detail.

**1a** Lee el texto sobre Madrid. Copia y completa la ficha.

**1b** Ahora lee los textos sobre Alta Gracia y San Vicente de la Barquera y escribe una ficha parecida.

**2** Escucha las descripciones de cuatro lugares en Inglaterra. Identifica una ciudad 'gemela' para los tres lugares de arriba.

**3** Escucha otra vez. ¿Quién o quiénes? (Alonso, Ana, Rafa o Marta)

a Ya visitaron el lugar que describen.
b Mencionan personas famosas que vivían allí.
c Hablan de un centro turístico.
d Habla de la ciudad más grande.
e Habla de una ciudad que puedes identificar.

**4** Haz corresponder:

a Saqué    1 un café
b Bebí    2 fotos
c Exploré    3 una excursión
d Hice    4 la capital

**5** Mira las fichas sobre las tres ciudades (página 90). Usa algunos de estos verbos para hablar de una de las ciudades.

> fui a   visité   vi   leí sobre   me gustaría visitar
> (no) es   era   hay   había   tiene   tenía   parece
> está en   es famoso/a por   es conocido/a por   se puede

## GRAMÁTICA

### Ser and estar

Both these verbs mean 'to be'.

*ser* = permanent characteristics
*San Vicente de la Barquera es un pueblo marinero.*

*estar* = place or temporary state
*Está situado en el noroeste de España.*

**6** Sigue los ejemplos de arriba y escribe 3 frases usando el verbo "ser" y 3 usando el verbo "estar". Basa tus ideas en los textos de la página 90.

## GRAMÁTICA

### Demonstrative adjectives and pronouns

Demonstrative adjectives are used to point out something and they agree with the noun they describe.

*Esta ciudad es más bonita que aquella ciudad.*

| | this/these | | that/those | | that one/those ones (over there) | |
|---|---|---|---|---|---|---|
| | Masc. | Fem. | Masc. | Fem. | Masc. | Fem. |
| Singular | este | esta | ese | esa | aquel | aquella |
| Plural | estos | estas | esos | esas | aquellos | aquellas |

Demonstrative pronouns replace a noun, agreeing with its gender and number. They usually take an accent.

*Esta ciudad es más bonita que aquélla.*

**7** ¿Qué piensas? Decide si estás de acuerdo:

a Londres es más grande que Madrid.
b Madrid está menos concurrido que Londres.
c Madrid no es tan caro como Londres.
d Londres tiene un río más impresionante que Madrid.
e Londres tiene tantos museos como Madrid.

**8** Escucha y verifica.

**9** Escucha otra vez. ¿Cuáles de estas frases oyes?

> como   a diferencia de   en comparación con
> a pesar de   mientras   aunque   en lugar de   tal vez

## Remate

**10** Write a comparison between the place where you live and the places on page 90. Mention: the size of the place, any specific features or important monuments it has, and what there is to do there.

**11** Choose to promote either your home town or one of the three places on page 90. Prepare a debate in which you defend your preference against a partner who chooses another place.

Example:
*Madrid es grande, pero no es tan bonito como …*

# 3A Cómo comparar antes con hoy

**G** tú y usted, el imperfecto  **V** interrogativos e indicaciones  **H** escuchar y predecir

**1** ✏️ Haz una lista de preguntas para entrevistar a una 'celebridad' sobre su ciudad.

> ¿dónde?  ¿qué?  ¿quién?  ¿cuándo?
> ¿a qué punto?  ¿por qué?  ¿cómo?  ¿cuánto?

**2** 🎧 Escucha sin apuntar, luego intenta recordar las preguntas que hace Malcolm.

*Ejemplo:* ¿Cómo es la ciudad?

**3** 👥 Malcolm entrevista a Gabriela. Con un(a) compañero/a, haz el diálogo, utilizando la siguiente información.

- Gabriela Rentería: 16 años, nací aquí
- Ciudad: bonita ✓, moderna ✗, golf, cine, caminar, parques, casino, centro a pie, muy cerca
- Museo: de 9 a 19 Lun–Dom, calle Avellaneda, fotos, documentos, bicicleta, coche

> ¿Cómo te llamas?
> ¿Desde hace cuánto tiempo vives aquí?
> ¿Qué piensas de la ciudad?
> ¿Qué se puede hacer aquí?
> ¿Cómo se puede explorar la ciudad?
> ¿Se puede ver la casa de Che Guevara?
> ¿Sabes dónde está el museo?
> ¿Qué se puede ver en el museo?

**4** 👤 Escucha y verifica.

**5** 👤 Malcolm entrevista a la abuela de Gabriela. Escucha sin apuntar, luego intenta recordar sus respuestas.

¿Cómo se llama usted?
¿Desde hace cuánto tiempo vive aquí?
¿Qué piensa de la ciudad?
¿Cómo era antes?
¿Cómo ha cambiado?
¿Quién venía aquí?
¿Por qué?

**6** 📖 Compara la forma de los verbos en las preguntas que hace Malcolm a Gabriela y a su abuela. ¿Cómo es diferente? ¿Por qué?

**7** 👥 Utiliza las preguntas para hacer la entrevista con dos compañeros/as. Una persona hace el papel de Gabriela y la otra el de su abuela. A ver si contesta la persona correcta.

¿Dónde vive?  ¿Dónde vives?
¿Cuántos años tienes?  ¿Cuántos años tiene?
¿Cómo te llamas?  ¿Cómo se llama?
¿Qué piensa de la ciudad?
¿Qué piensas de la ciudad?
¿Vives aquí desde hace cuánto tiempo?
¿Vive aquí desde hace cuánto tiempo?
¿Sabe dónde está el museo?
¿Sabes dónde está el museo?

## GRAMÁTICA

**Imperfect tense**

This is used to talk about what **used** to happen.

*Había* mucha gente.    There used to be a lot of people.
*Se alojaban en los hoteles.*    They used to stay in the hotels.
*Era* muy pobre.    It used to be very poor.

You also need to use the imperfect when saying how long something went on for in the past, for example when talking about a place where you used to live:
*¿Desde cuándo vivías en esa ciudad?*    How long did you live in that city? (i.e. you no longer live there)

**8** Separa las frases para hacer dos descripciones de **Alta Gracia** − cómo es hoy, y cómo era antes:

**a** Compraban una casa para pasar el verano.
**b** Vienen a pasar una sola noche.
**c** Bailaban en los hoteles.
**d** Visitan los monumentos.
**e** Jugaban al golf.
**f** Era el lugar 'de moda'.
**g** Es bastante turístico.
**h** Cenaban en restaurantes de lujo.
**i** Sacan fotos.
**j** Tenían mucho dinero.

**9** Haz dibujos para illustrar el vocabulario. Inventa una historia en inglés.

> delante de ...   detrás de ...   enfrente de ...   al lado de ...
> a la izquierda ...   a la derecha ...   entre ...   lejos ...
> todo recto ...   cruzar la calle   al final de la calle
> en la plaza   cerca ...

detrás del hotel

delante del hotel

**10** Copia y completa una tabla así:

| Palabras equivalentes | | Palabras opuestas | |
|---|---|---|---|
| seguir todo recto | *continuar* | subir | |
| torcer a la derecha | | a la izquierda | |
| calle | | detrás de | |
| cruzar | | lejos de | |
| rodar | | ir | |

> cerca de   bajar   delante de   dar la vuelta a
> girar a la derecha   a la derecha   continuar
> avenida   volver   atravesar

**11** Mira el mapa. Escucha a Malcolm en el Centro de Información. Identifica los lugares **A−G** en el mapa.

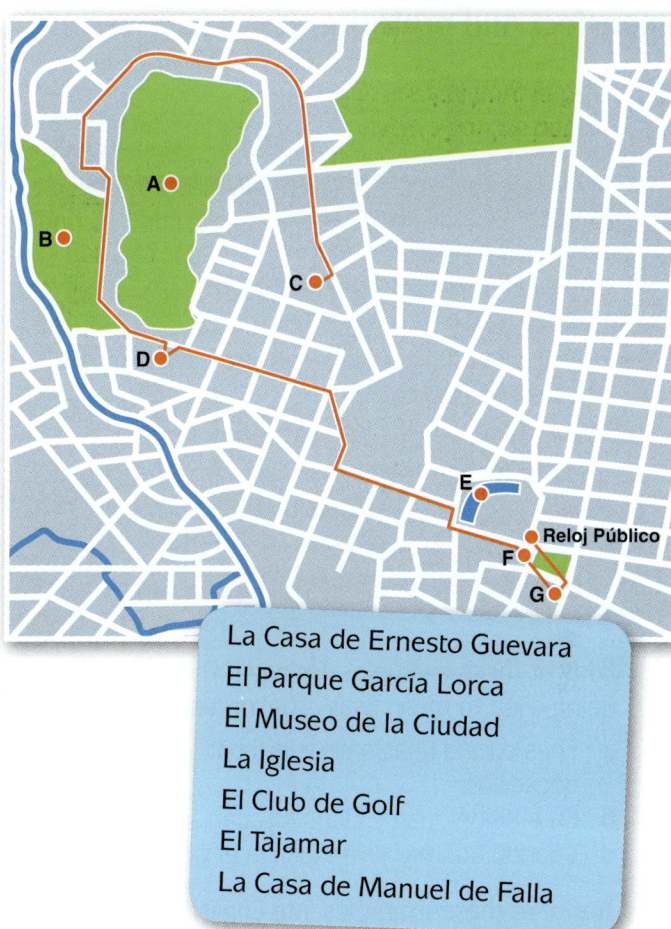

Reloj Público

> La Casa de Ernesto Guevara
> El Parque García Lorca
> El Museo de la Ciudad
> La Iglesia
> El Club de Golf
> El Tajamar
> La Casa de Manuel de Falla

**12** Can you show Malcolm a more direct route? With a partner, practise guiding him to different places on the map.

## Remate

**13** Design a leaflet exploring the place where you live. Include descriptions and interesting information to compare how it was in times gone by and how it is now.

**14** Practise directing a partner to different places featured in your leaflet, giving them a guided tour. Your partner should use the questions on page 92 to ask you about each place.

## Imperfect and preterite

**IMPERFECT AND PRETERITE**

The imperfect and the continuous form of the imperfect can both be used to mean **was *talking*** or **was *eating***:

| -*ar* verbs | -*er/ir* verbs |
|---|---|
| habl**aba** | com**ía** |
| estaba hablando | estaba comiendo |
| I was talking | I was eating |

The normal form of the imperfect is also used to mean **used to *talk*** or **used to *eat***:

hablaba – I used to talk    comía – I used to eat

The preterite tense is used to talk about what happened:

| -*ar* verbs | -*er/ir* verbs |
|---|---|
| hablé | comí |
| I talked | I ate |

**1** Look at these examples. Decide if the imperfect is being used to mean 'was ...ing' or 'used to ...':

a En la cocina unas amigas estaban comiendo bocadillos.

b En el salón, Juan y Elena jugaban a videojuegos.

c Cuando era más joven tocaba el violín, pero ya no.

**2** Translate these examples into English.

a Estaba hablando con Juan. Me invitó a una fiesta.

b Bailábamos en el jardín cuando llegaron mis padres.

c No jugamos al tenis porque estaba lloviendo.

**3a** Use the imperfect to describe what was happening when you arrived at a party. Mention four things.

**3b** Use the preterite to say what happened at the party. Mention five things.

## Pronouns

**4** Give a definition of a pronoun and explain when you would use one.

**5** Look at these examples and answer the questions:

a What are the two places where object pronouns can come in a sentence? What does it depend on?

*Lo compré para mi profesor.*
*Le compré un libro en español.*
*Decidí comprarle un regalo.*
*No puedo comprarlo, no tengo dinero.*

b What happens when you have a direct object pronoun (me, you, him, it ...) **and** an indirect object pronoun (to me, for me, to you, for you, to him, for him ...)?

*Me lo compró.*
*Te lo regalo.*
*Voy a comprártelo.*
*Nos lo dijo en la fiesta.*

c What happens when a sentence has a *le* pronoun followed by a *lo/la/los/las* pronoun?

*Se lo regalé en su cumpleaños.*
*Se la compré porque me gustaba.*
*Se lo dije pero no me escuchaba.*
*Decidí comprárselos.*

**6** Now translate the examples above into English.

**POSSESSIVE PRONOUNS**

| mine | el mío/la mía/los míos/las mías |
|---|---|
| yours | el tuyo/la tuya/los tuyos/las tuyas |
| his/hers | el suyo/la suya/los suyos/las suyas |
| ours | el nuestro/la nuestra/los nuestros/las nuestras |
| yours | el vuestro/la vuestra/los vuestros/las vuestras |
| their | el suyo/la suya/los suyos/las suyas |

The possessive pronoun replaces a noun:
**Mi padre** *baila mejor que* **tu padre**.
My dad dances better than your dad.
**El mío** *baila mejor que* **el tuyo**.
Mine dances better than yours.

The ending agrees with the person or thing that belongs, not the owner:
*Mi casa es más grande que la tuya.*
*Mis hermanas son más inteligentes que las suyas.*

**7** Rewrite these sentences using the possessive pronoun.

*Ejemplo:* Su fiesta fue menos divertida que **mi fiesta**.
Su fiesta fue menos divertida que **la mía**.

a Mi teléfono es más caro que **tu teléfono**.

b Sus padres son más ricos que **nuestros padres**.

c Si te gustan los bocadillos, puedes comerte **mis bocadillos**.

d No tengo bolígrafo. ¿Puedo utilizar **tu bolígrafo**?

## THE COMPARATIVE

To make comparisons in Spanish, put the words *más ... que* (more ... than) and *menos ... que* (less ... than) around an adjective. The adjective must still agree with the noun:

*Ir en avión es más caro que ir en autobús.* − Going by plane is more expensive than going by bus.

*El coche es menos cómodo que el avión.* − The car is less comfortable than the plane.

The expression *tan ... como* is used to say that two things are the same:

*Ir en bici es tan práctico como caminar.* − Going by bike is just as practical as walking.

*Mejor que* means 'better than'. Peor que means 'worse than'.

*El nuevo coche es mejor que el antiguo.* − The new car is better than the old one.

*Viajar en autobús es peor que viajar en tren.* − Travelling by bus is worse than travelling by train.

**8**   **Write out comparative sentences.**

*Example*: La bici, el coche (more ecological) − La bici es más ecológica que el coche.

a   El autobús, el avión (slower)
b   El tren, el autobús (easier)
c   La bici, el autobús (as slow as)
d   Viajar en tren, viajar en avión (as expensive as)
e   Vivir en el campo, vivir en la ciudad (worse)
f   Pedir la ruta, leer el mapa (better)

## THE SUPERLATIVE

The superlative is the form used to say which person or thing is 'the most' or 'the least'. It is formed as follows:

*el/la/los/las     más* (most)     + adjective   *de* (in, of)
                   *menos* (least)                *que* (than)

*Mi coche es el más lento de todos.* − My car is the slowest of all.

*Tu moto es la más vieja que he visto.* − Your motorbike is the oldest I've seen.

To say that something is 'the best' or 'the worst' use *el/la mejor* and *el/la peor*:

*Tu idea es la mejor.* − Your idea is the best.

*Esa ruta es la peor posible.* − This is the worst possible route.

**9**   **Translate the following sentences into Spanish, using the superlative.**

a   It is the most dangerous journey in the world.
b   It is the most ridiculous sentence possible.
c   It is the least comfortable form of transport.
d   He is the best driver.
e   It is the worst situation imaginable.

**10**   Write sentences to describe somewhere you have visited a couple of times. Use the preterite to say what you did there. Use the imperfect to talk about what it used to be like. Use the comparative and the superlative to make comparisons with other places.

## TASK: A conversation about special occasions

You are going to have a conversation with your teacher about special occasions celebrated at home. Your teacher could ask you the following:

- What sort of events do you celebrate at home and when?
- Describe what food you like to prepare and/or eat at celebrations.
- Do you think family occasions are important? Why?
- Who do you get on best with at home? Why?
- Describe your most recent celebration – what you did, ate, wore etc.
- What are your plans for a future event?
- !

(! Remember: at this point, you will have to respond to something you have not prepared.)

The dialogue will last between 4 and 6 minutes.

## 1 THINK !

Read the phrases below. Write down any others that you might find useful for the speaking task.

- [ ] **Types of celebrations:** *una boda, una fiesta, el cumpleaños, las navidades, el divali, el rámadan, un bautizo*
- [ ] **Food:** *los pudines, los dulces, el arroz, la carne, el pescado, el pavo, los pasteles*
- [ ] **Adjectives:** *genial, estupendo, impresionante, original*
- [ ] **Verbs:** *me encanta(n), me entusiasma, me divierte, me choca, me molesta, me llevo bien con*
- [ ] **Descriptions:** *trata de ..., se basa en ..., es importante*
- [ ] **Opinions:** *prefiero ..., me gusta(n) bastante/más ..., odio ..., lo que me gusta es ...*
- [ ] **Giving reasons:** *porque (no) es/son ..., porque es más/menos ...*
- [ ] **Personality:** *es muy simpático, es bastante extrovertido / tímido / gracioso*
- [ ] **Tenses:** *fui, vi; era; voy a ir, voy a hacer*

**!** *Can you predict what the unexpected question might be?*

Who would you like to invite to your next special occasion? Why?

**Add to your list any language you would need to answer this question too.**

## 2 PLAN !

- Listen to a model conversation.
- Listen again and note down any phrases you could use or adapt. Add these to your list from Step 1.

# ③ ACTION !

**Now prepare your answers. Use the bullet points below, and your list of useful words and phrases from Steps 1 and 2, to help you.**

**1** What sort of events do you celebrate at home and when?

- As well as saying what sort of events you celebrate, remember to give some examples and details.
- Give reasons why you like these occasions.

Example: ***Siempre celebramos los cumpleaños en casa porque nos gusta preparar mucha comida e invitar a todos los amigos. Somos una familia grande, ¡así que hay una fiesta casi cada mes!***

**2** Describe what food you like to prepare and/or eat at celebrations.

- Choose food you feel confident about describing.
- Give some detail.

Example: ***Me fascina preparar pasteles, tartas y pudines porque son tan deliciosos. Me encantan los dulces.***

**3** Do you think family occasions are important? Why?

- Remember to give a well thought out reason with plenty of detail.

Example: ***Para mí todas las celebraciones en casa son importantes porque es una oportunidad para ver a mis tíos y primos, para pasarlo bien y bailar.***

**4** Who do you get on best with at home? Why?

- Describe the person, their appearance and personality.
- Don't forget to say why you get on with them.

Example: ***Creo que me llevo mejor con mi hermana mayor porque es una persona muy simpática y siempre me ayuda en todo. Es muy bonita; tiene el pelo largo y liso y nos divertimos mucho juntas cuando salimos con los amigos.***

**5** Describe your most recent celebration – what you did, ate, wore etc.

- Remember to use tenses correctly. You will need the preterite and possibly the imperfect tense.

Example: ***El domingo pasado fue el cumpleaños de mi hermanito que cumplió siete años. Hicimos una gran fiesta. Vinieron muchos invitados, todos disfrazados como payasos. Los niños golpearon una piñata hasta que se rompió y cayeron muchos caramelos.***

**6** What are your plans for a future event?

- Use the future tense to say what you will do.
- Mention two or three things that you will do.
- You can also use the immediate future, especially if the event is to happen soon.

Example: ***Me gustaría mucho ayudar a mi madre a preparar una fiesta sorpresa para mi hermana mayor que va a cumplir dieciocho años en julio. Haré un pudín delicioso y le compraré un regalo bonito.***

**! Your answer to the unexpected question could be:**
(Use stalling tactics whilst you think of an answer!)
*Bueno, pues, no sé – posiblemente voy a invitar a mi cantante preferido ...*

## Grade Target

**To reach Grade C, you need to:**
- use adjectives correctly – *un regalo bonito, una fiesta sorpresa.*
- use the main tenses correctly. When did you use the present tense, the preterite and the immediate future?
- remember to speak clearly and with a good accent.

**To aim higher than a C, you need to:**
- use a greater variety of tenses, e.g. use the imperfect as well as the preterite to describe a special occasion.
- create longer, more complex sentences: *... porque nos divertimos mucho.*
- use other persons of the verb, not just the 'I' form: *comimos pudín, bailamos salsa.*

**To aim for an A or A\*, you need to:**
- use less common expressions of frequency or adverbs: *de vez en cuando, nunca jamás.*
- use the superlative, e.g. *En mi opinión la celebración más importante es ...*
- use time clauses to say how long ago something happened: *hace una semana, hacía veinte años.*

## TASK: How to improve my local area

You have been told that there is funding available to improve your home town and area. The local newspaper has asked people to write in with ideas about how you think this money should be spent. You have to write an account of your ideas and preferences. You could include:

- A description of the area you want to improve
- What happens there now
- Your opinion of how the area has changed
- What type of facilities you think would be best and why
- Your plans for future improvement
- Why you think your ideas are the best

*(Remember: in order to score the highest marks, you must answer each task fully, developing your answers where it is appropriate to do so.)*

### 1 THINK !

**Start by noting down a few key facts.**

1 areas in town: *el parque, el polideportivo, la plaza mayor, el centro comercial, el club de jóvenes*

2 activities: *ir de tiendas, nadar, jugar a, reunirse*

3 opinions: *en mi opinión ..., pienso que ..., era ...*

4 likes: *me gusta, me fascina, me interesa, me encanta, prefiero*

5 facilities: *un parque infantil, unos bancos, el césped, una cafetería*

6 giving reasons: *porque (no) es/son ..., porque es más/menos ...*

7 immediate future: *voy a ir ..., voy a hacer ...*

8 tenses: preterite, imperfect and immediate future

### 2 PLAN !

- **Read the model text.**

Mi pueblo no es muy interesante. En realidad es un pueblo normal como muchos otros pueblos del país. Es precisamente por eso que creo que hay que hacer algo para cambiarlo.

Antes era un pueblo importante porque había minas de carbón que producían dinero. Éramos una comunidad contenta y muy unida.

Hace unos años todo eso cambió porque las minas cerraron y el trabajo se acabó. Ahora hay mucho desempleo. Antes había un parque bonito con un río limpio donde jugábamos sin peligro. Hoy nada de eso existe: el parque está abandonado y el río está muy sucio.

Es muy triste vivir en mi barrio ahora. No hay nada para los jóvenes; no tienen donde jugar excepto en la calle, que es peligrosa. En mi opinión ahora es el momento de cambiar las cosas.

Primero tenemos que limpiar el parque. Podemos diseñar un parque infantil con columpios y toboganes donde los chicos grandes no puedan entrar. Podemos comprar unos bancos para la gente mayor donde puedan leer sus periódicos tranquilamente. No tiene que costar una cantidad enorme y puede ser bastante sencillo pero creo que si nos motivamos entre todos, podríamos hacer algo y volvería el sentido de comunidad que había antes. También me gustaría tener una zona donde se puede jugar al fútbol o al baloncesto.

Será importante planear para el futuro. Si hay suficiente dinero podremos construir una pequeña cafetería. Mis ideas son muy sencillas pero creo que son eficaces y económicas y servirán para ayudar a la comunidad de mi barrio. Por eso me parece que merecen la pena.

- Read the text again and note down any adjectives and ways of expressing opinions that you could use. Add these to your list from Step 1.

# 3 ACTION !

Now prepare what you will write. Use the bullet points below to help you and use your list of useful words and phrases from Steps 1 and 2. Aim to write about 200 words.

Write a plan. Jot down two or three words for each bullet point in the question.
- Remember not to spend too much time on your plan.
- Try to include every bullet point in the question.

**1** A description of the area you want to improve
- Remember to make adjectives agree and to use interesting vocabulary.

Example: *Me parece que es muy importante tener un club de jóvenes en mi barrio porque hay muchos chicos que no tienen nada que hacer. Quisiera ...*

**2** What happens there now
- Remember to use as many different types of verbs in the present tense as you can.

Example: *Hoy en día los jóvenes no juegan al fútbol, ni usan el parque porque ...*

**3** Your opinion of how the area has changed
- As well as giving your opinion describe how this area used to be and remember to use comparisons.
- Have you used time markers (*hace dos años* etc.)?

Example: *Hace años éramos una comunidad más unida que ahora.*

**4** What type of facilities you think would be best and why
- Again, remember to give a reason why and to give detailed descriptions.

Example: *Lo bueno sería planear un parque para todas las edades porque entonces ...*

**5** Your plans for future improvement
- Remember to use the immediate future or the future tense.

Example: *Vamos a tener que incluir a todo el mundo en nuestros planes.*

**6** Why you think your ideas are the best
- Give more than one reason.

Example: *Creo que mis ideas valen porque son prácticas y no cuestan mucho.*

## Grade Target

| To reach Grade C, you need to: | To aim higher than a C, you need to: | To aim for an A or A*, you could: |
|---|---|---|
| • **use tenses correctly** – the **present tense** to say what happens there now the **preterite and imperfect tenses** to describe how things used to be the **immediate future or future tense** to say what you plan to do<br>• **give opinions** and justify them | • use different forms of the verbs in different tenses: *habrá ... jugábamos*.<br>• write longer, more complex sentences using common link words: *cuando, donde*. | • use the conditional to talk about what you would prefer: *preferiría, me gustaría*.<br>• use less common connectives: *sin embargo, en cambio*.<br>• use less common time phrases: *al llegar, después de haber comido*. |

# 3A Vocabulario

## Cómo organizar una fiesta (pp. 86–87)

| | |
|---|---|
| un colchón | mattress |
| un disfraz | costume |
| los espíritus malvados | evil spirits |
| un globo | balloon |
| los invitados | guests |
| la madrugada | early morning |
| un milagro | miracle |
| un muerto | dead man |
| la novia | bride |
| un pastel | cake |
| los tambores | drums |
| | |
| ahuyentar | to chase away |
| casarse | to get married |
| celebrar | to celebrate |
| emborracharse | to get drunk |
| entregar | to deliver |
| festejar | to celebrate |
| mojarse | to get wet |
| pelear | to fight |
| soltar | to release |
| tirar | to throw |
| traer | to bring |
| | |
| alegre | happy |
| gratis | free |
| lindo/a | beautiful |
| tengo ganas de | I feel like |
| | |
| e | and (before an 'i') |
| lo que me sorprendió fue que … | what surprised me was … |
| lo que pasa es … | what happens is … |
| tardamos casi una hora | we spent nearly an hour |

## Cómo describir dónde vives (pp. 88–89)

| | |
|---|---|
| las afueras | the outskirts |
| un bosque | a wood |
| el casco histórico | the historic centre |
| los jóvenes | young people |
| el mundo | the world |
| un pueblo | a town |
| su pueblo natal | his home town |
| | |
| bello/a | beautiful |
| concurrido/a | busy |
| feo/a | ugly |
| hermoso/a | beautiful |
| tranquilo/a | quiet |
| turístico/a | touristy |
| | |
| echar de menos | to miss |
| recordar | to remind |

| | |
|---|---|
| ahora | now |
| bastante | quite |
| como | like |
| me recuerda | it reminds me of |
| mucho que hacer | a lot to do |
| nadie | nobody |
| siempre | always |
| tan | so |

## Cómo promocionar tu barrio (pp. 90–91)

| | |
|---|---|
| una calle | a street |
| una ciudad gemela | a twin town |
| un edificio | a building |
| una fuente de ingresos | source of income |
| un municipio | a town |
| el patrimonio | heritage |
| | |
| amistoso/a | friendly |
| bonito/a | pretty |
| caro/a | expensive |
| conocido/a por | known for |
| de moda | fashionable |
| deprimente | depressing |
| impresionante | impressive |
| precioso/a | beautiful |
| ruidoso/a | noisy |
| sucio/a | dirty |
| | |
| a diferencia de | unlike |
| a pesar de | in spite of |
| actualmente | at the moment |
| aunque | although |
| en comparación con | compared to |
| en lugar de | instead of |
| mientras | while |
| tal vez | perhaps |
| tanto | so much |

## Cómo comparar antes con hoy (pp. 92–93)

| | |
|---|---|
| ¿a qué punto? | to what extent? |
| ¿cómo? | how? |
| | |
| a la derecha | on the right |
| a la izquierda | on the left |
| al final de la calle | at the end of the street |
| al lado de | next to |
| cerca | near |
| delante de | in front of |
| detrás de | behind |
| enfrente de | opposite |
| en la plaza | in the square |
| entre | between |
| lejos | far |
| | |
| cruzar la calle | to cross the street |

# 3B El medio ambiente

## ¿Ya sabes cómo ...

- ☐ describir la contaminación?
- ☐ conservar el planeta?
- ☐ ser un buen ecologista?
- ☐ respetar tu entorno?
- ☐ hacer ecoturismo?

## Controlled Assessment

- **Speaking**: discuss an environmental project in your local area
- **Writing**: write a blog for your Spanish exchange school on an environmental project you are involved in

¡Respete la naturaleza!

## Habilidades

### Leer

In Spanish how do you ...
- read a text with questions in mind?
- read a text for specific details?
- analyse a text?

### Escuchar

When listening to Spanish how do you ...
- listen for gist and use the context to help you?
- take notes effectively?
- check your answers?

## Gramática

As part of your Spanish 'toolkit', can you ...
- give positive and negative instructions?
- use the subjunctive?
- use time clauses like *desde hacía*?
- use the future tense?

**G** el futuro **V** problemas ambientales **H** estrategias para escuchar

**A**

**B**

**C**

**D**

**E**

**F**

¿Por qué están en peligro las islas Galápagos? Por culpa de invasores – unos 100.000 turistas al año – y de pescadores piratas que explotan sus aguas. Las Galápagos se han llenado de restaurantes, hoteles y cruceros que afectan a las tortugas indígenas que llevan casi un cuarto de siglo comiendo hierba. El presidente ecuatoriano ha prometido suspender algunos permisos de turismo y residencia y la ONU ha declarado las Galápagos en peligro. ¡Otro paraíso que muerde el polvo!

El parque nacional de Doñana, situado en la desembocadura del río Guadalquivir, es el humedal* más conocido de la Península Ibérica. Se estima que con la subida del nivel del mar quedarán inundadas alrededor de 10.000 hectáreas por culpa del cambio climático.

México

Colombia

Galápagos

Perú

Bolivia

Guadalajara

Tarragona

Parque Nacional de Doñana

Baleares

Canarias

* wetlands/marsh

**1a** 📖 Lee los dos textos de la página 102 e identifica los problemas.

**1b** 📖 Empareja las ilustraciones A–F con un problema de la lista de abajo.

| | | | |
|---|---|---|---|
| **1** | La basura doméstica | **4** | La polución industrial |
| **2** | La deforestación | **5** | Los desechos radioactivos |
| **3** | El cambio climático | **6** | La destrucción de especies |

**HABILIDADES**

**Listening for gist and context**

Always try to anticipate the context from the title and illustrations.

• Look at the maps opposite and the places marked by arrows. Think about how they might sound in Spanish.

Think about key words you will need to listen out for in this context.

• Look again at the words which describe the problems and try to anticipate what you are going to hear.

• Repeat the words in your head during the pauses in the recording.

• Never write out sentences whilst you are listening.

**2a** 🎧 Escucha e identifica el problema y emparéjalo con un dibujo de la página 102.

**2b** 🎧 Escucha otra vez y relaciona el problema con un lugar en el mapa.

**3a** 📖 Empareja cada problema con una definición o causa.

*Ejemplo:* La sequía: No llueve y la tierra se vuelve desierto.

| | | | |
|---|---|---|---|
| **1** | La sobreexplotación pesquera | **7** | El estrés |
| **2** | La sobreexplotación de los pastos | **8** | Las inundaciones |
| **3** | La lluvia ácida | **9** | La basura |
| **4** | La contaminación acústica | **10** | Los aerosoles |
| **5** | La deforestación | **11** | Los desechos radioactivos |
| **6** | El cambio climático | | |

**3b** ✏️ Escribe la definición o causa de estos fenómenos.

**1** La destrucción de especies
**2** La sobrepoblación

## Remate

**4** 👥 Use the phrases below and discuss what you think the most serious problems are.

> Me parece que ...    En mi opinión ...
> Lo peor es ...    El problema más grave es ...

**5** 👥 Then the whole class should discuss the problems. Which do you think will be the most serious problems in the future?

> ¿Cómo vamos a combatir estos problemas?
> ¿Qué podéis hacer vosotros?    Será necesario/importante ...    Habrá que ... Tendremos que ...

**6** 👥 Now discuss what you think are the most serious problems in your local area. How do you propose to resolve them?

**7** ✏️ Write a letter to your local council and tell them about the problem you think is most serious in your area and what you propose to do about it.

> Hay demasiada (basura en las calles)
> No hay suficientes (basureros)
> Hay/habrá que (limpiar las calles)

**a** Hay demasiada gente que no recicla la basura.

**b** Las centrales nucleares producen residuos.

**c** La gente se siente excesivamente nerviosa.

**d** Cortan todos los árboles.

**e** Los pescadores pescan más de lo que necesitan y los peces que sobran o que son muy pequeños son devueltos al mar.

**f** Hay demasiado ruido de aviones, camiones o de la maquinaria industrial.

**g** La polución química industrial entra en el ciclo de las aguas.

**h** El gas CFC escapa al aire.

**i** El nivel del mar sube demasiado.

**j** En muchos lugares hay demasiados animales y no hay suficiente hierba.

**k** Los gases de efecto invernadero causan el calentamiento global.

(G) desde hace/hacía (V) soluciones verdes (H) escuchar detalles / leer

**1a**  Lee el texto.

### Los Parques Nacionales de España

España ofrece una variedad y diversidad enorme de paisaje, flora y fauna. Gracias a los Pirineos, que forman una barrera natural que se extiende de Vizcaya al mediterráneo, los animales y flores ya presentes se quedaron encerrados del resto de Europa y han evolucionado independientemente. Lo mismo pasó cuando se formó el trecho de mar entre Gibraltar y África. Muchas especies africanas quedaron encerradas en España. Hay muchos parques naturales pero son los once parques nacionales – el primero de los cuales se fundó en 1918 – que desempeñan un papel importante de conservación.

| Nombre | Tamaño (hectáreas) | Conocido por | Tipo |
|---|---|---|---|
| **1** Picos de Europa | 64,660 | águila dorada | |
| **2** Ordesa y Monte Perdido | 16,000 | cabras | montaña |
| **3** Aigües Tortes | 10,230 | 150 lagos altos | |
| **4** Tablas de Daimiel | 1,928 | pájaros migratorios | pantano |
| **5** Doñana | 75,000 | águila imperial, lince | |
| **6** Archipiélago de Cabrera | 1,836 | halcones, reptiles, plantas | isla |
| **7** Cabañeros | 41,805 | buitre negro, jabalí | bosque |
| **8** Garajonay | 3,975 | selva | |
| **9** Caldera de Taburiente | 4,690 | geología/plantas | |
| **10** Teide | 13,500 | volcán activo, violetas | volcán |
| **11** Timanfaya | 5,170 | lagartos | |

**1b** Escucha. ¿Qué parque se describe?
- Anota el número.
- Anota también los detalles.

**2** Escucha a Guillermo y anota cinco ventajas y dos desventajas.

**1c** Contesta a las preguntas.
1 ¿Cuál es el parque nacional más grande?
2 ¿Cuál es el parque nacional más pequeño?
3 ¿Cuántos parques están en una isla?
4 ¿Cuántos tienen volcanes?
5 ¿Cuántos parques son conocidos por sus pájaros?

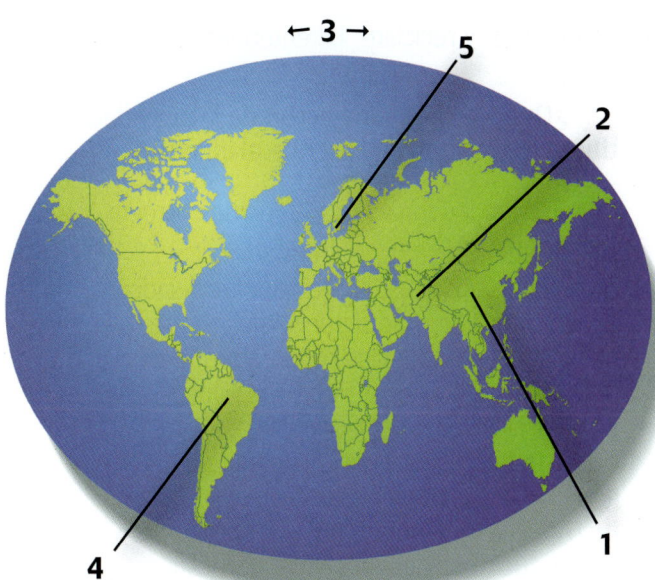

← **3** →

**5**

**2**

**1**

**4**

**3a** 🎧 Escucha y clasifica el problema.

- clima
- animales
- contaminación
- reciclaje
- cultivos
- selva − deforestación

**3b** 🎧 Escucha otra vez.

- ¿En qué país o en qué parte del mundo pasa? Escribe la letra.
- Añade unos detalles.

### GRAMÁTICA

**(desde) hace / ( desde) hacía**

You use the present tense (*desde*) *hace* to indicate that an action is still going on:

*Las tortugas gigantes viven en las Islas Galápagos (desde) hace miles de años.*

The giant tortoises have been living on the Galápagos Islands for thousands of years (and still do).

You use the imperfect tense to show that an action happened in the past:

*Hacía más de treinta años que no nevaba en junio.*

It had not snowed in June for more than thirty years. (action finished)

**3c** 🗣 Lee y empareja las noticias con los titulares apropiados.

**A** El Popacatépetl cubre de cenizas la ciudad de México

**B** Hacía 30 años que no nevaba en junio

**C** *Tortugas gigantes de las Galápagos en peligro*

**D** *Selva tropical en vía de desaparición*

**E** La capa del ozono sigue en peligro

**A** Pájaros, plantas y animales dependen del Amazonas pero cada año nosotros los hombres destrozamos más de 8 millones de hectáreas de árboles tropicales.

**B** El volcán entra en actividad con el conato de erupción más fuerte desde 1925.

**C** El hueco en la zona de Antártida descubierto por el científico inglés Joe Farman sigue creciendo y ya hay cambios bruscos de clima que se atribuyen a este fenómeno.

**D** Hace 30 años solamente vivían 400 personas en las islas pero ya hay 15.000 y amenazan a los animales en su hábitat natural.

**E** Vacaciones en peligro − el pasado fin de semana cayó una nevada tardía que sorprendió a muchos que se bañaban en la playa.

## Remate

**4** 🗣 Discuss with a partner how you could make your school a more ecofriendly place.

**5** ✏️ Do some research into the National Parks of Spain. Choose one and write a brief description of it using the headings below.

- nombre
- tipo
- descripción
- situación
- tamaño

**G** instrucciones afirmativas y negativas, el subjuntivo **V** conservar y reciclar **H** entender instrucciones

Estudia y lee la sección de gramática. Luego contesta a las preguntas.

**GRAMÁTICA**

**Regular imperatives**

| tú | vosotros | usted | ustedes |
|---|---|---|---|
| habla | hablad | hable | hablen |
| come | comed | coma | coman |
| escribe | escribid | escriba | escriban |

**NO**

| | | | |
|---|---|---|---|
| hables | habléis | hable | hablen |
| comas | comáis | coma | coman |
| escribas | escribáis | escriba | escriban |

- Note especially the polite forms *usted* and *ustedes* and all the negative forms. This is in fact the subjunctive mood. See page 112 and the Active Grammar section at the back of the book.

- You need to use the subjunctive when you use *cuando* or similar time words when you refer to the future.

  *¡Cuando **tenga** ochenta años espero que el planeta todavía exista!*

  *En cuanto que **empieces** a reciclar ayudarás a conservar el planeta.*

**1** ✏ Traduce las últimas dos frases de arriba al inglés.

**2** ✏ Empareja los imperativos formales (irregulares) con los imperativos informales de abajo.

- **a** ponga
- **b** tenga
- **c** vea
- **d** diga
- **e** venga
- **f** haga
- **g** vaya(se)
- **h** oiga
- **i** salga

decid   haced   oíd   poned
salid   tened   venid   ved   id(os)

**3** ✏ ¿Qué significa cada verbo de la actividad 2? Utiliza tu diccionario y escribe el infinitivo.

**4** ✏ Escribe las frases con la forma correcta del verbo.

- **a** (Escribir, vosotros) sobre papel reciclado.
- **b** No (hablar, tú) tanto por teléfono.
- **c** No (tirar, ustedes) los papeles al suelo.
- **d** (Poner, usted) los platos sucios aquí.
- **e** (Reciclar, vosotros) vidrio y latas.
- **f** No (usar, vosotros) el coche cada día.
- **g** (Montar, ustedes) a bicicleta.
- **h** (Apagar, tú) la tele si no la estás viendo.
- **i** (Reducir, ustedes) la basura doméstica.
- **j** (Consumir, vosotros) menos electricidad.

**5a** ▦ Lee el póster.

**Ayúdenos a cuidar el medio ambiente.**

*Gracias por su cooperación.*

En los Parques Nacionales de España, por favor:

- **Cuide la naturaleza**
- **Proteja la flora y fauna**
- **Respete a los animales**
- **Vaya por los caminos indicados**
- **Ponga su basura en una bolsa**
- **Apague su cigarrillo con mucho cuidado**

**5b** ✏ Escucha y relaciona lo que oyes con una instrucción de arriba.

## 6a 📖 Lee y empareja cada dibujo con una frase.

 **a**

 **b**

 **c**

 **d**

 **e**

 **f**

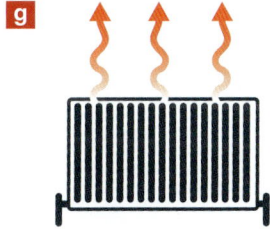 **g**

 **h**

 **i**

 **j**

1  Economiza la luz.
2  No dejes el grifo abierto.
3  Recicla las latas y botellas.
4  Baja la calefacción.
5  No uses aerosoles.
6  Cultiva tus propios vegetales y fruta.
7  No uses el coche.
8  Ve en bicicleta.
9  No dejes la tele encendida.
10  Planta más árboles.

## 6b 📖 Para cada frase escoge una instrucción adecuada.

*Ejemplo*:  **1** Economiza la luz − **c** apágala

| | | | |
|---|---|---|---|
| **a** | no la subas | **f** | no la dejes aparcada en casa |
| **b** | no los cortes | **g** | ciérralo |
| **c** | apágala | **h** | usa otra cosa |
| **d** | camina | **i** | no los compres |
| **e** | apágala | **j** | ponlas en el contenedor apropiado |

## 6c ✏️ ¡Busca otra manera de decir lo mismo! Utiliza las palabras de la caja.

1  Hay que ...... agua y luz.
2  Tenemos que ...... a los animales/las especies.
3  Debemos ...... los bosques y las selvas.
4  Habrá que/habría que ...... el papel y cartón.
5  Tendremos/tendríamos que ...... la calefacción.
6  Deberíamos ...... a energías alternativas como los paneles solares.

> cuidar   cambiar   reciclar
> bajar   economizar   proteger

## Remate

7  👥 Prepare questions with a friend to find out what the rest of the class do at home to help the environment. Then carry out a survey.

8  ✏️ Design a poster campaign for school: use the *tú* form to give instructions.

**Example:** En la biblioteca y sala de recursos ...

En el patio durante el recreo ...
En la cantina durante el almuerzo ...
Al salir de clases al final del día ...

¡Escribe sobre papel reciclado!
¡No hables por teléfono!
¡Pasa menos tiempo ante el ordenador!
¡No pases tanto tiempo ante el ordenador!

**G** verbos + infinitivo   **V** quejas y remedios   **H** sinónimos (escuchar/leer)

## 1a 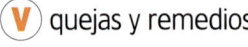 Lee la carta.

### Página de nuestros lectores – ciudad verde

Francamente hay demasiados coches en las calles hoy en día. Es imposible <u>pasearse</u> como antes – hoy hay riesgo mortal cuando <u>salgo de</u> mi casa. No solamente es el ruido del tráfico sino también <u>la contaminación</u> que me preocupa – y eso es de día. De noche es aún más <u>peligroso</u> porque no hay suficiente luz en la calle y todos quieren conducir lo más <u>rápido</u> posible.

En mi opinión lo mejor sería <u>prohibir</u> todos los vehículos en el centro de la ciudad de día o por lo menos <u>reducir</u> el número de coches al imponer una tarifa para los que quieren ir al centro. El único <u>remedio</u> a este problema tan grave será invertir una gran suma de dinero en el sistema de transporte público.

## 1b Escribe sinónimos para las palabras subrayadas.
*Ejemplo*: hoy en día = actualmente

## 1c Completa las frases.
*Ejemplo*: hoy en día = actualmente

1 La persona que escribe se queja del ...
2 Dice que también hay mucha ...
3 No le gusta salir de noche porque le parece que es ...
4 Tiene miedo de los coches que van muy ...
5 Quiere prohibir que los coches entren en ...

---

**✗**
### Hay demasiado
grafiti
turismo
ruido
crimen
papel
basura en los parques
tráfico
daño

**✗**
### No hay suficientes
basureros
servicios para minusválidos
canchas de tenis

**✓**
### Hay que
limpiar los parques/las calles
limitar el tráfico/los turistas
construir más servicios
reparar las calles/los daños
alumbrar los parques/las calles
conservar los parques
poner basureros en la calle

## 2a Escucha, copia y completa la tabla.

| Quejas | Remedios |
|--------|----------|
|        |          |

## 2b ¿En tu barrio, de qué te quejas?
Escribe dos listas: los aspectos positivos y negativos.

## 2c Ahora discute con tu compañero/a las posibles soluciones.

## 2d Escribe unas frases completas.
*Ejemplo*: En mi barrio hay demasiados coches así que habrá que limitar el tráfico.

podríamos   sería necesario   debemos / deberíamos
quisiera   tenemos que   habrá que

### GRAMÁTICA

**Verbs and expressions + infinitive**
Remember that several verbs and impersonal expressions in Spanish are followed by an infinitive (see page 51).
*Es importante limpiar las calles.*

## HABILIDADES

Remember to look at the comprehension questions and try to predict what you may hear or read. For example, for each question make a list of any nouns, verbs and phrases that you think are likely to come up as well as more general things like expressions of time.

**3a** Lee el texto bastante rápidamente.

Donde yo vivo es bastante seguro durante el día. Tenemos vecinos simpáticos, las calles limpias, sin demasiado tráfico. Pero por la noche ya es otra historia. A eso de las 21.00, vienen las pandillas con sus coches a hacer carreras ilegales por la calle, siempre con el ruido de los coches tuneados y el peligro de chocarse. Luego, alrededor de la medianoche, todo termina en violencia, puñetazos, gritos … no sé por qué. Creo que es por cuestión de dinero o drogas. Llevan ropa cara y relojes de oro. Y al poco de oírse las sirenas de la poli, se van zumbando en sus coches y la policía, para variar, llega tarde.

**3b** Escoge un título de la lista y explica por qué crees que es lo más apropiado.

a Mis vecinos
b Mi barrio ideal
c Jóvenes delincuentes
d La juventud antisocial
e La policía atrasada

**3c** Lee el texto otra vez y contesta a las preguntas.

1 What is it like where the writer lives during the day?
2 What is the problem at night?
3 How does it all end up?
4 What happens when the police come?

**3d** Ahora concéntrate en los detalles del texto. Anota:

- 5 cognados (por ejemplo: seguro = *secure*)
- 5 frases que conoces bien (por ejemplo: donde vivo yo)
- 5 palabras que de verdad no conoces (por ejemplo: pandillas – *gangs*) y búscalas en un diccionario.

**4a** Escucha y verifica si las preguntas de abajo siguen el orden de la grabación. No trates de contestar a las preguntas esta vez.

1 What did it used to be like where she lives?
2 What is it like now?
3 What examples does she give?
4 What would she like to do?
5 What is the problem?

**4b** Ahora lee las preguntas y trata de predecir las respuestas.

**4c** Escucha otra vez y contesta a las preguntas.

**5** Lee el texto y contesta a las preguntas.

1 How does the article describe the new construction?
2 What are the three main features?
3 What criticism have some people made about it?
4 Translate the last sentence.

### La Encina – la población sostenible del futuro

En España van a construir un barrio ejemplar de 243 viviendas – la respuesta al problema de la conservación del planeta, según la propaganda.

Aquí cada casa tendrá su propia energía solar. También se regulará el consumo de agua potable, gastando un 40% menos de lo normal porque se van a reciclar las aguas grises – agua de la ducha, del lavaplatos o de fregar – para luego depurarlas y reusarlas en las cisternas de baño. Lo mejor del proyecto es que los peatones van a tener prioridad sobre los coches; habrá que dejarlos aparcados afuera del barrio.

Muchos dicen que el barrio no podrá ser atractivo pero todo lo contrario; va a ser bien diseñado y bonito con árboles y flores. Además todos los que van a vivir allí tendrán la satisfacción de saber que han puesto su grano de arena para salvar el medio ambiente.

## Remate

**6** Discuss with a partner the main aspects of your ideal eco friendly town or area.

**7** Design a brochure to promote your new eco friendly home town or area. Invent lots of ways in which you will protect the environment.

# 3B Cómo hacer ecoturismo

**G** verbos impersonales  **V** el ecoturismo  **H** estrategias de lectura

## HABILIDADES

### Reading strategies (1)

Start by reading each text three times:

- **First time** for general information and context.
  What can you tell about the text from the title?

- **Second time** to focus on words you know and understand.

  Link the words you know to the questions. How do they help you to form an idea of what the text is about?

- **Third time** to think about the words you don't know.

## ¿Ecoturismo o ecodesastre?

Adentrarse en la naturaleza salvaje, observar a los animales de cerca no siempre es ecosaludable.

Hace unos años, cuando había pocos ecoturistas no era un grave problema, pero ahora que tantos quieren participar en este tipo de ocio, los biólogos han detectado que algo extraño está pasando en el mundo de los animales.

Los osos polares, los pingüinos, los delfines, los canguros y hasta los pájaros están inquietos. Pierden peso, sufren problemas del corazón y lo peor de todo es que les hemos contagiado nuestras enfermedades. Además, sufren del estrés y ataques de rabia, depresión y ansiedad. En fin, el comportamiento social de los animales salvajes bajo observación constante ha cambiado.

Es cierto que esta nueva afición por conocer de primera mano los paraísos naturales demuestra que los humanos y la vida salvaje no son una buena combinación, y que el experimento de sensibilizar a la gente poniéndola frente a la naturaleza virgen está teniendo el efecto contrario al deseado.

---

**1** 📖 Usa los consejos para analizar el texto, y contesta a las preguntas en inglés.

  **a** Why was ecotourism not considered a problem years ago?
  **b** How have things changed?
  **c** What is happening to the animals? (Mention three things.)
  **d** Why do you think this is?
  **e** What conclusion does the writer come to?

**2** 📖 Lee la primera frase otra vez, y analízala.

  **a** Pick out the words you can guess because they are like an English word.
    For example: *observar*, to observe
  **b** Pick out words which you think look like a Spanish word you know.
    For example: *adentrarse/adentro*, inside/within
  **c** Which words are verbs? What tense are they in?
  **d** How can you work out what *ecosaludable* means?

## HABILIDADES

### Reading strategies (2)

Ask yourself how important the words are to the question. Remember you don't have to understand absolutely every word. The questions don't necessarily cover every bit of the text. Is there a question directly related to the first sentence?

- Be careful − the questions below may not always follow the structure of the text (questions 1 and 2).
- Some questions will require specific details (question 3).
- Some questions may require you to give an interpretation of the text (question 4).

**3** 📝 Contesta a las preguntas en inglés.

  **1** How many animals are mentioned?
  **2** Who has detected the changes?
  **3** What is the worst thing that has happened to the animals?
  **4** What do you think the writer means by 'having an opposite effect'?

**4** Usa los consejos de la página 110 para leer los dos textos de abajo.

**A** El desarrollo rural con el turismo y la naturaleza

Este proyecto para salvaguardar la riqueza biológica y cultural de El Bierzo – León, territorio del noroeste del país afectado por la despoblación en las zonas rurales, comienza a tener frutos.

Aquí el castaño es un tótem; su cultivo es ancestral que se realiza desde antes de los romanos. El abandono de los pueblos y las actividades tradicionales ponen en serio peligro a estos árboles tanto como las enfermedades y los incendios forestales.

Este innovador proyecto titulado La Mirada Circular une las iniciativas de los habitantes y aporta nuevas ideas que combinan desarrollo, turismo y medio ambiente.

Es una colaboración entre la gente rural, la Universidad de León y el gobierno español. Con el lema – tu visita es nuestro futuro – quieren recibir a turistas conscientes e informados pero no en masa ni con efectos negativos para la naturaleza. Además tienen un web (www.lamiradacircular.org) donde las personas interesadas pueden inscribirse con ideas nuevas para el desarrollo de la región. Si no ponemos fin a este proceso destructivo del abandono del medio rural el territorio se va a deteriorarse rápidamente.

**B** Aquí en el sudoeste de España, en el Parque Nacional de Monfragüen, no muy lejos de Cáceres, los niños pueden apreciar la naturaleza de cerca. Hay

unas 180 especies de aves que habitan este lugar rocoso cerca del río Tajo y los niños pueden observarlas desde un mirador con toda la información necesaria. En verano hay otras aventuras infantiles como travesías a canoa por el lago para ver de cerca cormoranes, patos y garzas.

Les invitamos a hacer picnic en familia, ver de cerca los zorros y cerdos ibéricos y visitar el Centro de Interpretación de la Naturaleza en Villareal de San Carlos.

**5** Contesta a las preguntas en inglés.
a Which project is more child friendly?
b Which project is in the north of Spain?
c Which project is designed to help tourism and the local people
d Which one helps to explain the local environment?
e Which one has various sources of support?

## Remate

**6** Discuss any of the issues in the box with a partner. Start with simple questions and use the words below to help with your answers.
a ¿Qué te parece ...?
b ¿Qué piensas de ...?
c ¿Qué opinas de ...?

el ecoturismo     la contaminación industrial
la deforestación    el cambio climático    el reciclaje
la sobrepoblación    la polución de los ríos
la extinción de especies

**7** Then go on to discuss these questions.
a ¿Es importante educar y sensibilizar a la gente?
b ¿Es importante conservar la naturaleza?
c ¿Es posible conservar y educar al mismo tiempo?

En mi opinión es/sería/será mejor/peor/interesante ...
Creo que se trata de (algo) difícil de resolver/muy importante

A mi modo de ver ...            Estoy en contra de ...
Me enfada/me cansa ...       Estoy a favor de ...
Me parece que ...               (No) estoy de acuerdo ...
Lo considero ...                   (No) tienes razón ...
Lo bueno/lo malo ...           Es mentira ...
Lo mejor/lo peor ...            Es verdad ...
Francamente ...

Lo que más/menos me preocupa / me importa / me molesta / me choca / me encanta / me entusiasma / me gusta / me sorprende ...
Lo que pasa es que ...

porque puede destruir / causar un trauma / dañar / infectar / enseñar a respetar / entusiasmar / sensibilizar

**8** Write a short text for the magazine *Vacaciones Verdes*, advertising a 'green' holiday resort or project (imaginary or real) at home or in Spain.

## REVIEW OF COMMANDS AND INSTRUCTIONS

Remind yourself about positive commands (look back at page 23).

| tú | vosotros/as |
|---|---|
| toca | tocad |
| come | comed |
| sube | subid |
| levántate | levantaos |

Some irregulars:
pon/poned   ten/tened   sal/salid   haz/haced   ven/venid

**1** Write down the infinitive and the meaning for each one of the verbs above.

## The subjunctive

The subjunctive mood is used quite frequently in Spanish.

Look at the table of negative command forms on the left. You will see that this is in fact the present tense of the subjunctive mood. Negative commands are one important use of the subjunctive.

You must also use the subjunctive when you talk about the future using *cuando* or a similar expression:

*Cuando termine mis estudios voy a viajar mucho.*

*En cuanto tengamos los resultados estaremos contentos.*

**2** Translate the last two sentences in the box above into English.

## NEGATIVE COMMANDS

To tell someone NOT to do something using regular verbs:

**1** take the infinitive and remove the ending, as before

**2** add the appropriate ending from the table below.

| | | tú | vosotros | usted | ustedes |
|---|---|---|---|---|---|
| -AR verbs | no: | hables | habléis | hable | hablen |
| -ER verbs | no: | comas | comáis | coma | coman |
| -IR verbs | no: | escribas | escribáis | escriba | escriban |

## FORMING THE SUBJUNCTIVE

To form the present subjunctive:

**1** take the first person (*yo*) form of the present tense

**2** remove the last letter (*o*)

**3** add the appropriate ending from the tables below:

| | yo | tú | usted |
|---|---|---|---|
| -AR verbs | hable | hables | hable |
| -ER verbs | coma | comas | coma |
| -IR verbs | escriba | escribas | escriba |

| | nosotros | vosotros | ustedes |
|---|---|---|---|
| -AR verbs | hablemos | habléis | hablen |
| -ER verbs | comamos | comáis | coman |
| -IR verbs | escribamos | escribáis | escriban |

Verbs with an irregular first person follow the same rules:
hacer (yo hago):
haga / hagas / haga / hagamos / hagáis / hagan
tener (yo tengo):
tenga / tengas / tenga / tengamos / tengáis / tengan

So do radical- and spell-changing verbs:
jugar (yo juego):
juegue / juegues / juegue / juguemos / juguéis / jueguen

**3a** For the following words, write down the Spanish verb in the *tú* form and the *usted* form of the subjunctive mood:

listen   read   write   speak   look for   answer
choose   give   ask questions   note down   check

**3b** Now write down the *nosotros* form of the subjunctive for the verbs in activity 3a.

*Ejemplo:* let's listen   *escuchemos*

**4** Change these positive instructions into negative ones:

*Ejemplo:* Habla despacio.  No hables tan rápido.

a  Escriba una frase entera.
b  Acuéstate en seguida.
c  Contesta ahora mismo.
d  Corred por el pasillo.
e  Ve todo recto.
f  Cállate inmediatamente.
g  Pensad un poco.
h  Vengan a mi casa.

## Review of indirect questions and exclamations

- **Direct speech** is used when you quote the exact words spoken.
- **Indirect speech** is used when you want to explain or report what somebody said.

Remember that you have to change all the parts of the sentence that relate to the speaker, not just the verb.

And don't forget that question words and exclamation words always have an accent!

*Example:* **Direct speech:** *Me preguntó "¿A qué hora vas a llegar?"*

**Indirect speech:** *Me preguntó a qué hora iba a llegar.*

## Review of (desde) hace/hacía

Remember the English translation does not follow the Spanish.

When used with the present tense, *hace* and *desde hace* describe an action that is still going on:

*¿Cuánto tiempo hace que estudias español? Hace sólo dos años.*
How long have you been studying Spanish? For only two years.

When used with the imperfect tense, they describe an action that happened in the past and has now finished:

*¿Hacía cuánto tiempo que estudiabas en ese colegio? Hacía cuatro años que estudiaba allí.*
How long did you study at that school? I studied there for four years.

**5** Say how long you have been doing the following:
¿Hace cuánto tiempo que ...

a  ... vives en tu casa?
b  ... estudias en este colegio?
c  ... tocas un instrumento?
d  ... eres miembro de un club?

## ser and estar

*Ser* and *estar* both mean 'to be' so it is important to know when to use each one.

**USES OF SER**

Permanent characteristics including:

| | |
|---|---|
| **Materials** | *El vaso es de cristal.* |
| **Nationality** | *Soy inglés.* |
| **Physical description** | *Soy alto.* |
| **Personality** | *Soy divertido.* |
| **Profession** | *Soy arquitecto.* |
| **The time** | *Son las tres.* |

**USES OF ESTAR**

Temporary states including:

| | |
|---|---|
| **Moods** | *Estoy deprimido.* |
| **Location** | *El coche está en el garaje.* |
| (any type) | *Londres está en Inglaterra.* |

**6** *Es* or *está*?

a  La vista ... preciosa. (The view is beautiful.)
b  El padre de Javier ... médico. (Javier's dad is a doctor.)
c  La maleta ... de cuero. (The suitcase is made of leather.)
d  Mi hermana ... contenta. (My sister is happy.)
e  Bea ... de vacaciones en Perú. (Bea is on holiday in Peru.)

**7** Translate these sentences into Spanish and, for each underlined verb, explain why you have used *ser* or *estar*:

a  Madrid <u>is</u> in the centre of Spain and <u>is</u> the capital city.
b  Where <u>are</u> the tickets for the concert? <u>It's</u> already six o clock.
c  Joaquín Cortés <u>is</u> a very famous dancer.
d  <u>Is</u> he married?

## TASK: An interview about local environmental projects

You are going to be interviewed by your teacher about environmental projects in your area. Your teacher could ask you the following:

- What sort of projects are there?
- What kind of recycling facilities are there in your area?
- What are the current problems facing your area?
- Do you think enough is being done to help the situation? Why (not)?
- What kind of projects have you or your school been involved in?
- What ideas do you have for future projects?
- !

(! Remember: at this point, you will have to respond to something you have not prepared.)

The dialogue will last between 4 and 6 minutes.

### 1 THINK !

**Read the phrases below. Write down any others that you might find useful for the speaking task.**

- [ ] **Types of projects:** *los parques naturales, lugares ecológicos, santuarios, sitios de reciclaje*
- [ ] **Adjectives:** *grave, limpio, sucio*
- [ ] **Verbs:** *reciclar, limpiar, combatir, ensuciar, plantar*
- [ ] **Problems:** *la polución, la contaminación, la basura, el cambio climático*
- [ ] **Opinions:** *prefiero ..., me gusta(n) bastante/más ..., odio ... , lo que me gusta es ...*
- [ ] **Giving reasons:** *porque (no) es/son ..., porque es más/menos ...*
- [ ] **Preterite tense:** *fui, vi*
- [ ] **Imperfect:** *era, había*
- [ ] **Immediate future:** *voy a ir, voy a hacer*

! *Can you predict what the unexpected question might be?*

What kind of project would you be prepared to join and help with?

**Add to your list any language you would need to answer this question too.**

### 2 PLAN !

- Listen to a model conversation.
- Listen again and note down any phrases you could use or adapt. Add these to your list from Step 1.

# ③ ACTION !

Now prepare your answers. Use the bullet points below, and your list of useful words and phrases from Steps 1 and 2, to help you.

**1** What sort of projects are there?

- Give more than one example and describe them in a little detail.

Example: ***Aquí cerca hay una granja donde los niños pueden ir a tocar los animales. También hay un parque ecológico que ...***

**2** What kind of recycling facilities are there in your area?

- Explain the different types of facilities to show your knowledge of specialised vocabulary on the subject. You can always add an opinion to enhance your answer.

Example: ***Tenemos varias facilidades para el reciclaje en mi barrio; por ejemplo, hay un lugar específico para cosas peligrosas y tóxicas – que me parece muy buena idea porque es seguro y la gente no tiene que echarlas a la basura normal.***

**3** What are the current problems facing your area?

- Remember to give some detail, not just a list.

Example: ***Creo que hay varios problemas: por ejemplo, las calles están muy sucias y no hay muchos árboles ni espacios verdes.***

**4** Do you think enough is being done to help the situation? Why (not)?

- Describe what you think is being done or not done and remember to give a reason for your opinion.

Example: ***En mi opinión nadie se preocupa mucho y por eso ...***

**5** Describe what kind of projects you or your school have been involved in.

- Remember to use a time marker. You will need the preterite and possibly the imperfect tenses.

Example: ***El año pasado reciclamos latas de aluminio y fue divertido porque inventamos un aparato para aplastarlas.***

**6** What ideas do you have for future projects?

- Remember to use the immediate future tense to say what you are going to do. Mention two or three things.

Example: ***En el futuro me gustaría plantar más árboles en el colegio y voy a ...***

! Your answer to the unexpected question could be:
*Sería increíble participar en un proyecto para salvar a los animales en peligro de extinción, por ejemplo en Costa Rica.*

## Grade Target

**To reach Grade C, you need to:**

- use adjectives correctly – *un parque ecológico*.
- use the main tenses correctly. When did you use the present tense, the preterite and the immediate future?
- remember to speak clearly and with a good accent.

**To aim higher than a C, you need to:**

- use a greater variety of tenses, e.g. use the imperfect as well as the preterite to describe a project you were involved in.
- use simple time markers: *la semana pasada, el año próximo*.
- create longer, more complex sentences.
- use other persons of the verb, not just the 'I' form: *fuimos, hizo*.

**To aim for an A or A\*, you could:**

- include more specialised vocabulary: *reciclaje, tóxico*
- use continuous tenses to make your writing more descriptive: *En el colegio estamos recogiendo latas y botellas plásticas.*

## TASK: My daily blog on an environmental project

You decide to write a daily blog about a local environmental project you are taking part in, in response to an account you have received from your Spanish exchange school. You could include:

- A description of what the group stands for – their aims and activities
- What you did in a recent campaign – your daily routine
- A description of the people involved and your opinion of the group
- A description of where you are / were and how you travelled there
- What plans for the future the group has
- Why you think they do a useful job

(Remember: in order to score the highest marks, you must answer each task fully, developing your answers where it is appropriate to do so.)

### 1 THINK !

**Start by noting down a few key facts, such as those below.**

1 travel: *fui/fuimos a X en coche/avión/barco*

2 activities: *limpiar la playa, recoger basura*

3 opinions: *en mi opinión ..., pienso que ..., creo que ...*

4 likes: *me gusta, me fascina, me interesa, me encanta, prefiero*

5 descriptions: *sucio, limpio, simpático, trabajador, serio*

6 giving reasons: *porque (no) es/son ..., porque es más/menos ...*

7 immediate future: *voy a ir ..., voy a hacer ...*

8 tenses: preterite, imperfect and immediate future

### 2 PLAN !

- **Read the model text.**

Lunes – mi primer día. Aquí estoy en el sudoeste del país porque decidí pasar una semana con el grupo ecológico SalvaTierra. Tiene varios proyectos en diferentes partes del país y donde estoy yo vamos a plantar árboles.

Martes – segundo día: Ayer pasé el día bajo la lluvia plantando varias especies de árboles – robles y olmos – porque el grupo quiere tener un bosque mixto.

Miércoles – día tres: hay varias personas en este grupo con quienes no me llevo bien porque son bastante egoístas. No cooperan demasiado y eso me estresa mucho. Menos mal que me llamó mi amigo anoche y pude hablar un rato y explicarle lo que pasa. Me aconsejó no hacerles caso y seguir con mi trabajo. Eso es lo que voy a hacer.

Jueves – cuarto día: ¡qué día tan bonito! Me levanté con el sol y me puse a trabajar en seguida. Es un sitio tan lindo en un valle entre las colinas. Hay un río que corre por el campamento donde vamos a bañarnos si hace sol esta tarde.

Viernes – quinto día: la semana que viene el grupo se va al sur y van a trabajar con Surfers against Sewage – un grupo que quiere eliminar las aguas residuales de las costas. Me gustaría acompañarles porque me encanta hacer surf y creo que es importante mantener las playas limpias.

Sábado – ¡Lástima, casi estoy llegando al final! Creo que he trabajado bastante duro durante la semana y sé que el grupo seguirá trabajando para mejorar el medio ambiente. ¡Guay!

- Read the text again and note down the tenses, pronouns and adjectives, etc. that the writer uses. Add these to your list from Step 1.

## 3 ACTION !

Now prepare what you will write. Use the bullet points below to help you and use your list of useful words and phrases from Steps 1 and 2. Aim to write about 200 words.

Write a plan. Jot down two or three words for each bullet point in the question.
- Remember not to spend too much time on your plan.
- Try to include every bullet point in the question.

**1** A description of what the group stands for – their aims and activities.

- Describe what they do in some detail.

Example: *Es un grupo que se dedica a salvar animales y plantas.*

**2** What you did in a recent campaign – your daily routine

- Remember to use the correct form of the preterite and add a time marker as well.

Example: *Ayer tuve que preparar el desayuno.*

**3** A description of the people involved and your opinion of the group

- As well as giving your opinion, give a reason for your opinion (*porque era/no era ...*)

Example: *No me llevo bien con varias personas porque son bastante egoístas.*

**4** A description of where you are/were and how you travelled there

- Again, remember to use the preterite.

Example: *Llegamos a un valle entre dos colinas. Viajamos en autocar por un camino angosto.*

**5** What the group plans to do in the future

- Remember to use the immediate future.

Example: *Tiene la intención de trabajar en la playa. Van a limpiar la basura.*

**6** Why you think they do a useful job

- Give more than one reason.

Example: *Trabajan en proyectos diferentes y ayudan a grupos distintos.*

## Grade Target

| To reach Grade C, you need to: | To aim higher than a C, you need to: | To aim for an A or A*, you could: |
|---|---|---|
| • **use tenses correctly** – The **present tense** is used to say what happens on a daily basis. The **preterite tense** is used to say where they went and what they did. The **immediate future** is used to say what they are going to do next year. <br> • **justify your opinions:** *porque es ...* | • use different forms of the verb in different tenses: *fuimos a, era egoísta*. <br> • use simple link words to create longer sentences: *por ejemplo ..., cuando ..., donde... .* <br> • use common time markers: *el año pasado, siempre, nunca*. | • use the conditional to talk about what you would prefer to do: *preferiría ..., sería mejor.* <br> • use more complex language: *Si vuelvo a ir a ayudar ... Acabamos de reciclar ...* |

## Cómo describir la contaminación (pp. 102–103)

| | |
|---|---|
| el cambio climático | climate change |
| una campaña | campaign |
| la caza | hunting |
| la central nuclear | nuclear power station |
| la contaminación | pollution |
| los desechos | waste products |
| el efecto invernadero | greenhouse effect |
| el humedal | wetlands |
| los incendios | fires |
| las inundaciones | floods |
| el lema | slogan |
| un paraíso | paradise |
| el peligro | danger |
| los pescadores | fishermen |
| los residuos | waste products |
| el ruido | noise |
| la sequía | drought |
| la subida | rising |
| los vertidos | spillages |
| indígena | indigenous |

## Cómo conservar el planeta (pp. 104–105)

| | |
|---|---|
| un águila | eagle |
| una barrera | barrier |
| el buitre | vulture |
| una cabra | goat |
| una diversidad | diversity |
| una especie | species |
| un hueco | hole |
| los lagartos | lizards |
| los pájaros | birds |
| la selva | forest |
| el trecho | straights |
| una variedad | variety |
| desempeñar un papel | to play a part/role |
| extenderse | to extend |
| fundarse | to be founded |

## Cómo ser un buen ecologista (pp. 106–107)

| | |
|---|---|
| los bosques | woods |
| la calefacción | heating |
| el camino | pathway |
| el grifo | tap |
| las latas | tins |
| el medio ambiente | environment |
| los paneles solares | solar panels |
| la selva | forest |
| encendido | left on/alight |
| eólica | wind (farms) |
| apagar | to put out/switch off |

| | |
|---|---|
| caminar | to walk |
| cuidar | to take care of |
| cultivar | to grow/cultivate |
| matar | to kill |
| proteger | to protect |
| tirar | to throw away |

## Cómo respetar tu entorno (pp. 108–109)

| | |
|---|---|
| los atascos | traffic jams |
| la basura | rubbish |
| la luz | light |
| el remedio | remedy/solution |
| el riesgo | risk |
| el ruido | noise |
| una tarifa | sum of money |
| alumbrar | to light up |
| invertir | to invest |
| pasearse | to walk around |
| preocuparse | to be worried |
| reducir | to reduce |
| de noche | at night |

## Cómo hacer ecoturismo (pp. 110–111)

| | |
|---|---|
| el comportamiento | behaviour |
| los consejos | advice |
| el corazón | heart |
| el desarrollo | development |
| la despoblación | depopulation |
| la mezcla | mix(ture) |
| un mirador | observatory |
| el mundo | world |
| la riqueza | richness |
| la travesía | crossing |
| extraño/a | strange/rare |
| inquieto/a | worried |
| salvaje | wild |
| adentrarse | to go into/penetrate |
| aportar | to bring |
| deteriorarse | to get worse |
| inscribirse | to enlist/subscribe to |
| salvaguardar | to safeguard |

# 4A El colegio y tu futuro

## ¿Ya sabes cómo ...

- ☐ hablar de asignaturas y profesores?
- ☐ conversar sobre tu instituto?
- ☐ describir tu vida escolar?
- ☐ sobrevivir la pobreza estudiantil?
- ☐ compartir tus problemas y ansiedades?

¿Qué te parece tu nuevo instituto?

## Controlled Assessment

- **Speaking**: pressures and problems at school
- **Writing**: your ideas for a virtual school in a new video game

## Habilidades

### Escuchar

When listening to Spanish, how do you ...
- evaluate your guesses?
- reduce the possibilities in multiple choices?
- get marks for answers you don't know?

### Hablar

When speaking Spanish how do you ...
- pronounce words that look like English?
- keep speaking to avoid more questions?
- add variety to your vocabulary?

## Gramática

As part of your Spanish 'toolkit', can you ...
- use apocopation?
- use articles correctly?
- use the passive?
- use indefinite adjectives?
- use numbers correctly?

**G** apócape  **V** opiniones  **H** variedad de vocabulario

Ardiel Ventura

Clara Suárez

Ignacio Velázquez

¿Sabías que en España los estudiantes llaman a sus profesores por su nombre y no por su apellido?

Horario escolar 3º Educación Secundaria Obligatoria (ESO)
3º A Aula 6

| | Lunes | Martes | Miércoles | Jueves | Viernes |
|---|---|---|---|---|---|
| 08:30 – 09:20 | Optativa / Francés | Educación física | Tutoría | Inglés | Lengua y literatura |
| 09:25 – 10:15 | Lengua y literatura | Ciencias sociales / Geografía | Lengua y literatura | Ciencias sociales / Historia | Matemáticas |
| 10:20 – 11:10 | Ciencias naturales | Ciencias naturales | Religión | Música | Música |
| 11:10 – 11:40 | RECREO | RECREO | RECREO | RECREO | RECREO |
| 11:40 – 12:30 | Matemáticas | Ciencias Sociales / Ética | Matemáticas | Religión | Inglés |
| 12:35 – 13:25 | Tecnología | Tecnología | Ciencias naturales | Tecnología | Ciencias naturales |
| 13:30 – 14:20 | Inglés | Arte | Optativa / Comunicación | Arte | Educación física |

## ¿Quién habla?

1 "Bonjour, je m'appelle Jean Paul! Et toi?"
2 "Romeo y Julieta de Shakespeare representa ..."
3 "Vamos, tenéis cinco minutos: $3x+2y=13x$"
4 "Señorita ... ¿Qué es un mamífero?"
5 "Tres palabras clave: Por favor, gracias y lo siento."
6 "¡Formad dos equipos de 11 jugadores!"
7 "En 1492 Cristóbal Colón descubrió las Américas y ..."
8 "Abrid un nuevo documento de PowerPoint."
9 "¡Muy bien Javier! ¡Correcto! La fórmula del agua es $H_2O$."
10 "Clase, a ver ¿Cuántos países hay ahora en Europa?"

**1** ¿Qué asignatura es? Lee ¿Quién habla? y encuentra las parejas. ¡Atención! Dos asignaturas tienen más de una respuesta.

a Matemáticas
b Educación física
c Lengua y literatura
d Idiomas
e Ciencias sociales
f Ciencias naturales
g Informática
h Ética

**2a** Lee lo que dice Miguel. ¿Qué asignaturas enseñan los profesores de la página anterior?

> Me llamo Miguel y curso tercero de la ESO en el instituto Alexandre de Riquer. Por el momento este año voy bien y todavía no he suspendido ninguna asignatura aunque odio las ciencias sociales porque nos aburrimos mucho en clase así que el comportamiento de algunos alumnos no es muy bueno. Nuestro profesor es muy estricto y no respeta nuestras opiniones. Por el contrario, la profesora de inglés es la profesora ideal porque es muy simpática y sus clases son muy divertidas. ¡Me llevo muy bien con ella! También se me dan bien las matemáticas y el profesor de este año es estupendo. Tengo suerte … ¡Voy a un buen instituto!

### GRAMÁTICA

Some adjectives come before the noun and lose the 'o' if the noun is masculine – *buen, mal, primer, tercer, ningún, algún*.

*Grande* – *gran* before both masculine and feminine nouns.

Example: *un buen instituto; el tercer curso de ESO; un gran hombre; una gran persona.*

**2b** Lee las frases. ¿Verdaderas, falsas o no se menciona?

1 Las clases del profesor de ciencias sociales son divertidas.
2 En ciencias de la naturaleza los estudiantes se comportan mal.
3 Miguel se divierte en la clase de inglés.
4 Miguel se lleva bien con su profesor de matemáticas.
5 Las matemáticas se le dan mal.

**2c** Corrige las frases falsas.

**3a** Escucha. ¿Qué dicen sobre sus asignaturas? Rellena la tabla.

| Nombre | Asignaturas | Opinión | Información adicional |
|---|---|---|---|
| Sara | Educación física | Asignatura favorita | Se lleva bien con la profe |
| Josema | | | |
| Silvi | | | |
| Moisés | | | |

**3b** Compara tus respuestas de la actividad 3a con el horario de la página anterior. Escribe una frase para cada estudiante: explica cuál es su día preferido y por qué. Escucha otra vez si es necesario.

*Ejemplo:* El día preferido de Sara es el martes porque tiene educación física y no tiene literatura.

**4** ¿Qué significan en inglés estas opiniones?

| ☺ | ☹ | ☺ |
|---|---|---|
| Me interesa(n) | No aguanto | No me importa(n) |
| Me fascina(n) | No soporto | |
| Me apasiona(n) | Me desagrada(n) | |
| Me agrada(n) | Me aburre(n) | |
| Me atrae(n) | Me agobia(n) | |

**5a** Empareja los contrarios. Utiliza un diccionario si es necesario.

> inútil   agradable   útil   antipático   insoportable   monótono   tolerante   soportable   simpático   desagradable   entretenido   estricto

**5b** Expresa la misma idea utilizando la forma negativa y el adjetivo contrario.

*Ejemplo:* El profesor es estricto. El profesor no es tolerante.

1 Las matemáticas son útiles.
2 La profesora de inglés es desagradable.
3 Las clases de historia son entretenidas.
4 Los deberes de ciencias son insoportables.

## Remate

**6** In two minutes, try to memorise the vocabulary from activities 4 and 5a. With a partner, take turns to ask these questions, in any order:

1 ¿Te gusta tu profesor(a) de inglés/matemáticas/ciencias?
2 ¿Cuál es tu asignatura preferida?
3 ¿Qué profesor prefieres?
4 ¿Te gustan las matemáticas/ciencias/el inglés?
5 ¿Cuál es tu opinión de las matemáticas?

**7** Write a paragraph about your teachers and subjects. Use your new vocabulary and link your sentences. Mention:
- what you are good at and not so good at
- what your favourite subjects are and why
- which teachers you like and dislike and why

**G** artículos, la voz pasiva   **V** instalaciones   **H** escucha enfocada

Estudia y lee la sección de gramática, y luego contesta a las preguntas.

¡Hola Alex!

Te envío … fotos de mi nuevo instituto que se llama Ben Arabi. Es … instituto mixto con quinientos alumnos de ESO y otros doscientos de Bachillerato. … edificio es grande y moderno porque fue construido hace sólo cuatro años así que tiene buenas instalaciones particularmente si te gusta … deporte.

Hay canchas de tenis y de baloncesto y además tenemos dos campos de fútbol. … gimnasio también es muy grande y está bien equipado. No tenemos piscina pero la piscina pública fue inaugurada por el alcalde del pueblo hace seis meses y está a cinco minutos así que no importa.

En Ben Arabi hay veinte aulas normales, … laboratorio para los experimentos de ciencias, … sala de ordenadores, … biblioteca bastante espaciosa con … sala de profesores al lado y … sala de actos que es enorme. Por desgracia … sala de ordenadores siempre está llena y aunque tiene treinta ordenadores, es muy difícil encontrar uno libre durante … recreo o … almuerzo.

… cantina es acogedora y … comida que es cocinada allí no está mal pero es un poco cara. También tenemos … patio cubierto y otro al aire libre con mesas y bancos para relajarnos durante … recreo. En Ben Arabi hay dos ascensores y aseos especiales porque está acondicionado para estudiantes minusválidos.

… verdad es que me encanta … instituto porque … ambiente es muy distinto al mi colegio de antes. ¡Creo que a ti también te gustaría!

Rosa

## GRAMÁTICA

**Articles – the, a, an, a few, some**

**Remember that there are some key differences in the usage of these:**

**Use the definite article** (*el, la, los, las*) **after opinions and before days of the week:**

*Me gusta **el** español. **Los** lunes tengo inglés.*

**Do not use the indefinite article** (*un*, *una*, *unos*, *unas*) **to refer to someone's profession or religion:**
*Es profesora. Es cristiano.*

**1** ✎ Copia y completa el email con los artículos que faltan.

**2** ✎ Haz una lista con las instalaciones que se mencionan en el email de Rosa. ¿Qué significan?

*Ejemplo:* canchas de tenis – tennis courts

**3** 📖 Lee el email y contesta a las preguntas en inglés.

  **a** How many students are there in the school?
  **b** What is the building like?
  **c** What are the sports facilities like?
  **d** Why doesn't she mind not having a pool?
  **e** What is the problem with the ICT room?
  **f** Why do you think there are two playgrounds?
  **g** What are the lifts for?
  **h** Does she like her school? Why?

## HABILIDADES

When answering questions take special notice of negatives because they change the meaning of the sentence.

*Example: mal* = bad, ***no** está mal* = it's not bad

**4a** Escucha lo que dice Alex sobre su instituto. Completa las frases con las palabras en el recuadro de abajo.

1  Su instituto es ... y no es ...
2  El edificio principal ...
3  Las instalaciones deportivas son ...
4  Las instalaciones de informática son ...

> muy buenas    mixto    bastante grande
> no es grande    pobres

**4b** Escucha otra vez y contesta a las preguntas en inglés.

---

**Exam tip!**

If a maximum number of marks is indicated next to a question on the exam paper, this is probably equal to the number of different pieces of information you need to give in your answer.

---

1  How does Alex get to school? [2]
2  What is there in the main building? [3]
3  What is the only outdoor school facility? [1]
4  When can students in Years 1–3 of ESO use the computer facilities? [3]

**5** Jugad a 'El Rival más Débil' y contestad a las preguntas.

1  ¿Cómo es tu instituto?
2  ¿Qué instalaciones tiene tu instituto?
3  ¿Cómo son las instalaciones deportivas?
4  ¿Cómo son las instalaciones de informática?

---

**How to play**

- Work in small groups.
- Each group member in order adds an element to the sentence.
- Five coherent elements per question mean a completed chain.
- If an element is incoherent, repeated or takes more than 10 seconds, the chain is broken. The team must move on to the next question.
- At the end of the round the team members vote the weakest link and start again until a winner is found.

---

**6** Escribe una descripción de tu instituto.

*Ejemplo:*  Voy al instituto ...    Está en ...    Hay ...
Sin embargo no hay ...    También tiene ...

---

**GRAMÁTICA**

**Passive voice**

In the active voice the subject of the sentence performs the actions, in the passive voice the subject <u>receives</u> the actions.

To form the passive voice use **ser** + past participle:

<u>Passive</u>: *La piscina **fue inaugurada** por el alcalde* – The swimming pool was inaugurated by the mayor.

<u>Active</u>: *El alcalde **inauguró** la piscina* – The mayor inaugurated the swimming pool.

In Spanish the passive voice is generally avoided by using impersonal constructions with '*se*': *El edificio **fue construido*** → *se construyó*
*La comida que **es cocinada** allí* → *que se cocina*

---

**HABILIDADES**

When completing listening tasks ...
- read the questions so you know what you are listening for
- the speakers may give information you don't need; focus on what you **do** need!

When giving an oral presentation ...
- do not read from a script
- prepare some cue cards and improvise if you get stuck
- give expression to what you are saying by varying your tone so it sounds interesting and convincing
- practise, practise, practise!

---

# Remate

**7** Listen and answer the questions in English.

1  Where is Soraya's school situated? [2]
2  What kind of school is it? [1]
3  How many pupils are there? [1]
4  What are the buildings like? [2]
5  What are the classrooms like? [2]
6  What are the sports facilities like? Why? [2]
7  How many classrooms have the internet? [1]
8  What does Soraya do in the library? [1]
9  What is there to eat in the canteen? [2]
10  According to Soraya, what is the most important thing? [1]

**8** Imagine your ideal secondary school or college.

- In groups, or as a whole class, pool all your ideas of things you would like.
- On your own prepare a two minute oral presentation about it. Be creative but consistent.

**G** números **V** la vida escolar **H** respuestas gramaticales

**1** 🖊 El horario escolar de la página 120 pertenece a un estudiante español de 15 años. Míralo. ¿Qué diferencias hay con tu horario? Compara:

- Clases y descansos: ¿A qué hora empiezan? ¿A qué hora terminan? ¿Cuánto duran?
- Las asignaturas: ¿Cuántas hay? ¿Son las mismas?

  *Ejemplo:* En el instituto español las clases empiezan a las ... pero/sin embargo/ mientras que aquí empiezan a las ...

**2** 📖 Lee las frases y clasifica las ideas como **Lleva uniforme** o **No lleva uniforme**.

*Ejemplo:* No tengo que decidir qué ropa ponerme − **Lleva uniforme**

**1** No tengo que decidir qué ropa ponerme.
**2** No puedo expresar mi personalidad.
**3** Es incómodo.
**4** Es un problema porque mis amigos tienen dinero.
**5** Todos somos iguales, no se ven las diferencias.
**6** De todas formas tengo que comprar ropa para salir.
**7** Paso una hora decidiendo qué ponerme.

**3** 📖 Empareja estas frases con los dibujos.

**1** Voy al instituto andando.
**2** No tengo que llevar uniforme.
**3** Las clases empiezan a las ocho y media.
**4** Tenemos seis clases cada día.
**5** Sólo tenemos un descanso.
**6** Las clases terminan a las dos y media.
**7** Almuerzo en casa después del cole.
**8** Tengo deberes cada día.

## HABILIDADES

When there is a choice of possible answers, consider whether the grammar of the different options gives you any clues. Are you looking for a masculine singular word or a feminine one? A singular or a plural noun? Knowing what you're looking for grammatically can help you to narrow down the possibilities.

## GRAMÁTICA

Generally indefinite adjectives must match the gender of the noun they describe:
*algún día* − some day    *alguna clase* − some class

This is not the case with *cada* (each, every):
*cada día* (masc) − every day    *cada clase* (fem) − every class

**4** 🗣 Alicia visitó un colegio en el norte de Londres recientemente. Escucha lo que dice y completa las frases con un adjetivo de la caja (sobran dos).

**a** Fue una experiencia ...
**b** El uniforme le pareció ...
**c** En España no se lleva uniforme en los colegios ...
**d** La clase de cocina le pareció ...
**e** El instituto es muy ...
**f** Las instalaciones deportivas eran ...

incómodo   públicos   viejo   buenas   cómodo
fenomenal   sorprendente   antiguas

## GRAMÁTICA

### Numbers

*Uno* changes to *un* before a masculine noun – *veintiún estudiantes*.

*Ciento* changes to *cien* before masculine and feminine nouns and *mil* and *millones*.

*cien chicos y cien chicas; cien mil; cien millones.*

**5a** Busca los números que se mencionan en el chat. Escríbelos en español y en inglés y explica a qué hacen referencia.

*Ejemplo:* seis y media – half past six – time his afterschool club begins

---

**Sweet_15 dice:** ¡Hola Jorge! ¿Estás ahí?

**Travieso dice:** Sí, y estoy un poco cansado porque acabo de llegar de clase de informática. Voy los martes de seis y media a ocho y media, es una actividad extraescolar pero tengo que pagar dieciocho euros por trimestre. Mi madre se queja mucho porque los libros de este año costaron ciento treinta y seis euros.

**Sweet_15 dice:** What??? ¿Qué? ¿Ciento treinta y seis euros?

**Travieso dice:** Sí, aquí en España tenemos que comprar los libros para todas las asignaturas además del material escolar. Con estudiantes en casa, septiembre cuesta mucho.

**Sweet_15 dice:** Ouch!! Really?? Oops … en español … ¿De verdad??

**Travieso dice:** Este año compré una carpeta para música con una foto de Shakira. ¡Es guapísima! :–) y los cuadernos tienen fotos del Barça porque es mi equipo de fútbol favorito.

**Sweet_15 dice:** ¡Eres un fanático! ;-) ¿Has terminado las vacaciones?

**Travieso dice:** No, aún no. Volvemos al colegio el siete de enero.

**Sweet_15 dice:** ¡Qué suerte!

**Travieso dice:** Sí, pero aparte de la Navidad, aquí sólo tenemos una semana para Semana Santa y los tres meses de verano mientras que tú tienes … ¿Cómo se dice …? … ¡Ah!: 'Half-terms' ;-)

---

**Sweet_15 dice:** Has cambiado de colegio este año, ¿no?

**Travieso dice:** Sí, ya no voy al colegio, voy a un instituto con bastante buena reputación. El horario es mucho mejor porque no hay lecciones por la tarde. ¡En primaria terminaba a las cinco! Ahora almuerzo en casa sobre las tres, cuando llego del instituto. No está demasiado lejos: a quince minutos en autobús.

**Sweet_15 dice:** Mi madre me llama …

Sweet_15 se ha desconectado.

---

## HABILIDADES

Use quantifiers and intensifiers such as *poco, mucho, muy, bastante*, etc. to improve your speaking and writing!

**5b** Busca en el chat.

1 a little tired
2 costs a lot
3 she is very pretty
4 quite good reputation
5 it's much better
6 too far

**5c** Ahora busca:

1 I have just arrived
2 in addition to
3 besides Christmas
4 about three o'clock

## Remate

**6** Jorge is online and wants to have a conversation with you. Answer his questions.

a ¿Te gusta tu uniforme?
b ¿Preferirías llevar tu propia ropa? ¿Por qué?
c ¿Te importa almorzar en el instituto? ¿Por qué?
d ¿Qué prefieres: una semana de vacaciones cada trimestre o tres meses en verano? ¿Por qué?

**7** Choose one of the titles below and write an article for the school magazine. You should aim to write more than 100 words in any format you like, and include at least one illustration.

- ¡No más uniformes!
- Vacaciones escolares: ¿tres meses en verano o un descanso cada seis semanas?

**G** imperativos   **V** el dinero y el trabajo   **H** leer por detalle

**1a**  Lee lo que dicen estos jóvenes y contesta a las preguntas sobre cada persona. Mira el ejemplo de Elisa.

1 ¿Nombre? *Elisa*
2 ¿Cuánto dinero recibe? *30€*
3 ¿Quién se lo da? *sus padres*
4 ¿Qué tiene que hacer? *pasear al perro/sacar la basura*
5 ¿Cómo lo gasta? *cine/ropa*
6 ¿Información adicional? *–*

Normalmente saco al perro de paseo cada día por la noche antes de cenar y al mismo tiempo llevo la basura a los contenedores. Mis padres me dan 30€. Con mi dinero voy al cine los martes y compro ropa.

**Elisa**

Somos seis hermanos y mis padres no se pueden permitir darme dinero. Si ayudo a mi madre con mis hermanos, y preparo el desayuno mi abuela me da 20€ a la semana. Normalmente los gasto en salir con mis amigos.

**Alberto**

Tengo que lavar los platos después del almuerzo todos los días y tengo que pasar la aspiradora los sábados. Mis padres no me dan dinero pero me pagan la ropa, me dejan comprar música y me dan algo de dinero cuando salgo con mis amigos.

**Celia**

Recibo 15€ por semana. No es justo …Tengo que arreglar mi dormitorio, lavar el coche de mi padre, ayudar a mi madre con la colada, pasar el polvo y vaciar el lavaplatos. Gasto mis 15€ en gasolina para mi moto.

**Juanjo**

**1b** Ahora escucha a cuatro jóvenes más. Contesta a las preguntas de la actividad 1a.

**2a** Lee el email de Luz y las afirmaciones de abajo. ¿Son verdaderas o falsas?

Querida amiga,

¡Estoy harta! Mis padres me tratan como a una esclava. No es justo tener que trabajar para conseguir una paga. Somos estudiantes, ese es nuestro trabajo. ¿Te dan dinero tus padres? ¿Qué tienes que hacer? Esta semana tuve que preparar el desayuno todos los días y tuve que pasear al perro todas las tardes. Además, durante la semana fui a buscar a mi hermano al colegio, e hice la cena, puse la mesa y lavé los platos dos días y todo por 20€ a la semana. ¡Es ridículo! Estás de acuerdo, ¿no? Voy a insistir en un aumento aunque ellos dicen que gasto demasiado. Con mi paga normalmente salgo el fin de semana y compro caramelos. ¿Y tú? ¿En qué gastas tu dinero?

¡Escribe pronto!

Luz

1 Luz cree que sus padres son justos.
2 Luz no quiere trabajar para tener una paga.
3 La semana pasada Luz preparó el desayuno todos los días.
4 Luz paseó al perro antes del almuerzo.
5 Luz cocinó tres noches.
6 Luz cree que 20€ a la semana es suficiente dinero.
7 Los padres de Luz creen que gasta mucho.
8 Luz gasta su dinero cuando sale el fin de semana.

**2b** Corrige las afirmaciones falsas.

**GRAMÁTICA**

Remember the preterite is used to express events that were completed in the past: *aprobé el examen* – I passed the exam

It is very important to remember the accents: *estudio* – I study, *estudió* – he/she studied

Be aware of spelling changes for sound purposes: *practicar* but *practiqué*, and irregular verbs: *hice* – I did

**3** 🖊 Busca los verbos en el pretérito del email de Luz. ¿Qué significan?

*Ejemplo:* *Tuve que* – I had to, from *tener que* (to have to)

**4** 🖊 Responde al email de Luz. Contesta a todas sus preguntas.

### GRAMÁTICA

*Cuál* means 'what' or 'which' – it is used when distinguishing between two or more things. It has the plural form *cuáles*.

**5a** 📖 Lee lo que dicen estos jóvenes. ¿Cuál de los jóvenes ...

1 ... gana más?
2 ... tiene un trabajo poco exigente?
3 ... cree que trabajar al aire libre es duro?
4 ... necesita el dinero?
5 ... trabaja menos horas?

**Nombre:** Sofía Husillos     **Trabajo:** Canguro

Trabajo tres tardes por semana de ocho a once en una casa cerca del colegio. Cuido a tres niños de dos y cinco años y me pagan 10€ por tarde. No es mucho pero a menudo puedo hacer mis deberes allí mientras los niños duermen. Es un buen trabajo porque no tengo que hacer mucho, el problema es que esas noches me acuesto muy tarde. Normalmente me gasto el dinero en ropa y a veces voy al cine con mis amigas.

**Nombre:** Rubén Santillana     **Trabajo:** Repartidor

Me levanto muy temprano para repartir los periódicos por el barrio antes del instituto. Trabajo de seis a ocho durante la semana y de ocho a diez los sábados. No me gusta nada porque es muy duro y está mal pagado pero necesito el dinero y el ejercicio me sienta bien. Gano 48€ por semana que intento ahorrar para comprarme la moto.

**Nombre:** Oscar París     **Trabajo:** Obrero

Gano 70€ semanales en una obra donde sudo de siete a una y de tres y media a siete y media. El sábado me despierto muy temprano para ir al trabajo así que no puedo salir los viernes pero en cuanto llego por la tarde me ducho y salgo. Es un día muy largo y no me gusta demasiado mi empleo porque es muy cansado y trabajar al aire libre es muy duro, pero está bien pagado. Ahorro 40€ cada semana para ir a la universidad en el futuro y gasto 30€ en chucherías, música y salir.

### HABILIDADES

When you need to read for detail remember to use key words from the question to help you find the answer.

Look at word endings to identify verbs, nouns and adjectives.

Look out for common sound–spelling links and words related to others you know such as *facilitar / fácil*.

**5b** Lee de nuevo lo que dicen los jóvenes y contesta a las preguntas para Rubén y Oscar. Mira el ejemplo de Sofía.

1 ¿De qué trabaja? *Canguro*
2 ¿Dónde? *En una casa*
3 ¿Cuándo? *20:00 a 23:00 tres veces por semana*
4 ¿Qué hace? *Cuida a 3 niños*
5 ¿Cuánto gana? *10€ por tarde*
6 ¿Qué opina del trabajo? *Es un buen trabajo*
7 ¿Por qué? *No tiene que hacer mucho*
8 ¿Qué hace con su dinero? *Lo gasta en ropa/ir al cine*

## Remate

**6a** 👤 Listen to Elena's answers. Choose the correct question for each of her answers (a–f).

1 ¿Tienes un trabajo a tiempo parcial?
2 ¿Cómo es tu horario?
3 ¿Cuánto ganas?
4 ¿Te gusta tu trabajo?
5 ¿Cómo gastas tu dinero?
6 ¿Crees que es buena idea trabajar y estudiar?

**6b** 👤 Now listen and answer the questions in English.

1 What is Elena's job?
2 Name two things she does at work.
3 She says that she doesn't work on Mondays. Why?
4 How much does she earn per week?
5 What does she say about her friends?
6 What is her opinion of her job? Why?
7 Mention three things she does with her money.
8 Mention two reasons why she thinks it is good for her to have a part-time job.

**7a** 👥 Take turns with a partner to ask and answer the questions in 6a. Extend your answers by including as much detail as possible.

**7b** 👥 Report to the rest of the class the information you found out about your partner. Remember to change verbs to the third person!

**G** el imperativo negativo **V** problemas de estudiantes **H** dar consejos

El maltrato la intimidación existen en todos los colegios del mundo. Unos matones creen que pueden cometer actos de agresión contra otros. Les amenazan o les quitan su reloj, una chaqueta de valor, su walkman, zapatillas de marca – o su dinero. Muchas veces cogen a escolares entre 11 y 16 años que se sienten tímidos y no demuestran confianza en sí mismos. La mayoría del tiempo las víctimas se quedan calladas por miedo a represalias. Poco a poco se vuelven cada vez más ensimismadas y hasta llegan a perder el apetito o a sentirse culpable de lo que ha pasado. No se atreven a denunciar el delito.

**1a** Lee el artículo.

**1b** Completa las frases.

1 Un matón es una persona que ...
2 Un matón suele ...
3 Muchas veces las víctimas son ...
4 No hablan de lo que les pasa porque ...
5 A veces ocurre que ...

**1c** Contesta. En el colegio ...

1 ¿Alguien te ha intimidado alguna vez?
2 ¿Tú has intimidado a alguien alguna vez?
3 ¿Conoces a algunos/as que lo hacen?
4 ¿Conoces a alguno/a que ha sido víctima?

**2** ¿Qué se puede hacer?

Escucha. ¿Estás de acuerdo o no con estos consejos?

- Habla con un profesor.
- Deja tus cosas de valor en casa.
- Vístete con ropa normal para el colegio.
- Haz lo que te dicen.
- No les hagas caso.
- No vayas al colegio con tu walkman.
- No te calles el problema.
- No te quedes solo/a durante el día.

Te amenazan con una navaja/un cuchillo.

Te quitan el dinero.

Te saltan en la cola en la cafetería.

Te piden prestado el walkman y no te lo quieren devolver.

Te fuerzan a fumar en los retretes.

Te sacan el pie adrede y te caes.

Te insultan a ti o a tu familia.

Maltratan a un minusválido.

**3a** Discute con tu compañero/a lo que harías o cómo te sentirías.

**3b** Da unos consejos a una víctima.

Hablaría con ...

Trataría de ...

Me sentiría ...

Estaría ...

Yo que tú no llevaría ... no iría ...

**GRAMÁTICA**

**The conditional**

Remind yourself of how to form and use the conditional. Look back at pages 66 and 76.

**GRAMÁTICA**

**Negative commands**

Remind yourself how to tell someone **not** to do something: see page 106.

**4a** 📖 Lee y busca un consejo adecuado.

**4b** 📖 Inventa un consejo para el problema que sobra.

**1** Escribe una agenda con las fechas y lo que tienes que hacer y habla con tu profe.

**2** Anota todos los deberes y habla primero con tu profe y luego con tus padres.

**3** Pon los libros en grupos de acuerdo con la asignatura y tus notas en una carpeta.

**4** Cierra los ojos, respira a fondo y tranquilízate diciendo 'Voy a hacerlo bien'.

**5** Busca un curso en otro colegio o instituto y habla con tus padres.

**A** Tengo pánico de los exámenes. ¿Qué puedo hacer para controlar mis nervios?

**B** No quiero seguir con los estudios – menos en este colegio – pero mis padres insisten. ¿Qué me aconseja?

**C** No sé cómo organizarme – soy tan desordenada ... ¿Qué consejos me puede dar?

**D** Voy mal en casi todas mis asignaturas y ya no hay tiempo para mejorar – ¡Ayúdeme, por favor!

**E** ¡Caramba! ¡Tengo tantos deberes! Los profes quieren todas las tareas al mismo tiempo. ¿Qué hago?

**F** Mis padres creen que soy un genio – insisten en sobresaliente en todas las asignaturas. ¿Cómo puedo decirles la verdad?

## Remate

**5** 👥 Your partner tells you about a problem they have. Try to give advice on how to solve the problem.

**Example:**

> Oye, tengo un problema con unos estudiantes que me amenazan con...

> Mira, yo que tú hablaría enseguida con...

**6** ✒ Read the letter below and write a reply.

> No sé lo que me pasa pero me siento deprimida. Tengo demasiado trabajo y tengo pánico a los exámenes. No tengo muchos amigos en el cole y a veces creo que se burlan de mí. ¿Qué puedo hacer?
> Pili

## DEFINITE AND IDEFINITE ARTICLES

- The Spanish equivalent of the definite article 'the' is *el/la/los/las*.
- The equivalents of the indefinite articles 'a', 'an', 'some' or 'a few' are *un/una/unos/unas*.
- There are some instances where in Spanish you must use the definite article where in English you don't. Consult the grammar section to revise these.

**1** Definite or indefinite? Copy and complete with the correct article.

- a ... comida en la cantina siempre está fría.
- b Ayer compré ... libro de inglés que nos recomendó la Sra. Suárez.
- c No me gusta ... profesor de ciencias.
- d Encontré ... jersey en el pasillo.
- e Me interesan ... matemáticas.
- f Hay ... jóvenes jugando al fútbol.
- g ... instalaciones de mi colegio son muy buenas.
- h ... clase del profesor Vicente es fantástica.

## ADJECTIVES

In this unit you have seen a lot of adjectives. Remember, sometimes the position of an adjective affects the meaning:

| | |
|---|---|
| *una pobre estudiante* | an unfortunate student |
| *un estudiante pobre* | a poor (penniless) student |

**2** Translate these phrases.

- a a good (quality) teacher
- b a good (natured) teacher
- c the first floor
- d good luck
- e the best day
- f the worst subject
- g the third class
- h the poor (unlucky) teacher

## QUANTIFIERS AND INTENSIFIERS

It's always a good idea to extend your speaking and writing with quantifiers and intensifiers. Make sure you get them right.

**3** Choose the correct quantifier or intensifier for each sentence.

- a Después del trabajo estoy muy/mucha cansada.
- b Tener un trabajo a tiempo parcial y estudiar es poco/un poco duro.
- c Mis padres me dan un poco/poco dinero.
- d Estoy bastanta/bastante contenta con mis notas.
- e Las clases extraescolares en España se hacen mucho/muy tarde.
- f Mis padres se quejan de que gasto mi paga demasiado/demasiada rápido.
- g Los libros de texto en España son demasiado/demasiados caros.
- h La profesora de inglés del año pasado era mucho/muy estricta.

**4** Write the absolute superlative of these adjectives. Careful with spelling!

- a simpático – simpatiquísimo
- b grande
- c pequeño
- d moderno
- e guapa
- f triste
- g buena
- h malo

**5** Write two possible translations of these sentences.

- a The maths classroom is very big.
- b Miss Solano is very good.
- c To work and study is very hard.
- d It is very important to get good grades.
- e Our playground is very small.
- f I have really great friends.
- g The science lab is very small.
- h The English teacher is very handsome.

## IMPERATIVE (REVISION)

Here is a reminder of the imperative endings:

| | -AR | -ER/-IR | -AR | -ER/-IR |
|---|---|---|---|---|
| Tú | ¡trabaj**a**! | ¡aprend**e**! | ¡no trabaj**es**! | ¡no aprend**as**! |
| Ud. | ¡trabaj**e**! | ¡aprend**a**! | ¡no trabaj**e**! | ¡no aprend**a**! |
| Vosotros | ¡trabaj**ad**! | ¡aprend**ed**! | ¡no trabaj**éis**! | ¡no aprend**áis**! |
| Uds. | ¡trabaj**en**! | ¡aprend**an**! | ¡no trabaj**en**! | ¡no aprend**an**! |

**6** Now translate this advice using the *tú* form.

**a** Work hard! **d** Save money!
**b** Don't fail your exams! **e** Spend less!
**c** Arrive on time! **f** Don't buy so many CDs!

**7** Now change your answers to the *Ud.* and *vosotros* forms.

## PRETERITE

Here is a reminder of the preterite endings of regular verbs:

-AR verbs: –é, –aste, –ó, –amos, –asteis, –aron

-ER/-IR verbs: –í, –iste, –ió, –imos, –isteis, –ieron

**8** Translate these preterites into Spanish.

**a** I studied
**b** He earned
**c** They preferred
**d** I learnt
**e** She bought
**f** We worked
**g** You (sing) walked
**h** You (plural) washed
**i** He ate
**j** We drank

**9** These are some very common irregular preterites. What do they mean?

**a** hice **e** hizo **i** hicimos **m** hicieron
**b** tuve **f** tuvo **j** tuvimos **n** tuvieron
**c** fui **g** fue **k** fuimos **o** fueron
**d** estuve **h** estuvo **l** estuvimos **p** estuvieron

**10** Complete the sentences using the preterite form of the verb in parentheses.

**a** Los niños ...... en un colegio muy bueno. (estudiar)
**b** Ayer (yo) ...... mis deberes de ciencias. (hacer)
**c** La profesora de matemáticas ...... enferma toda la semana. (estar)
**d** Yo ...... el alumno con las mejores notas de inglés. (ser)
**e** Los profesores ...... una fiesta para celebrar el final de curso. (hacer)
**f** El año pasado mi hermana ...... en Zara. (trabajar)
**g** El martes pasado nosotros no ...... clase de ciencias. (tener)
**h** La conferencia ...... bien. (estar)
**i** El sábado ...... al cine con mis amigas. (ir)
**j** Mi madre ...... al instituto para hablar con mi tutor. (ir)

## REFLEXIVE VERBS

Remember: When you conjugate a reflexive verb the *-se* at the end will be replaced by a pronoun (*me, te, se, nos, os, se*), normally placed immediately before the verb. The pronoun must agree with the person doing the action:

*me* acosté – **I** went to bed, *te* acost**aste** – *you* went to bed, etc

Remember the pronoun is attached to the end of an infinitive, a present participle (gerund) or an imperative.

Examples: *Voy a acostarme temprano.*
*Ya estoy acostándome.*
*¡Acuéstate!*

Remember that amongst the reflexive verbs, particularly amongst those to do with daily routines, there are a lot of stem-changing verbs. Watch out for them. Check the grammar section at the end of the book to find out more.

**11** Look these verbs up in the dictionary:

to put on make-up    to wash
to wake up    to have a bath
to look at oneself    to put on
to take off    to get closer
to refuse    to become

**12** What do these mean?

**a** Estoy maquillándome.
**b** ¿Te lavaste las manos?
**c** ¡Despiértate!
**d** Van a bañarse por la noche.
**e** Se miró en la ventana.
**f** Me pongo mi uniforme.
**g** Nos quitamos los zapatos.
**h** ¡No se acerque!
**i** Se negó a trabajar.
**j** Está volviéndose muy responsable.

## STEM-CHANGING VERBS

Remember these have a vowel change in the stem except for the 'we' and 'you (plural)' forms. Example: *jugar* but *juego* and *preferir* but *prefiero*!

**13** Compare the infinitives you found in activity 11 with their conjugated forms in activity 12 and identify the two stem-changing verbs.

**14** Now write ten sentences about yourself, using the ten reflexive verbs in activity 11.

## TASK: A conversation about problems at school

You are going to have a conversation with your teacher about pressures and problems at school. Your teacher could ask you the following:

- What sort of pressures do students experience at school/college?
- What would you do if you were bullied?
- What is your opinion about the school policy on bullying?
- Do you think school rules are strict enough? Why (not)?
- What changes would you like to see put in place?
- Describe your last week at school.
- !

(! Remember: at this point, you will have to respond to something you have not prepared.)

The dialogue will last between 4 and 6 minutes.

### 1 THINK !

**Read the phrases below. Write down any others that you might find useful for the speaking task.**

- [ ] **Types of problems:** *los exámenes, el maltrato, la intimidación, el abuso físico/verbal, el racismo*
- [ ] **Adjectives:** *aburrido, emocionante, interesante, gracioso*
- [ ] **Verbs:** *intimidar, explotar, pelear, castigar*
- [ ] **Opinions:** *prefiero …, me gusta(n) bastante/más …, odio …, lo que me gusta es …*
- [ ] **Giving reasons:** *porque (no) es/son …, porque es más/menos …*
- [ ] **Personality:** *es muy simpático/a, es bastante extrovertido/a*
- [ ] **Preterite tense:** *fui, vi*
- [ ] **Imperfect:** *era*
- [ ] **Immediate future:** *voy a ir, voy a hacer*

*! Can you predict what the unexpected question might be?*

What are your plans for after the exams?

**Add to your list any language you would need to answer this question too.**

### 2 PLAN !

- Listen to a model conversation.
- Listen again and note down any phrases you could use or adapt. Add these to your list from Step 1.

# ③ ACTION !

Now prepare your answers. Use the bullet points below, and your list of useful words and phrases from Steps 1 and 2, to help you.

**1** What sort of pressures do students experience at school/college?

- As well as saying what type of problems and pressures there are, remember to give some examples.

Example: ***Ahora mismo estamos muy estresados por culpa de los exámenes. Nuestros padres y profes insisten en que repasemos mucho. Pero ya no puedo memorizar más. Me siento cansado.***

**2** What would you do if you were bullied?

- Remember to use the conditional or *deber* + infinitive.

Example: ***No estoy seguro pero creo que hablaría con un amigo y sé que debes ir a hablar con un profesor enseguida.***

**3** What is your opinion about the school policy on bullying?

- Remember to say why you like/don't like the policy.

Example: ***Pues, en mi opinión es bastante importante tener normas claras sobre lo que es el maltrato porque entonces todos los estudiantes saben lo que va a pasar.***

**4** Do you think school rules are strict enough? Why (not)?

- Say which specific rules are strict or not and remember to give a reason.

Example: ***Creo que la norma de llevar uniforme no es suficientemente estricta y los estudiantes ponen ropa con colores que no están permitidos.***

**5** What changes would you like to see put in place?

- Remember to use the conditional – *me gustaría*, for example.

Example: ***Pues, me gustaría cambiar la regla sobre mantener silencio en los pasillos. No se permite hablar cuando cambiamos de clase – es absurdo.***

**6** Describe your last week at school.

- Remember to use tenses correctly. You will need the preterite and possibly the imperfect tenses. Also include a time marker.

Example: ***La semana pasada no hice nada más que empollar para los exámenes.***

**! Your answer to the unexpected question could be:**

- Remember to use the immediate future tense to say what you are going to do.
- Mention two or three things that you will do.

Example: ***Voy a salir con mis amigos y vamos a ir a la disco todas las noches. Después iré de vacaciones y luego trabajaré para ganar dinero.***

## Grade Target

**To reach Grade C, you need to:**

- use adjectives correctly – *una regla absurda, un profe estricto*.
- use the main tenses correctly. When did you use the present tense, the preterite and the immediate future?
- remember to speak clearly and with a good accent.

**To aim higher than a C, you need to:**

- use a greater variety of tenses, e.g. the imperfect as well as the preterite to describe what you did last week at school.
- create longer, more complex sentences, e.g. *La semana pasada cuando estaba en clase el profe …*
- use other persons of the verb, not just the 'I' form: *fuimos, la norma era*.

**To aim for an A or A\*, you could:**

- use less common connectives and include negatives to create complex sentences: *No creo que x sea buena idea, en cambio y podría ser mejor*.
- use the superlative: *En mi opinión la norma más importante es …*

## TASK: My ideas for a virtual school video game

A Spanish games designer is planning a virtual school for a new video game. You agree to collaborate and to write an account of your ideas for the school. You could include:

- A description of the type of school, classrooms and teachers
- What you did in the virtual school last week
- Your opinion of the school uniform, if there is one
- What type of extra curricular activities you like best and why
- Your plans for the timetable next year
- Why you think your virtual school would make a good video game

*(Remember: in order to score the highest marks, you must answer each task fully, developing your answers where it is appropriate to do so.)*

### 1 THINK !

**Start by noting down a few key facts, such as those below.**

1  school description: *las aulas, los profes, las asignaturas, la cantina, la biblioteca, el patio, el recreo*
2  activities: *el arte dramático, el club de ajedrez/de música*
3  description: *inútil, monótono, divertido*
4  likes: *me gusta(n), no soporto, odio, me apasiona(n), me aburre(n)*
5  verbs: *estudiar, aprender, entender, comprender, dibujar*
6  giving reasons: *porque (no) es/son ..., porque es más/menos ...*
7  tenses: preterite, imperfect and immediate future

### 2 PLAN !

- **Read the model text.**

¡Bienvenidos a mi nuevo instituto virtual!
Primero todos tenemos que poner unas gafas especiales para poder ver el plan en la pantalla. Segundo tenemos que ponernos unos guantes especiales para poder utilizar la consola. Ahora podemos comenzar el recorrido guiado.

Aquí en el Instituto Singular vamos a encontrar primero a los estudiantes que son de todas las partes del mundo. Se inscriben por Internet y cada estudiante tiene un programa de estudios. Como se puede ver, los profes no existen en la realidad – son cabezas que responden a las preguntas de los estudiantes. Tampoco hay aulas virtuales. Un estudiante puede ir de una parte del instituto a otra en cuestión de segundos si quiere cambiar de asignatura.

Un estudiante virtual habla de la semana pasada. "El lunes por la mañana, primero tuve que introducir mi clave porque sin la clave no puedes entrar en el instituto. Lo bueno de mi colegio es que puedes estudiar lo que te interesa en vez de seguir un horario fijo.

Recibí un "tweet" de China porque un estudiante quiso saber mi opinión sobre el uniforme. Le dije que no tenemos uniforme en mi colegio virtual y él contestó que ellos tienen que llevar una sudadera gris – todos iguales, chicos y chicas.

Me encanta mi nuevo instituto porque después de unas horas de clase puedes cambiar a jugar al tenis virtual o tocar el piano o la guitarra si quieres. También puedes hacer muchos amigos en cualquier parte del mundo.

Tengo planes para desarrollarlo en el espacio el año que viene.

● Read the text again and note down the tenses, pronouns and adjectives, etc. that the writer uses. Add these to your list from Step 1.

## 3 ACTION !

Now prepare what you will write. Use the bullet points below to help you and use your list of useful words and phrases from Steps 1 and 2. Aim to write about 200 words.

Write a plan. Jot down two or three words for each bullet point in the question.
● **Remember not to spend too much time on your plan.**
● **Try to include every bullet point in the question.**

**1** A description of the type of school, classrooms and teachers

● Be imaginative but use as much known vocabulary as you can.

Example: ***Los estudiantes y los profesores son todos virtuales. En las aulas no hay ni ventanas ni pizarras.***

**2** What you did in the virtual school last week

● Have you used the preterite and imperfect tenses to talk about your week?
● Have you used time markers? (e.g. *la semana pasada*)

Example: ***La semana pasada hablé con un estudiante de China.***

**3** Your opinion of the school uniform if there is one

● As well as giving your opinion, give a reason for it.

Example: ***Aquí no tenemos que llevar uniforme. Eso me gusta porque podemos ponernos ropa con nuestros colores preferidos.***

**4** What type of extra curricular activities you like best and why

● Again, remember to give a reason why as well as to describe them.

Example: ***Lo que más me fascina es poder tocar la guitarra virtual.***

**5** Your plans for the timetable next year

● Remember to use the immediate future.

Example: ***El próximo año voy a conectarme con una estación espacial.***

**6** Why you think your virtual school would make a good video game

● Give more than one reason.

Example: ***Mi instituto virtual es fenomenal porque no tiene profesores ni aulas. Solamente tienes que acordarte de tu clave personal.***

## Grade Target

**To reach Grade C, you need to:**
● **use tenses correctly** – the **present tense** to describe the teachers and school the **preterite tense** to say what you did last week the **immediate future** to talk about your plans for next year
● **justify your opinions**: *porque es …*

**To aim higher than a C, you need to:**
● use different forms of the verb in different tenses: *hablé con un estudiante, tenemos clase de …, tienes que introducir.*
● use longer, more complex sentences: *Lo que más me fascina es …*

**To aim for an A or A\*, you could:**
● use the **conditional** to talk about what you would prefer to do: *preferiría ir …*
● use less common connectives: *en cambio prefiero …*
● use the subjunctive after *cuando* to refer to the future: *cuando tenga 20 años.*

## Cómo hablar de asignaturas y profesores (pp. 120–121)

| | |
|---|---|
| las asignaturas | school subjects |
| el comportamiento | behaviour |
| el horario | timetable |
| estupendo/a | great |
| insoportable | unbearable |
| aburrirse | to be/get bored |
| aprobar | to pass (exams) |
| comportarse mal | to behave badly |
| divertirse | to have fun |
| suspender | to fail (exams) |
| me agobia ... | I am annoyed by ... |
| (no) me agrada ... | I am (not) pleased by ... |
| (no) me desagrada ... | I (don't) dislike ... |
| no aguanto/no soporto ... | I can't stand ... |
| (no) se me dan bien ... | I am (not) good at ... |
| voy bien en ... | I am doing well in ... |

## Cómo conversar sobre tu instituto (pp. 122–123)

| | |
|---|---|
| el ambiente | atmosphere |
| el aula | classroom |
| el edificio | building |
| las instalaciones | facilities |
| el patio cubierto | indoor playground |
| la sala de actos | assembly hall |
| acogedor(a) | welcoming |
| bien equipado/a | well equipped |
| débil | weak |
| minusválido/a | disabled |
| construir | to build |
| romper | to break |
| abajo | below/underneath |
| al aire libre | outside/in the fresh air |

## Cómo describir tu vida escolar (pp. 124–125)

| | |
|---|---|
| la carpeta | folder |
| el descanso | break |
| el equipo | team |
| el inconveniente | disadvantage |
| la Navidad | Christmas |
| (tu propia) ropa | (your own) clothes |
| la Semana Santa | Easter |
| el trimestre | term |
| cansado/a | tired/tiring |
| igual | identical |
| incómodo/a | uncomfortable |
| acabar de ... | to have just ... |
| pertenecer a ... | to belong to ... |

| | |
|---|---|
| quejarse | to complain |
| aún no | not yet |
| cada día | each day |

## Cómo sobrevivir la pobreza estudiantil (pp. 126–127)

| | |
|---|---|
| el aumento | pay rise |
| el canguro | babysitter |
| la cita | appointment |
| la colada | laundry |
| la paga | pocket money |
| el/la vecino/a | neighbour |
| ahorrar | to save |
| arreglarse | to dress up |
| cuidar | to look after |
| estar harto de | to be fed up with |
| portarse bien | to behave well |
| sacar buenas notas | to get good grades |
| bien pagado | well paid |
| me sienta bien | it suits me |

## Cómo compartir tus problemas y ansiedades (pp. 128–129)

| | |
|---|---|
| una agenda | diary |
| el delito | the crime |
| una matón | a bully |
| las tareas | homework |
| las zapatillas | trainers |
| aconsejar | to advise |
| amenazar | to threaten |
| atreverse | to dare to |
| demostrar | to show |
| denunciar | to denounce |
| insistir | to insist |
| mejorar | to make better |
| callado/a | silent/quiet |
| ensimismado/a | introverted |
| sobresaliente | excellent |

# 4B Empleo actual y futuro

## ¿Ya sabes cómo ...

- ☐ prepararte para el futuro?
- ☐ adquirir experiencia laboral?
- ☐ evaluar diferentes empleos?
- ☐ solicitar un trabajo?
- ☐ expandir tus horizontes?

## Controlled Assessment

- **Speaking**: an interview for a job in Spain
- **Writing**: writing a letter to enter a competition to win the perfect gap year

¡Soy mucho más importante que tú!

Sin mis talentos, el mundo sería un desastre.

Yo he contribuido al progreso de la humanidad.

El mundo es un lugar mejor por lo que hice yo.

**¿A quién van a echar?**

## Habilidades

### Leer

When reading Spanish, how do you ...
- read for gist?
- decipher Spanish words using clues from the English?
- recognise a 'false friend'?

### Escribir

When writing in Spanish, how do you ...
- write in a formal and informal way?
- use capital letters and accents correctly?
- translate in a proper and natural fashion?

## Gramática

As part of your Spanish 'toolkit', can you ...
- use all the tenses confidently?
- use present participles (ending in *-ando* and *-iendo*)?
- use the infinitive and verbs that take prepositions?
- use the phrase *lo que*?
- recognise the subjunctive when used as a negative imperative or after *cuando*?

G eso/esto  V el trabajo  H acentos

Ana

Pablo

Juan

Beatriz

Alberto

María

Mario

Verónica

**a** 'Soy una persona inquisitiva. Me chifla saber cómo funcionan las máquinas. Mi trabajo ideal sería trabajar en un taller de coches, utilizando las manos'.

**b** 'Tengo la intención de trabajar con los números porque me encantan las matemáticas. Estaría muy contento en una oficina. Cuando sea mayor, podría ser contable quizás'.

**c** 'La aventura es lo más emocionante para mí. No aguantaría tener un trabajo aburrido. Quiero acción y peligro'.

**d** 'Cuando estoy jugando, me siento maravilloso. Cuando termine el colegio, mi sueño es jugar para uno de los mejores equipos del mundo'.

**e** 'Yo quiero motivar y ayudar a la gente. Será difícil pero gratificante. La educación es un campo en el cual me interesaría muchísimo trabajar'.

**f** 'Siempre he querido ser famosa. No podría vivir sin cantar mis canciones favoritas. Y claro, me gustaría ganar mucho dinero haciendo lo que me gusta'.

**g** 'Lo que más me gusta hacer es hablar y discutir temas interesantes. Si quisiera trabajar en el parlamento tendría que estudiar muy duro para conseguir los títulos necesarios. Eso es lo que pienso hacer'.

**h** 'De pequeño quería ser piloto pero lo que más me satisface ahora es esto. Experimentar e inventar recetas me llena completamente. Si pudiera hacer esto toda la vida sentiría una satisfacción enorme'.

**1a** Empareja las caricaturas con las opiniones en la página 138.

**1b** Completa las frases con una posible profesión de las personas de la actividad 1a.

*Ejemplo*: Ana debería ser … cantante.

a Alberto sería un buen …
b A Pablo le gustaría ser …
c María sería una buena …
d Juan podría hacerse …
e Mario trabajaría bien como …
f Beatriz podría ser …
g Verónica trabajaría bien como …

banquero   cantante   soldado   mecánica
política   futbolista   cocinero   profesora

**2** Escucha y decide quién habla.

*Ejemplo*: a – Mario

**3** ¿A ti qué tipo de trabajo te gustaría tener? Practica con tu compañero/a usando los adjetivos de abajo.

*Ejemplo*: Busco un trabajo divertido, variado y peligroso.

divertido   aburrido   fácil   difícil/duro   complicado
exhaustivo   exigente   pesado   emocionante
estimulante   gratificante   bien pagado   mal pagado
seguro   peligroso   interesante   variado
enriquecedor   repetitivo   monótono   bien visto   mal visto

**HABILIDADES**

**Accents**

Accents are often used to show where to stress the word:

ratón/ratones   francés/francesa   ambición/ambiciones

Accents can change the meaning of a word:

*mi* my      *solo* alone      *si* if
*mí* me      *sólo* only      *sí* yes

Accents are widely used in tenses, where they change the meaning and pronunciation of the verb:

*Trabajo en España.*   I work in Spain.
*Trabajó en España.*   He worked in Spain.

**4** Escribe estas palabras en singular o en masculino:

intenciones   profesiones   marrones
jamones   inglesa   alemana

**5** Completa las frases:

a para …   (for me)
b … sueño   (my dream)
c estoy …   (I am alone)
d … hoy (only today)
e … estudio (if I study)
f …., por favor (yes, please)

**GRAMÁTICA**

**Eso, esto**

Remember demonstrative adjectives such as *este hombre* this man, *esa mujer* that woman? By contrast, *eso* and *esto* do not refer to specific nouns – they are 'neutral':

*¡Eso es ridículo!*   That's ridiculous!
*¡Esto es insoportable!*   This is unbearable!

**6** Completa las frases.

a Mi padre trabaja en … (this) hospital.
b ¡ … (This) es divertido!
c Mi prima trabaja en un barco crucero. ¡Cuánto me encantaría hacer … (that)!
d Voy a comprar … (that) chaqueta que vimos ayer.

# Remate

**7** Choose any page of your text book, and look at the accents on the words. Read a paragraph out loud and ask yourself why the accents are where they are.

**8** Translate these sentences into English.

a No querría un trabajo muy difícil porque me gustaría tener tiempo para otras cosas.
b Cuando tenía cinco años quería ser actor pero eso ya no me interesa.
c Siempre he querido trabajar con animales aunque sé que será difícil.
d Como soy bastante paciente y simpático, hay muchos trabajos que puedo hacer.

**9** Write ten sentences about your possible plans using different tenses. Look at the sentences above and try to use the same tenses.

**Example:** No querría un trabajo muy fácil porque sería muy aburrido.

**G** sin, para, al + infinitivo   **V** experiencias y calidades   **H** escribir cartas informales, mayúsculas

---

### Carta 1

29 de octubre
24 St John's Road,
Clapford.

Hola Sonia,

¿Qué tal, guapa? Cuánto tiempo, ¿eh? Siento no haberte escrito antes pero acabo de terminar mis prácticas laborales. En Inglaterra es prácticamente obligatorio en todos los institutos. Pasé dos semanas trabajando en una fábrica de coches **para** ver cómo funciona el negocio. ¡Qué guay! De lunes a viernes **sin** asistir a clase. Ya sabes cuánto me gustan los coches. La primera semana fue un poco pesada porque no hice nada más que preparar café y fotocopiar papeles pero la segunda fue otra cosa. Trabajé en el taller. ¡Qué motores! Fue impresionante. No me aburrí nada y pude practicar el español con un ingeniero de España que estaba pasando una temporada en la fábrica. (Me ayudó a escribir esta carta. ¿Lo notas?) Conocí a muchísima gente – la mayoría era simpática – y **al** terminar la semana me sentía muy maduro. Me han prometido que puedo repetir la experiencia durante las vacaciones del año que viene. ¡Qué emoción!

Ahora estoy de vuelta en el cole. ¡Qué rollo!

Bueno. ¿Cómo te va la vida? ¿Has tenido la oportunidad de hacer prácticas laborales o en España no se hacen? Yo que tú, lo intentaría organizar.

Te gustaría un montón.

Un beso grande,

Mike

---

### Carta 2

Calle Cervantes, 16, 2ª,
Gijón
33080

19 de noviembre

Querido Mike,

¡Vaya suerte que has tenido! Dos semanas **sin** ir a clase. Eso sí que me gustaría. Aquí no se suelen hacer prácticas laborales pero me parece una idea estupenda. De hecho, voy a escribir a un par de compañías para ver qué les parece la idea. Nunca se sabe. Si me aceptan, sería increíble. Siempre he querido saber cómo es trabajar en una oficina y podría aprender muchas cosas, aunque me sentiría un poquito nerviosa, evidentemente. Y también, como hablo inglés y ya he pasado dos meses en Inglaterra, quizás eso les interesaría y les podría impresionar más. Creo que este tipo de experiencia tiene muchas ventajas. Aprendes a relacionarte mejor con la gente y experimentas lo que significa trabajar dentro de un ambiente formal. Y **al** terminarlo, podré incluirlo en mi curriculum vitae.

Gracias por la idea. Ya te escribiré.

Un abrazo fuerte,

Sonia

---

**1**  **Carta 1 – ¿verdadero o falso?**

a Mike no ha terminado las prácticas laborales.
b La primera semana fue la más interesante.
c A Mike le gustan los trabajos prácticos.
d No tuvo que fotocopiar papeles durante los quince días.
e Mike escribió la carta en español solo.
f Mike se siente mucho más adulto ahora.
g No había gente extranjera trabajando en la fábrica.
h Mike no está contento de estar en el instituto otra vez.
i Quiere saber cuándo hizo Sonia sus prácticas.
j Mike no volverá a la fábrica al final de este año.

**2**  **Busca estas palabras (subrayadas abajo) en la carta 2, y escribe estas frases en español.**

a In fact, I could write a letter.
b I have a couple of good ideas.
c You never know if the experience is going to be positive.
c ¿Have you always wanted to be a solicitor?
d Perhaps they will give me a job.
e There are some advantages.
f I would like the atmosphere in an office.
g Thanks for your help.

---

### HABILIDADES

**Capital letters**

Note the use of bold with some of the capital letters in the texts.

Proper nouns have capital letters.
*Pepe, Francia, Teatro Reyes*

Days, months, languages and nationalities do not.
*lunes, octubre, francés, españoles*

## GRAMÁTICA

Look at the bold words in the letters on page 140.

*Sin* + infinitivo − **Without doing** something

Two weeks without going to lessons
*Dos semanas sin ir a clase*

*Al* + infinitivo − **On doing** something

On finishing the week I felt very tired
*Al terminar la semana me sentía muy cansado*

*Para* + infinitivo − **In order to do** something

In order to see how the business works ...
*Para ver cómo funciona el negocio ...*

**3** Rellena los espacios con 'sin', 'al' o 'para'.

**a** No podría pasar una semana ... ver a mis amigos.
**b** Las prácticas son útiles ... introducirte al mundo laboral.
**c** Me sentía tranquilo ... empezar la semana.
**d** Quiero tener esta oportunidad ... saber cómo es ese trabajo.
**e** No lo pasarás bien ... tener entusiasmo.

**4** Mira las ventajas y desventajas de la experiencia laboral. Escríbelas en dos listas. ¿Puedes pensar en más?

| | |
|---|---|
| cometer errores | aprender cosas nuevas |
| usar la imaginación | sentirse nervioso/a |
| sentirse maduro/a | no comprender |
| trabajar en equipo | tener/pasar miedo |
| aburrirse | crecer personalmente |
| no ver a los amigos | trabajar más horas |
| divertirse | no tener deberes |
| ser estimulante | |

**5** ¿Las prácticas laborales te parecen una experiencia positiva o una pérdida del tiempo? Usa las listas para discutir el tema con tu pareja. Intenta usar diferentes tiempos.

*Ejemplo*: Yo **pienso** que es una buena idea porque **puedes** conocer a mucha gente diferente.

Pues, yo no. Para mí **sería** una pérdida del tiempo. No **podría** sobrevivir sin mis amigos.

**6** Escucha. ¿A qué trabajo se refiere?

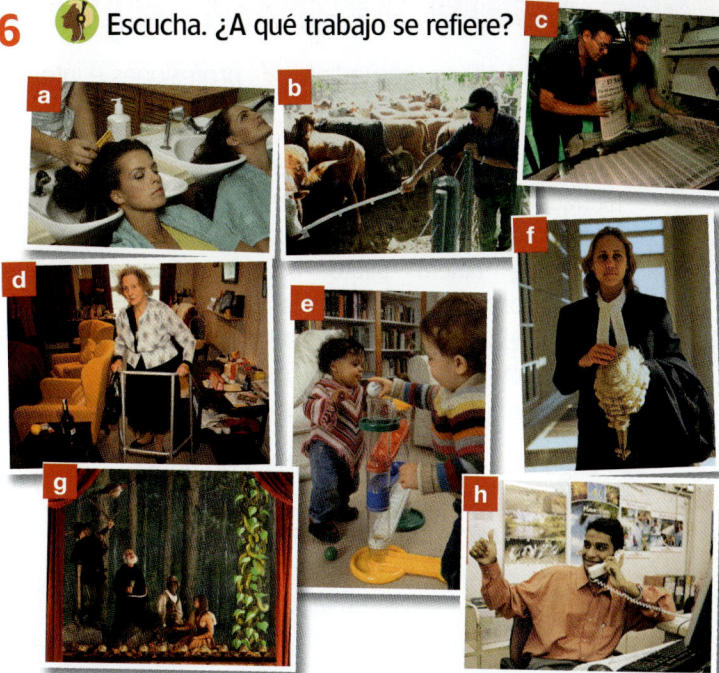

## HABILIDADES

**Listening for tenses**

- verb endings − *terminé/terminaré, me gusta/me gustó*
- specific tenses such as the perfect − *he hecho/no he hecho*
- irregular verbs which give clues to the tense − *fue/había/haré/era*
- time references − *normalmente/el año pasado/hace dos meses*

**7** Escucha. ¿Han hecho sus prácticas laborales ya? Escribe sí o no. ¿Qué tiempo usan?

*Ejemplo*: a − sí, preterite

## Remate

**8a** Choose one of these work places. Write a short account of what a typical day there would be like.
**Example:** Trotamundos − Tendría que hablar con el público y eso sería divertido.

- Agencia de viajes − 'Trotamundos'
- Peluquería − 'Tijeritas'
- Periódico − 'La Nación'
- Tienda de Música − 'Notable'

**8b** Imagine that you have just finished working in one of the above places. Write a paragraph about the experience.

**Example:** Pasé una semana trabajando en Tijeritas y lo pasé muy bien. Tuve que ...

**G** infinitivos, gerundios **V** profesiones e intenciones **H** traducir bien

carpintero ingeniero carnicero camarero
peluquero enfermera granjero fontanero
cocinero modista artista dentista recepcionista
deportista niñera piloto policía músico
vendedora comerciante contable actor fotógrafo
secretario mecánico azafata soldado diseñador
traductor electricista abogado cirujano arquitecto

**1** Elige una profesión de arriba. Con un(a) compañero/a haz una conversación usando las preguntas y las respuestas de abajo.

1 ¿Cuántas horas trabaja usted a la semana?
2 ¿Es un trabajo bien pagado?
3 ¿Hay posibilidades de viajar al extranjero?
4 ¿Es esencial conseguir buenas calificaciones/ buenos títulos?
5 ¿Hay que estudiar una carrera universitaria?
6 ¿Hay oportunidades de conocer a mucha gente?
7 ¿Qué cualididades personales hacen falta?
8 ¿Cuántas semanas de vacaciones hay al año?
9 ¿En qué consiste un día típico para usted?

a Trabajo los lunes de nueve a seis.
b Sí, gano un buen salario/No, el sueldo no es muy generoso.
c Sí, viajo mucho/No, no suelo pasar tiempo en el extranjero.
d Necesitas buenas calificaciones pero la personalidad es más importante.
e No es esencial ir a la universidad./Una carrera universitaria es importante.
f Sí, conozco a mucha gente/No, paso el día solo/a en una oficina.
g Debes/Tienes que/Hay que ser competente/ extrovertido etc.
h Tengo cuatro semanas de vacaciones al año.
i Trabajo con el ordenador/Visito clientes/Escribo documentos.

**2a** Escucha. Empareja los dibujos con las personas que hablan.

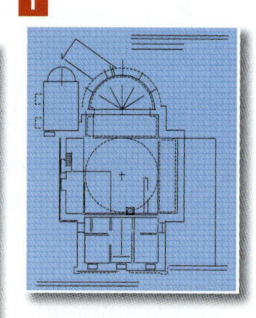

**2b** Vuelve a escuchar. Escribe en inglés las cualidades y responsabilidades.

**3** ¿Qué profesión es?

*Ejemplo*: éicmdo médico

a diopresita
b riñane
c batelonc
d quepalure
e nocireco
f rocat
g forpreso

## GRAMÁTICA

### The infinitive and gerund

Look at these examples and make a note of the structures which take the **infinitive**. They sound like gerunds in English:

**Going** to university is a good idea. *Ir a la universidad es una buena idea.*

I love **studying** Spanish. *Me encanta **estudiar** español.*

Instead of **working** ... *En lugar de/en vez de **trabajar** ...*

Despite **having** lots of money ... *A pesar de **tener** mucho dinero ...*

*sin, para, al, antes de* and *después de* require an infinitive also.

without thinking ... *sin **pensar** ...*

on finishing ... *al **terminar** ...*

in order to buy ... *para **comprar** ...*

before finding a job ... *antes de **encontrar** un trabajo ...*

after finishing my studies ... *después de **terminar** mis estudios ...*

The **gerund** is used to describe an on-going action:

She is working in a shop. *Está **trabajando** en una tienda.*

I spend my days reading. *Paso mis días **leyendo**.*

It is used after the verb *seguir*, to carry on doing/ to be still doing:

She is still working at the bank. *Sigue **trabajando** en el banco.*

I want to carry on studying. *Quiero seguir **estudiando**.*

**4** Rellena los espacios con un infinitivo de abajo.

a Voy a aprender a ... antes de ... a la universidad.
b Si sigues estudiando, vas a ... buenas calificaciones cuando termines el colegio.
c No podrás ... abogada sin ... mucho.
d Mi amiga quiere ... de camarera para ... dinero.
e En lugar de ... todo el tiempo, debes ... un trabajo.

> trabajar   conseguir   ganar   conducir   ser   ir
> estudiar   buscar   salir

**5** Rellena los espacios con un gerundio de arriba.

a Mi hermano está ... un curso de cocina.
b No me interesa pasar el día ... en una oficina.
c Le están ... para el trabajo en este momento. Está muy nervioso.
d Estoy ... un puesto interesante y bien pagado.
e Pretendo pasar dos años en España, ... el idioma.

> buscando   practicando   fotocopiando
> haciendo   entrevistando

**6** Traduce al inglés.

a Pienso seguir con mis estudios para poder acceder a un curso universitario.
b Espero hacer una carrera universitaria a pesar de lo que pueda costar.
c Tengo ganas de marcharme de casa porque me hace ilusión independizarme.
d Pretendo dejar de estudiar y empezar a ganarme la vida tan pronto como sea posible.
e Dejar el colegio significa empezar de cero. Eso me emociona mucho.

**7** Traduce al español.

1 I intend to carry on studying instead of leaving school.
2 I try to spend time learning my vocabulary.
3 I dream of living abroad after finishing school.
4 I'm thinking of going to university in order to study medicine.
5 You can't learn to speak a language without spending time studying.

# Remate

| ser (character) | tener | estar (feeling) |
|---|---|---|
| *fiable* | *paciencia* | *nervioso/a* |
| *estudioso/a* | *experiencia* | *contento/a* |
| *trabajador(a)* | *la oportunidad* | *triste* |
| *puntual* | *la intención de* | *cómodo/a* |
| *formal* | *confianza* | *incómodo/a* |
| *educado/a* | *miedo a* | *frustrado/a* |
| | *responsabilidad* | *estresado/a* |

**8** Use this vocabulary to write a paragraph about your personality.

**Example:** Me considero una persona responsable pero puedo ser un poco tímido a veces.

**9** Write a paragraph about a profession which interests you. Use a variety of tenses, vocabulary and structures.

**Example:** Si **quiero** ser médico, sé que **tendré** que ser muy responsable y trabajador.

(G) lo que　(V) información personal　(H) escribir cartas formales, sinónimos

**Nombre y apellido(s):** Mary Jackson
**Fecha de nacimiento:** 7 de octubre 1986
**Lugar de nacimiento:** Lancashire
**Dirección:** 43, Laurel Road, Fulwell, Surrey
**Estado civil:** soltera
**Nacionalidad:** inglesa

**Instituto:** 2001–2007　Redcoat High School, Surrey

**Cualificaciones:**
**GCSE**
inglés B, matemáticas B, español A*, francés B, música A, química C, biología E, historia A, arte A*

**A levels**
español A, historia C, arte B

**Experiencia laboral:**
2005 junio y julio — dos meses camarera, Café Aroma, Fulwell
2006 agosto — un mes recepcionista, Hotel Pegaojo
2007 fines de semana — Boutique Minimodas

**Responsabilidades:**
capitana del equipo de baloncesto

**Idiomas:**
inglés: lengua materna; español: competente; francés: conocimientos básicos

**Cualidades personales:**
paciente, inteligente, optimista, fiable

43, Laurel Road,
Fulwell
Surrey

Hotel Dormidito
Avenida de Galicia 23, 4D
Gijón

Muy señor mío,

Soy inglesa y tengo dieciocho años. En este momento estoy viviendo en Londres donde acabo de *terminar* mis estudios del instituto. **Lo que** me encantaría hacer antes de *empezar* mi curso universitario sería pasar una *temporada* en el extranjero, trabajando en una *compañía*. Esto no sólo sería una experiencia enriquecedora sino que también me daría la oportunidad de practicar el español, **lo que** me *serviría* de experiencia para mi futuro *trabajo*. Llevo cinco años estudiando este idioma pero no hay nada mejor que estar en el país para *realmente* dominarlo.

Me *considero* una persona fiable y paciente. Me *llevo* muy bien con la gente dado que soy segura de mí misma y *bastante* extrovertida. Como puede *ver* en mi CV he trabajado en muchos *sitios diferentes* **lo que** me ha ayudado a comprender la importancia de trabajar en *equipo*. No tengo miedo a la responsabilidad. Estoy libre para trabajar los meses de julio y agosto.

Quedo a la espera de recibir respuesta suya.
Atentamente,

Mary Jackson

**1** ¿Verdadero o falso?
a Mary nació en el verano.
b No está casada.
c Sacó su mejor nota de GCSE en química.
d Las ciencias no se le dan tan bien.
e Trabajó más tiempo en el hotel que en la cafetería.
f Es muy deportista.
g Habla el francés con fluidez.
h Se enfrenta a la vida con optimismo.

**HABILIDADES**

**Synonyms**
Use what you know about spelling and word classification to help you look for a synonym.
- Are you looking for a verb? An infinitive? What tense? What person?
- Is the word you need an adjective? Think about possible endings – masc/fem/sing/plur.
- Or is it a noun you need to find? Look at the spelling. Look out for un/el etc.

**2** Reemplaza las palabras en cursiva en la carta con uno de los sinónimos de abajo.
*Ejemplo*: terminar = completar

comenzar　creo　estancia　algo　observar　empresa
completar　valdría　grupo　entiendo
verdaderamente　lugares　distintos　puesto

**3** Mira la carta de Mary otra vez. ¿Qué significan estas frases en inglés?
a En este momento
b acabo de terminar
c antes de empezar
d en el extranjero
e una experiencia enriquecedora
f Llevo cinco años estudiando
g no hay nada mejor
h dado que
i Como puede ver
j me ha ayudado

## Lo que

*Lo que* means 'what'. It is never used to ask a question – it is used as follows.

- It can start a sentence:
  **Lo que** quiero es estudiar en el extranjero.
  **What** I want is to work abroad.

- It joins sentences together:
  *Es difícil decidir* **lo que** *quieres hacer.*
  It's hard to know **what** you want to do.

- It also means 'which' when it joins two ideas together:
  *Hablo español* **lo que** *me ayudará en el futuro.*
  I speak Spanish, **which** will help me in the future.

**4** Imagina que te están entrevistando para un trabajo. Haz un diálogo formal con tu compañero/a, usando las preguntas de abajo.

1 ¿Cómo se llama usted?
2 ¿Qué edad tiene?
3 ¿Dónde vive en este momento?
4 ¿Cuál es su nacionalidad?
5 ¿Qué cualificaciones tiene o tendrá pronto?
6 ¿Qué experiencia laboral tiene?
7 ¿Qué responsabilidades ha tenido en el colegio?
8 ¿Habla idiomas?
9 ¿Cuáles son sus mejores cualidades personales?
10 ¿Por qué quiere trabajar para nuestra compañía?

**5** Escucha. ¿Por qué no han conseguido trabajo? Contesta en inglés.

*Ejemplo:*  **1** He couldn't find the office where the interview was being held.

# Remate

**6** Look at the pictures on the right. Which job should they apply for?

**Example:** Se busco chica joven y moderno = Marta

**A** Se busca persona formal para ayudar en la sección de lencería feminina de nuestro boutique especializada en ropa interior de calidad. Educado con el público.

**B** Buscamos gente para representar nuestra empresa vendiendo aparatos electrónicos a domicilio. Carnet de conducir imprescindible. Presencia moderna esencial.

**C** ¿Le interesa formar parte de un equipo dinámico? Queremos gente recién licenciada para unirse a nosotros vendiendo espacio publicitario por teléfono a revistas juveniles.

**D** Oferta
Vacante para persona madura con ganas de usar su experiencia previa en nuestra fábrica de cartones. Tareas físicas y horas a elegir. Puesto ideal para varón mayor.

Marta

Estéban

Manolita

Felipe

**7** Write sentences explaining why they should or should not choose these jobs.

**Example:** Felipe no debería solicitar el primer trabajo porque ...

**8** Write a letter of application to one of the following businesses. Look at the structure of Mary Jackson's letter on page 144.

Teatro 'Reina Isabel'    Boutique de moda 'Tu Tipo'
Granja 'Casa Tito'    Restaurante 'Platástrofe'
Almacenes 'Tikitaki'    Circo 'Rimbombante'
Parque 'San Francisco'    Bufete de abogados 'Todo Derecho'

**G** repaso del subjuntivo  **V** trabajar en el extranjero  **H** falsos amigos

**David:** 'Es muy importante hacer un esfuerzo por hablar el idioma. Hay que demostrar respeto. También mis compañeros me respetan más si les hablo en su lengua. Y las chicas también. Es un poco arrogante esperar que ellos me hablen en inglés.'

**Sally:** 'Tengo la sensación de estar en control. Me siento importante y competente. Los turistas que no tratan de hablar el idioma se están perdiendo una gran parte del país, la gente, la cultura, la comida. Y claro, al volver a mi país, lo que he aprendido me va a valer mucho.'

**Max:** 'No ha sido fácil en absoluto porque muchas veces no he podido expresarme bien pero con un poco de paciencia y determinación puedes dominar el idioma muy bien. Al llegar a España, sólo sabía lo que había aprendido en el colegio. Ahora sé expresarme con mucha más fluidez.'

**Anna:** 'Hablo mucho inglés con mis alumnos, claro, pero cuando termino de trabajar por la tarde salgo con mis compañeros y hablo en español todo el tiempo. Es maravilloso. He aprendido a comunicarme con confianza y el miedo que tenía ha desaparecido.'

**1** Contesta a las preguntas en inglés.

a What does David say about speaking the language?
b How does this improve his relationships with people?
c What does Sally say about tourists?
d What does Sally say about when she returns home?
e How does Max say you can improve your language skills?
f How is his Spanish now?
g When does Anna get to practise her Spanish?
h How would you describe her attitude towards speaking Spanish now?

**2** Escucha. ¿Qué aspecto de vivir y trabajar en el extranjero les resultó problemático?

a accommodation
b new foods
c salary
d meeting people
e cost of living
f climate
g mealtimes
h the language

> **GRAMÁTICA**
>
> **Subjunctive**
>
> Revise the subjunctive from Unit 3B. It is also used when one person wants, expects or tells another person to do something. See the grammar section for further explanations.

**3** Traduce las frases al inglés.

a Cuando *sea* mayor, quiero vivir en otro país.
b Mis padres no quieren que *viva* en el extranjero.
c Muchas compañías esperan que sus empleados *viajen* al extranjero.
d Cuando *llegue*, os escribiré a todos.
e Espero que no me *echéis* de menos.
f Quiero que *vengáis* a visitarme.

**4** Prepara una lista de las ventajas y desventajas de vivir y trabajar en el extranjero.

*Ejemplo:* conocer a gente nueva − ventaja
echar de menos a la familia − desventaja

**5** Debate con tu compañero/a sobre los aspectos positivos y negativos de pasar tiempo viviendo y trabajando en el extranjero. Una persona está a favor, la otra en contra.

## GRAMÁTICA

**Verbs with prepositions**

| | |
|---|---|
| aclimatarse **a** | to get used to |
| acostumbrarse **a** | to get used to |
| habituarse **a** | to get used to |
| tardar tiempo **en** | to take time to |
| hartarse **de** | to get bored of/fed up with |

**6** Traduce las frases al inglés.

**a** No es fácil aclimatarse al modo de vida en otro país.
**b** Alguna gente no puede acostumbrarse al clima.
**c** Es difícil pero me estoy habituando a los horarios diferentes de comer.
**d** No vas a tardar mucho tiempo en entender bien el idioma.
**e** La primera semana que pasé en España, me harté de no entender nada.

**7** Empareja las frases 1–10 y a–j. Recuerda mirar bien cómo termina la primera frase.

*Ejemplo*: 1f

**1** Puede ser difícil hacer amigos si
**2** Lo que tienes que hacer al llegar es
**3** Es una experiencia maravillosa que
**4** Será difícil los primeros días para ti
**5** Yo no podría trabajar en el extranjero
**6** Puede ser una experiencia solitaria
**7** Es una forma de abrirte los ojos
**8** Conocerás a personas que
**9** No tardarás mucho tiempo
**10** Me harté de vivir en España

**a** pero es una oportunidad muy especial.
**b** en aclimatarte a la nueva cultura.
**c** porque echaría de menos a mi familia.
**d** al resto del mundo.
**e** te ayudará en el futuro.
**f** eres una persona muy tímida.
**g** pero después de unas semanas no tendrás problemas.
**h** porque echaba de menos la lluvia.
**i** acostumbrarte a las diferencias culturales.
**j** te ayudarán a ver el mundo de otra forma.

**8** Lee el texto y apunta los falsos amigos (las palabras en negrita). Escribe lo que significan en inglés.

"Trabajar en el extranjero es, sin duda, una experiencia **emocionante** y **sana** que **recordarás** durante toda tu **larga** vida. Claro, algunas cosas te **molestarán** especialmente si eres una persona muy **sensible**. **Actualmente** hay mucha gente trabajando en otro país. No es difícil **en absoluto**. Es cuestión de considerar este suceso otra oportunidad de muchas donde puedes **realizar** tus sueños. Cuando yo pasé un año en Asturias, tuve que **asistir** a muchas reuniones y **atender** las necesidades de mi familia al mismo tiempo. No fue fácil porque estaba **embarazada**. Un día pedí **sopa** en lugar de jabón en una **droguería**. Fue una experiencia increíble y **pretendo** repetirlo en el futuro."

**9** Traduce las frases al inglés.

**a** Un día emocionante
**b** No me gusta en absoluto.
**c** Mi hermana es muy sensible.
**d** Tengo el pelo largo.
**e** Mi jefe actual se llama Pedro.
**f** Odio la sopa de pollo.
**g** Mi colega me molesta mucho.
**h** Tienes que asistir a la reunión.

**10** Traduce las frases al español.

**a** An exciting job
**b** She doesn't like them at all.
**c** I used to be very sensitive when I was little.
**d** This article is too long.
**e** I don't have a job at the moment.
**f** They don't have soup on the menu.
**g** My brother doesn't bother me much.
**h** I attended the meeting on Tuesday.

## Remate

**11** Write ten questions you would ask a person who is living and working abroad.

**Example:** ¿A qué hora empiezas a trabajar por la mañana?

**12** Imagine that you are living and working abroad. Write an article for a magazine, describing your experiences.

**Example:** Lo más difícil es acostumbrarme al clima.

## Gerunds

Look back at page 142 to revise the gerund.

**1** Look up the correct form of the gerund for these verbs.

> pedir   leer   construir   repetir   dormir
> seguir   morir   caer   sentir   reír   oír   traer

**2** Fill in the blanks with the gerund of one of the verbs from the box below.

a Seguiré ...... el año que viene.
b Está ...... con jornada reducida en una tienda.
c Pasa todo el día ...... en la biblioteca.
d Están ...... una nueva universidad en las afueras de la ciudad.
e La profe está ...... la pregunta porque la alumna no oyó bien lo que dijo.

> construir   trabajar   repetir   estudiar   leer

## Verbs followed by a preposition

Look back at page 147 to revise some of the verbs which take a preposition.

**3** Fill in the blanks with a preposition from the box.

a Tengo la intención ... trabajar en el extranjero.
b No puedes encontrar un buen trabajo ... estudiar mucho.
c Pretendo ir a España ... perfeccionar el español.
d Si haces prácticas laborales, aprenderás ... relacionarte mejor con la gente.
e Muchos jóvenes dejan ... estudiar demasiado pronto.
f Sueño ...... ser futbolista profesional.
g Me gustaría hacerme médica y ayudar ... salvar vidas.
h Voy a tratar ... encontrar un trabajo en otro país.
i Mi padre empezó ... trabajar cuando tenía quince años.

> con   a   de   para   a   sin   de   de   a

---

> **REVISION OF TENSES**
>
> - To help revise tenses you could write out the 1st person singular of the verbs *trabajar*, *aprender* and *vivir* in the following tenses: present, present continuous, preterite, imperfect, imperfect continuous, perfect, pluperfect, future, conditional.
> - You could also prepare revision cards for the following irregular verbs: *poner, poder, venir, tener, querer, ser, estar, traer, decir, dar, ver, saber.*

**4** Write the correct form of the verb. Remember to use clues such as tenses of the other verbs in the sentence/time references etc.

a Cuando era más pequeña, (**querer**) ser enfermera como mi madre.
b Ayer (**ir**) a una conferencia sobre diferentes profesiones y (**hablar**) con mucha gente.
c Cuando llegué a la oficina, las entrevistas (**terminar**).
d Si tuviera los títulos necesarios, (**poder**) solicitar ese trabajo tan estupendo.
e Después de terminar este curso, (**seguir**) estudiando.
f Mis padres me (**prometer**) que si apruebo mis exámenes, me darán un regalo.

## Ser or estar

**5** Fill in the blanks with a part of *ser* or *estar* from the box below. Look carefully at the tense required.

En este momento (1) ... estudiando el bachillerato en el instituto. Mis profesores (2) ... contentos conmigo. (3) ... simpáticos y me hacen trabajar mucho. Cuando (4)... mayor, (5) ... artista porque (6) ... una profesión que siempre me ha parecido interesante. (7) ... una vida un poco difícil, me imagino, porque no se gana mucho y siempre hay que (8) ... trabajando, produciendo nuevos cuadros para vender. Si (9) ... artista, (10) ... la persona más feliz del mundo porque habría realizado mi sueño de toda la vida. Los sueños (11) ... importantes.

> sea   fuera   estoy   son   están
> Será   sería   Son   seré   es   estar

## THE SUBJUNCTIVE

Revise how to form the subjunctive on page 134. Make up a learning card to help you remember the endings.

Remember to use the subjunctive after 'when' or a similar expression when referring to a future event. (*Cuando tenga cincuenta años ...*)

Remember to use the subjunctive in the second part of the sentence **when one person wants another person** to do something. (*Quiero que Juan me haga un favor.*)

Watch out for these irregular subjunctives.

ser – sea, ir – vaya, saber – sepa, haber – haya, dar – dé, estar – esté
*Example:* *Espero que mi primer trabajo* **sea** *estimulante.*

Be careful when translating.
*Mis padres quieren que* **estudie** *mucho.*
*Literal meaning:* My parents want that I study a lot.
*Proper translation:* My parents want me to study a lot.

**6** **Now translate these sentences.**

a Muchas compañías esperan que **tengas** muchas cualificaciones.
b No quiero que mis padres **decidan** mi futuro.
c Cuando **tenga** veinte años, iré a vivir a otro país.

**7** **Now form the subjunctive in these sentences and then translate them.**

a Muchos jóvenes esperan que sus padres les (**ayudar**) con los estudios.
b El banco quiere que sus empleados (**trabajar**) mucho.
c Cuando (**vivir**) en España en el futuro, será maravilloso para mí.

**8** **Match the question with the answer. Look carefully at the tense.**

1 ¿Cuántas veces has visitado España?
2 ¿Hace mucho tiempo que estudias el español?
3 ¿Saliste con tus amigos anoche?
4 ¿Cuándo eras pequeño/a qué hacías los fines de semana?
5 ¿Qué tipo de trabajo harás cuando seas mayor?
6 ¿Trabajas los sábados?
7 ¿Qué sueles hacer los domingos?
8 Cuando termines de estudiar, ¿qué piensas hacer?

a Generalmente, salgo con mis amigos al cine.
b Sí, empecé a estudiarlo cuando tenía once años.

c Creo que trabajaré para una compañía internacional.
d Desafortunadamente nunca he ido.
e No, porque tuve que terminar mis deberes.
f Sí, pero sólo trabajo por la mañana porque tengo que estudiar.
g Pasaré un año viajando por el mundo.
h Iba a visitar a mis abuelos y jugaba al fútbol.

**9** **Find the errors in these passages. There are five mistakes in each passage.**

a Si yo fuera rico, irías a vivir a una país muy exótico cerca de el mar. Pasaría la día tomando el sol y por la noche saliría con mis amigos.
b No se qué quiero hacer en el futuro. Es muy difícil decidir el trabajo que me gustaría hacer por qué hay muchas profesiónes que me gusta.
c Cuando sea mayor, haceré un trabajo muy divertida y ganaré mucha dinero. Las horas no será demasiadas y no tendré que trabajo mucho.

## MORE VERBS WHICH TAKE A PREPOSITION

| | |
|---|---|
| acordarse **de** | to remember |
| acostumbrarse **a** | to get used to |
| cuidar **de** | to take care of |
| negarse **a** | to refuse to |
| tender **a** | to tend to |
| haber **de** | to have to |
| equivocarse **de** | to make a mistake/get the wrong ... |

*Example:*
| | |
|---|---|
| *No me acuerdo de su nombre.* | I don't remember his name. |
| *Me equivoqué de día.* | I got the wrong day. |

**Note:** *pensar*

| | |
|---|---|
| *Estoy pensando seguir con mis estudios.* | I'm thinking of carrying on studying. (**considering**) |
| *Pienso mucho en mi familia.* | I think a lot about my family. (**daydreaming**) |
| *Sabes lo que pienso de eso.* | You know what I think about that. (**opinion**) |

**10** **Translate the following sentences.**

a I got used to living abroad.
b They refused to give me the job.
c I didn't remember to write the letter.
d The salary tends to be good.
e You have to study hard if you want to succeed.
f She used to take care of all the problems.

## TASK: A job interview

You are being interviewed by your teacher. You have applied to work in Spain. You will play the role of the applicant and your teacher will play the role of the interviewer. Your teacher could ask you the following:

- Tell me about yourself – personal information.
- What sort of jobs interest you and why?
- Do you have a part time job at the moment?
- What is your opinion about part time jobs whilst still at school?
- Do you think work experience is a good idea? Why?
- Describe a typical day during your most recent work experience.
- What are you going to do when you leave school?
- !

*(! Remember: at this point, you will have to respond to something you have not prepared.)*

The dialogue will last between 4 and 6 minutes.

### 1 THINK !

**Read the phrases below. Write down any others that you might find useful for the speaking task.**

- [ ] **Personal information:** *la experiencia, edad, nombre, apellido, currículum*
- [ ] **Adjectives:** *dedicado, serio, flexible, curioso*
- [ ] **Verbs:** *emplearse, trabajar con / como / en equipo, usar la imaginación, cometer errores*
- [ ] **Jobs:** *banquero, soldado, político, profesor*
- [ ] **Opinions:** *prefiero ..., me gusta(n) bastante/más ..., odio ..., lo que me gusta es ...*
- [ ] **Giving reasons:** *porque (no) es/son ..., porque es más/menos ...*
- [ ] **Work experience:** *las prácticas laborales*
- [ ] **Personality:** *es muy simpático, es bastante extrovertido*
- [ ] **Preterite tense:** *fui, vi*
- [ ] **Imperfect tense:** *era*
- [ ] **Future intentions:** *voy a + infinitive, tengo la intención de, quisiera, me gustaría*

! *Can you predict what the unexpected question might be?*

Would you like to live in Spain? Why (not)?

**Add to your list any language you would need to answer this question too.**

### 2 PLAN !

- Listen to a model conversation.
- Listen again and note down any phrases you could use or adapt.
  Add these to your list from Step 1.

# ③ ACTION !

Now prepare your answers. Use the bullet points below, and your list of useful words and phrases from Steps 1 and 2, to help you.

**1** Tell me about yourself – personal information

- As well as giving obvious information such as name and age, include some details about yourself such as where you live or brothers and sisters.

Example: ***Pues, vivo en el sudoeste de Inglaterra.***

**2** What sort of jobs interest you and why?

- Choose a job that you feel confident about describing and don't forget to say why you would like it.

Example: ***Me gustaría trabajar en un supermercado porque me encanta hablar con los clientes.***

**3** Do you have a part time job at the moment?

- Remember to add detail – what you do, when/what hours you work and how much you earn.

Example: ***Sí, trabajo en una farmacia los sábados por la mañana y sirvo a los clientes pero no puedo venderles medicamentos.***

**4** What is your opinion about part time jobs whilst still at school?

- Say what you think and remember to give a reason.

Example: ***Me parece muy importante trabajar un poco pero no es buena idea si trabajas muchas horas porque también hay que estudiar.***

**5** Do you think work experience is a good idea? Why?

Example: ***En mi opinión es necesario porque tenemos que saber algo del mundo del trabajo antes de acabar el colegio.***

**6** Describe a typical day during your most recent work experience.

- Remember to use tenses correctly. You will need the preterite and possibly the imperfect tenses.

Example: ***Primero tuve que preparar el café y después fui a hablar con el jefe.***

**7** What are you going to do when you leave school?

- Remember to use the immediate future tense to say what you are going to do.
- Mention two or three things that you will do.

Example: ***Voy a seguir estudiando porque me gustaría ser abogado. Iré a la universidad y después buscaré un trabajo en el extranjero.***

**! Your answer to the unexpected question could be:**
*Sí, me encantaría vivir en España porque hace buen tiempo y me gusta la comida española.*

## Grade Target

**To reach Grade C, you need to:**
- use adjectives correctly – *agua fresca, un horario fijo*.
- use the main tenses correctly. When did you use the present tense, the preterite and the immediate future?
- remember to speak clearly and with a good accent.

**To aim higher than a C, you need to:**
- use a greater variety of tenses, e.g. use the imperfect as well as the preterite to describe your work experience.
- create longer, more complex sentences using *cuando*, *donde* or *que*.
- use other persons of the verb, not just the 'I' form: *hay que*, *tenemos que*.

**To aim for an A or A\*, you could:**
- use less common connectives and include negatives to create complex sentences, e.g. *Sin embargo me parece buena idea*.
- use the superlative: *Lo más/ menos interesante es ...*

## TASK: My perfect gap year in a Spanish-speaking country

You decide to enter a competition for the chance of winning a 'perfect gap year experience in a Spanish-speaking country'. You have to write a letter of application with your ideas and your preferences. You could include:

- A description of what you consider would be a perfect gap year experience
- Your opinion of the worth of a gap year
- What motivated you to apply and your background
- What you know about different lifestyles and customs
- Your plans for next year
- Why you think you would be a worthy winner of the competition

(Remember: in order to score the highest marks, you must answer each task fully, developing your answers where it is appropriate to do so.)

### 1 THINK !

**Start by noting down a few key facts, such as those below.**

1 gap year: *ir al extranjero, los países, viajar, conocer, aprender otro idioma*

2 work experience: *trabajar en/como, preferir trabajar al aire libre/en una oficina/ con niños*

3 opinions: *en mi opinión ..., pienso que ...*

4 likes: *me gustaría, me fascinaría, me interesaría, me encantaría, preferiría*

5 future jobs: *informático, abogado, fotógrafo*

6 giving reasons: *porque (no) es/son/sería ..., porque es más/menos ...*

7 personal information: *una persona flexible/seria*

8 tenses: preterite, imperfect and immediate future

### 2 PLAN !

- **Read the model text.**

Estimados señores

Como pueden ver en mi currículum, acabo de terminar mis estudios en un instituto de Inglaterra y ahora me gustaría conocer más de la vida en el extranjero antes de comenzar mis estudios superiores.

Quisiera poder practicar el español porque llevo cinco años estudiando el idioma y ahora creo que es importante vivir en un país donde se habla para perfeccionar la lengua.

Lo ideal sería trabajar en un pueblo o barrio de una ciudad donde no haya mucha gente que sepa hablar inglés. Me interesa trabajar con niños y enseñarles mi idioma. Además me encanta la música y creo que a través de la música podremos comunicarnos muy bien. He oído hablar de la Orquesta Juvenil de Venezuela, que ayuda a los niños pobres a aprender tocando en grupos.

Me parece que vivir un año con ellos sería una experiencia inolvidable. Me enseñará muchas cosas y me abrirá los ojos a un mundo muy diferente al mío. En mi opinión el valor de pasar un año en el extranjero es que no sólo te acostumbras a las diferencias culturales sino que además empiezas a apreciar lo que tienes.

El próximo año tengo la intención de seguir estudiando español. Considero que soy el candidato ideal porque tengo gran interés por la música y si puedo viajar a Latinoamérica entonces sería para mí una experiencia emocionante que recordaría durante toda la vida.

Quedo de ustedes
Atentamente

- Read the text again and note down the tenses, pronouns and adjectives, etc. that the writer uses. Add these to your list from Step 1.

## 3 ACTION !

Now prepare what you will write. Use the bullet points below to help you and use your list of useful words and phrases from Steps 1 and 2. Aim to write about 200 words.

Write a plan. Jot down two or three words for each bullet point in the question.
- **Remember not to spend too much time on your plan.**
- **Try to include every bullet point in the question.**

**1** A description of what you consider would be a perfect gap year experience

- Have you used the infinitive after *me encantaría*?
- Have you tried to make a longer sentence?

Example: ***Me encantaría viajar a un país lejano y conocer bien el país y a la gente, además de hacer algo útil y práctico allí.***

**2** Your opinion of the worth of a gap year

- As well as giving your opinion, give a reason for it (*porque (no) será/sería...*).

Example: ***En mi opinión me ayudará a decidir lo que quiero hacer en el futuro porque me ayudará a entender el mundo real.***

**3** What motivated you to apply and your background

- Remember to use the preterite for completed actions and the imperfect to describe repeated actions in the past.

Example: ***Desde muy joven aprendí a respetar las culturas ajenas. Vivíamos en un barrio donde había mucha gente de todas las partes del mundo.***

**4** What you know about different lifestyles and customs

- Try to justify the examples you give.

Example: ***Me encanta probar diferentes platos de comida. Aprecio las costumbres de mis vecinos cuando celebran sus fiestas religiosas.***

**5** Your plans for next year

- Remember to use the immediate future or the future tense.

Example: ***Voy a trabajar y ahorrar el dinero porque tengo la intención de viajar. Iré a Latinoamérica y visitaré las ruinas de Machu Picchu.***

**6** Why you think you would be a worthy winner of the competition

- Give more than one reason.

Example: ***Pienso que soy la persona ideal porque soy curiosa y me encanta aprender y ver cosas nuevas. Además soy seria y disciplinada.***

### Grade Target

| To reach Grade C, you need to: | To aim higher than a C, you need to: | To aim for an A or A*, you could: |
| --- | --- | --- |
| • **use tenses correctly** – the **present tense** to say what you know about different lifestyles the **preterite tense** to say what motivated you the **immediate future** to say what you plan to do next year<br>• **give opinions** and justify them. | • use different forms of the verb in different tenses: *me ayudará a decidir, vivíamos en un barrio ...*<br>• use longer, more complex sentences: *cuando era joven vivíamos en ...* | • use the conditional to talk about what you would prefer to do: *preferiría ir ..., me gustaría, iría a ...*<br>• use the subjunctive after *cuando* – *cuando tenga veinte años.* |

## Cómo prepararte para el futuro (pp. 138–139)

| | |
|---|---|
| aprovechar | to make the most of |
| conseguir | to obtain/manage |
| correr riesgos | to take risks |
| discutir | to argue/debate |
| experimentar | to experience |
| hacerse | to become |
| solicitar | to apply for |
| satisfacer | to satisfy |
| el contable | accountant |
| la receta | recipe |
| el reportaje | report |
| el tema | topic/theme |
| emocionante | exciting |
| enriquecedor(a) | enriching |
| inquisitivo/a | curious |
| maravilloso/a | marvellous |
| satisfecho/a | satisfied |
| me chifla | I'm mad about |
| jornada completa | full time |
| media jornada | part time |

## Cómo adquerir experiencia laboral (pp. 140–141)

| | |
|---|---|
| apreciar | to appreciate |
| cometer errores | to make mistakes |
| ganarse la vida | to earn a living |
| merecer la pena | to be worth it |
| el beneficio | benefit |
| la fábrica | factory |
| un montón | lots |
| el negocio | business |
| las prácticas laborales | work experience |
| desastroso/a | disastrous |
| inolvidable | unforgettable |
| maduro/a | mature |
| de hecho | in fact |
| dentro de | within |
| sin embargo | however |

## Cómo evaluar diferentes empleos (pp. 142–143)

| | |
|---|---|
| asegurarse de | to make sure |
| consistir en | to consist of |
| diseñar | to design |
| esforzarse | to make an effort |
| hacer falta | to need |
| independizarse | to become independent |
| marcharse de casa | to leave home |
| meter la pata | to put your foot in it |
| tener confianza | to be confident |

| | |
|---|---|
| el albañil | builder/bricklayer |
| el aprendizaje | apprenticeship |
| la carrera universitaria | university degree |
| el cirujano | surgeon |
| el diseñador | designer |
| la empresa | company |
| el fontanero | plumber |
| la niñera | child minder/nanny |
| el periodismo | journalism |
| los títulos | qualifications |

## Cómo solicitar un trabajo (pp. 144–145)

| | |
|---|---|
| caerse | to fall over |
| contar mentiras | to tell lies |
| enfrentarse con | to face up to |
| entrevistar | to interview |
| juntarse con | to meet up with |
| volverse loco | to go mad |
| la ansiedad | anxiety |
| el aparato | equipment |
| la carta de solicitud | letter of application |
| el empleado | employee |
| el empleo | job/employment |
| la entrevista | interview |
| la fluidez | fluency |
| la tarea | task |
| la temporada | period of time |
| los turnos nocturnos | night shifts |
| el varón | male |
| fiable | reliable |
| imprescindible | essential |

## Cómo expandir tus horizontes (pp. 146–147)

| | |
|---|---|
| acostumbrarse a | to get used to |
| aguantar | to put up with |
| darse cuenta de | to realise |
| desaparecer | to disappear |
| echar de menos | to miss |
| hacer un esfuerzo | to make an effort |
| mejorar | to improve |
| perder | to miss out on |
| valer | to be of use |
| la mayoría de | the majority of |
| el pulpo | octopus |
| el reto | challenge |
| insoportable | unbearable |
| valiente | brave |
| al principio | at first |
| me costó mucho | I found it hard |

**1** Listen and answer in English. What do these four people eat, drink and do to stay healthy? Copy and complete the grid.

| Name | Food | Drink | Exercise |
|------|------|-------|----------|
|      |      |       |          |

## Deporte

El deporte de BMX comienza hoy en las Olimpiadas de Beijing. Como nunca ha participado antes, todos nos preguntamos ¿Cómo es este deporte? ¡Aquí un experto nos lo explica!

### La carrera

Las carreras van por circuitos llenos de saltos y esquinas difíciles. Los corredores salen en grupos de ocho de una colina alta hacia los saltos.

### La técnica básica

Es uno de los deportes más técnicos que hay – se necesita mucha precisión al colocar la bici sobre el salto. Hay unos tres o cuatro centímetros donde es preciso aterrizar. Si te equivocas, te caes – y es el final de la carrera.

### La bici

La bicicleta es de aluminio con un solo freno atrás y un solo cambio de velocidad. También la silla es más baja de lo normal porque es importante no golpearse al saltar.

### El comienzo

Como en todas las carreras rápidas, esto es lo más importante. Hay que salir el primero y con fuerza para no quedarse atrapado entre los demás ciclistas.

**2** Read the text and answer the questions in English.

**a** What is special about this sport?
**b** How many competitors are there in each group?
**c** Why is it so important to be precise in your basic technique?
**d** Mention two important features of the BMX bike.
**e** What is important about the start?

**1** Listen and answer in English. What did each person eat or drink yesterday and why? Match up the two halves to make sentences.

| | | | |
|---|---|---|---|
| **1** | I didn't eat anything | **a** | because I need energy. |
| **2** | I ate fruit and salad | **b** | because they're healthy. |
| **3** | I ate three hamburgers | **c** | because my father gave it to me. |
| **4** | I ate a lot of fruit | **d** | because I'm on a diet. |
| **5** | I ate spaghetti | **e** | because it does me no harm. |
| **6** | I ate spinach | **f** | because it contains a lot of vitamins. |
| **7** | I drank a litre of water | **g** | because it's the healthiest drink. |
| **8** | My brother ate carrots | **h** | because I want to keep fit. |

**1** Nació en Manacor (Mallorca) el tres de junio de 1986 y practica el tenis desde los cuatro años. Juega igualmente bien al fútbol pero a los doce años su padre insiste en que decida cuál de los deportes prefiere seguir porque no quiere que deje de estudiar en el colegio.

**2** Es sobrino del futbolista Miguel Angel Nadal, ex jugador del Barça y del Real Mallorca y que jugó en el equipo nacional de España. Pero es su tío Toni, también tenista profesional, quien le entrena y cuida de sus intereses y en 2002 debutó en el circuito profesional a los 15 años. Su despegue se produce en 2004 en la Copa Davis.

**3** Pesa 85 kilos y mide 185 cm y con razón ha ganado el apodo del torito español. Al jugar es zurdo aunque normalmente hace todo con la mano derecha. La única lesión grave que ha sufrido fue en 2004 cuando fracturó el tobillo izquierdo.

**4** Hasta ahora sus triunfos incluyen cuatro veces consecutivas ganador del Abierto Francés de Roland Garros, Wimbledon y una medalla de oro olímpica. Uno de los partidos más divertidos fue en julio de 2007 cuando hubo la Batalla de los Superficies en Mallorca contra su rival Federer – la mitad en césped y la otra mitad en tierra dura. Ganó nuestro campeón.

**2** Read the text and answer the questions in English.

**1** In which paragraph can you find the answers to these questions?

  **a** Which is the most entertaining game Rafael Nadal has played?
  **b** What injury did he suffer?
  **c** Who made him choose his sporting career?
  **d** How old was he when he won his first professional tournament?

**2** Are these statements true, false or not mentioned?

  **a** His career took off after the Davis Cup win.
  **b** Rafa fractured his left shoulder.
  **c** His uncle Toni was a tennis player.
  **d** Rafa left school at fifteen.
  **e** Carlos Moya was Rafa's idol.

**1**  Listen and answer in English.

**1**  Indicate whether the following statements are true or false.

Person A's best friend:
**a**  is impatient.
**b**  doesn't like animals.
**c**  likes all his friends.
**d**  is hardworking.
**e**  is called Alberto.

**2**  Choose the correct option.

The individual Person B doesn't like:
**a**  is shy / extrovert.
**b**  prefers sport / school work.
**c**  is hardworking / lazy.
**d**  plays the flute / the guitar.
**e**  is her older / younger brother.

**Mi pareja ideal**

Mi pareja ideal tiene una cara ovalada con ojos bien oscuros y la nariz pequeña. Además tiene el pelo largo y muy rizado. Mide un metro sesenta y seis y le gusta el deporte, sobre todo la natación.

Sus mejores cualidades son que es inteligente y muy buen estudiante. No busco la perfección en una persona pero no me gustan los defectos graves tampoco. Tiene que llevarse bien con mi familia porque les quiero mucho. Mis hermanos son alegres, de modo que si se parece a ellos ¡vamos a parlo bien!

Nos encanta salir a divertirnos y vamos a menudo al cine porque somos unos fanáticos de las películas de terror.

**2**  Read the text and answer the questions in English.

Choose the correct answer.

My ideal partner:
**a**  has a small nose and big eyes / long hair and a small nose / long hair and blue eyes.
**b**  enjoys playing tennis / no kind of sport / swimming.
**c**  works hard / gets good marks at school / doesn't like school.
**d**  loves his own family / loves his brothers / gets on well with my family.
**e**  enjoys romantic films / going to the disco / having a good time.

**1**  **Listen and answer the questions in English.**

**1** Martin went to stay in

   **a** Cádiz
   **b** Marbella
   **c** Jerez

**2** How many people were there in the family?

   **a** six
   **b** three
   **c** four

**3** Martin's exchange partner was

   **a** younger than him
   **b** older than him
   **c** the same age as he was

**4** Martin found that

   **a** they didn't eat a lot for breakfast
   **b** they didn't have meals together
   **c** mealtimes weren't important

**5** Martin

   **a** was unhappy during his stay
   **b** was always hungry in the morning
   **c** went to school for morning lessons

En la comida siempre había pan, y Ángela cocinaba muy bien y siempre había por lo menos dos platos y el postre. Yo siempre estaba lleno después de la sopa, no estoy acostumbrado a comer tanto al mediodía. Fran y yo tomábamos algo a las cinco de la tarde, un bocadillo o algo ligero, porque luego la cena no era hasta las diez de la noche. Creo que engordé mucho en España – ¡no paraba de comer!

Pero lo que más me llamó la atención fue 'el botellón'. Los jóvenes llaman así al acto de reunirse por la noche en las plazas de la ciudad para beber alcohol con sus amigos. Como es muy caro comprar el alcohol en los bares, la mayoría de los chicos lo compran en los supermercados y más tarde se reúnen en la plaza y beben y hablan en grupos. Al final de la noche, las plazas están sucias y llenas de cristales y de botellas vacías, y hay siempre mucho ruido. Tiene que ser horrible para los vecinos. ¡En Inglaterra habría muchas quejas!

¡Pero Fran consideraba el botellón algo normal!

Un saludo

Martin

**2** **Read the text and answer the questions in English.**

   **a** What did meals consist of?
   **b** What was Martin's reaction to the food?
   **c** At what time was the last meal of the day?
   **d** What really surprised him a lot about young Spanish people?
   **e** Describe what they do.
   **f** Why do they do this?
   **g** What is Martin's opinion?
   **h** What does Fran think of this?

**1** 🎧 Listen to the information about the celebrities and fill in the grid in English.

|  | Profession | Date of birth | Country | Other |
|---|---|---|---|---|
| Raquel del Rosario |  |  |  |  |
| Gael García Bernal |  |  |  |  |
| Salma Hayek |  |  |  |  |
| Pedro Almodóvar |  |  |  |  |

**2** 📖 Read the newspaper articles and answer the questions in English. Who ...

**a** plays lots of different roles?
**b** is keen to help those less fortunate?
**c** has worked in television?
**d** has more experience in his profession?
**e** is a campaigner?
**f** is a family man?

## Javier Bardem, nuestro ganador del Oscar

Javier Bardem ha trabajado en series y en películas en España, pero ahora es internacionalmente famoso gracias a su papel en *No es país para viejos* de los hermanos Cohen.

Al empezar su carrera los críticos pensaban que iba a hacer siempre el mismo papel, pero Javier tiene talento para representar a todo tipo de personajes. Antes de ser el tetrapléjico Ramón Sampedro representó al poeta cubano Reynaldo Arenas y últimamente ha ganado el Oscar al mejor actor.

Sin embargo, Javier es un chico sencillo y, cuando no tiene que filmar, pasa el tiempo ayudando en el restaurante familiar, 'La Bardemcilla'.

## Juanes inaugura el Parque Juanes de la Paz

El cantante colombiano más famoso tiene un nuevo proyecto …

Juanes es un hombre dedicado a su música, a su mujer y a sus dos hijas, pero ha utilizado su fama también para ayudar a los demás, creando la fundación 'Mi sangre' contra las minas antipersona. Ahora acaba de fundar el Parque Juanes de la Paz para ayudar a la rehabilitación de minusválidos. Después de inaugurar el parque, Juanes volverá a su gira por España.

**1** Read the quiz then listen to the students talking about it and answer the questions in English.

## ¿Estás en la onda?

**1 ¿Te gusta vestirte de**
a  ropa llamativa de última moda?
b  vaqueros cómodos con camiseta normal?
c  ropa clásica que no pasa de moda?

**2 ¿Pasas horas**
a  en línea o Skype hablando con amigos?
b  a solas jugando con el Xbox?
c  navegando Internet investigando deberes?

**3 ¿Si tienes dinero en el bolsillo**
a  lo gastas en libros?
b  lo economizas?
c  compras algo que te llame la atención?

**4 ¿Los fines de semana te gusta**
a  salir a comer o entretenerte?
b  salir en grupo a hacer el botellón?
c  ir a casa de un amigo a charlar?

**5 ¿Crees que lo más importante es**
a  estar al tanto con los amigos?
b  ser original y destacarse del grupo?
c  sentirse bien y cultivar sus propios intereses?

**6 ¿Te fascina seguir los nuevos estilos**
a  de vez en cuando?
b  en seguida?
c  rara vez?

**1** Listen and indicate which of questions 1–6 is the topic of conversation.

**2** Listen a second time and indicate if the statements are true or false.
a  Silvana always likes to wear jeans and T-shirts.
b  Alejandro spends hours doing his homework using the internet.
c  Alejandro likes to drink with his friends.
d  Silvana is always a keen follower of fashion.
e  Silvana saves her money.
f  Alejandro spends all his money on books.

**2** Read Juanita's email and indicate which of the questions in the quiz she answers. Write down her answers for each one.

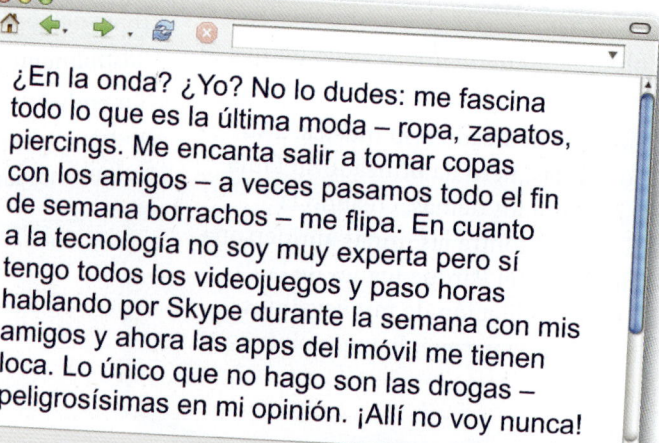

¿En la onda? ¿Yo? No lo dudes: me fascina todo lo que es la última moda – ropa, zapatos, piercings. Me encanta salir a tomar copas con los amigos – a veces pasamos todo el fin de semana borrachos – me flipa. En cuanto a la tecnología no soy muy experta pero sí tengo todos los videojuegos y paso horas hablando por Skype durante la semana con mis amigos y ahora las apps del imóvil me tienen loca. Lo único que no hago son las drogas – peligrosísimas en mi opinión. ¡Allí no voy nunca!

**1** 🎧 Listen and answer the questions in English.

**a** How long do Spanish students have for holidays?
**b** What is the first thing Juan does?
**c** What does he do there?
**d** How long has he been going there?
**e** Does he like it?
**f** Why does he have to stay at home after that?
**g** What has he got to do this year?

**2** 📖 Read the text and answer the questions in English.

**1** Why do so many people go on holiday in August in Spain?
**2** Who does Lucía go on holiday with?
**3** Do many Spanish people go abroad for their holidays? Why/why not?
**4** Which of these activities does she mention?
**5** What does the family do in the evenings?
**6** What's so bad about September?

En agosto todos vamos al apartamento de la costa: mis padres, mis tíos, mis primos … porque aquí muchos comercios y fábricas cierran durante todo el mes así que todo el mundo está de vacaciones. En España no hay mucha tradición de viajar al extranjero porque no hay dinero, pero en Torrembarra lo pasamos bien: por la mañana vamos a la playa y por las tardes – después de la siesta tradicional – hacemos alguna actividad como montar a caballo, karting, ir de compras, alquilar motos acuáticas o jugar un partido de voleibol o fútbol. Después de cenar salimos a pasear toda la familia, llevamos al perro a correr por la playa (¡a veces nos bañamos de noche! ;-) ) o jugamos a cartas o juegos de mesa hasta la madrugada.

Y en septiembre … bueno, a empollar para los exámenes, hacer todos los deberes … ¡Qué aburrido, odio septiembre! :_ (

Un abrazo

Lucía

**1** 🎧 Listen and complete the sentences in English.

a  Patagonia is …

b  Juan Carlos travelled to Ushuaia by …

c  He had never seen …

d  He stayed in simple hotels because …

e  Calafate is a city where …

f  He wouldn't like to live in Calafate because …

g  He can't go to the beach because …

h  Esquel is in …

**2** 📖 Read the text and answer the questions in English.

a  What caused the writer to feel unwell in Cuzco?

b  Where is she on the Friday when she writes?

c  What does she say they will do in the jungle?

d  What was the weather like in the jungle?

e  Why was she afraid?

f  What problem did she have in La Paz?

g  What does she say about the Andes?

h  What is special about the last hotel?

i  Did she enjoy her holiday? How do you know?

---

**Cuzco (Perú), miércoles 17 de abril**

Ayer – día largo pero agradable. Volamos desde Lima a la ciudad de Cuzco. Está situada a 3.400 metros por encima del nivel del mar y la falta de oxígeno a esta altitud te hace sentir mal y da mareo. Por esto tomamos té de coca para aliviar el malestar.

**Río Tambopata (Perú), viernes 19 de abril**

El vuelo de Cuzco a Puerto Maldonado es muy corto y la vista desde el avión era increíble. La selva amazónica es todavía más impresionante de lo que había imaginado. Aquí vamos a dormir en hamacas al aire libre y vamos a pescar pirañas pero el calor y la humedad son casi insoportables. Pasé un poco de miedo porque hay animales y bichos raros y enormes en todas partes.

**La Paz (Bolivia), jueves 25 de abril**

Aquí en una de las ciudades más densamente pobladas del mundo hay muchas tiendas y todo es muy barato. ¡Qué problema! Ya no puedo comprar más porque mi mochila ya pesa demasiado y no quiero tener problemas en la aduana de regreso a Madrid.

**Salar de Uyuni (Bolivia), martes 30 de abril**

Es una experiencia muy extraña ver tanto paisaje blanco que parece nieve pero no la es – es sal. Hasta nuestro hotel está hecho de sal – la mesa, las camas, todo, y es uno de los mayores productores de sal de todo el mundo.

¡Estas son las mejores seis semanas de mi vida! No quiero volver a casa. Me encanta descubrir las diferencias culturales, me encanta la comida, y los Andes son majestuosos, nada que ver con los Pirineos – los Andes son diez veces más grandes.

**1** 🎧 Listen to Delia describing her local area and answer the questions in English.

**1** Which **four** of these are mentioned?
**2** What doesn't she like about the area?
**3** How does this make her feel?
**4** What does she plan to do about this?

E

G

C

F

A

D

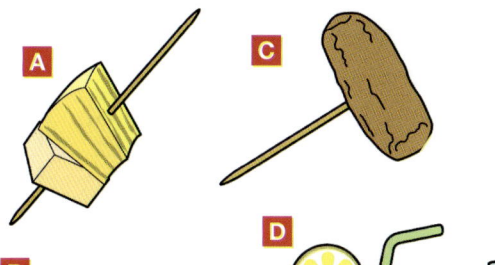

B

**2** 📖 Read the email from Vincent and answer the questions in English.

**a** Who is the party for?
**b** Which of these things to eat and drink will there be?

Santiago,

¿Sabes qué? Voy a organizar una fiesta para tus alumnos cuando vengáis aquí de intercambio. Realmente, no sé qué hacer. Puedo preparar algo de comer – cubos de piña y queso en palillos, o pequeños pasteles de cereales y chocolate. Creo que compraré unas botellas de limonada y agua mineral. Podemos hacer juegos típicamente ingleses como las estatuas o los leones dormidos. Los alumnos deben conocer esos juegos como parte de su experiencia de estar en Inglaterra. Después si traigo mi guitarra, puedo tocar unas canciones tradicionales y los alumnos pueden cantar.

¿Qué te parece?

Vincent

A

C

B

D

E

F    G

H

**c** What games are they going to play and why?
**d** What else does he propose to do at the party?

**1** 🏃 Listen to this advert for tourism in Benissa and answer the questions in English.

  **1** Where is Benissa?
    **a** Near Barcelona.
    **b** South of Valencia.
    **c** Between Valencia and Alicante.

  **2** Which three aspects of the town are mentioned?
    **a** beach
    **b** safari park
    **c** mountains
    **d** museums
    **e** historical centre

  **3** Which of the following activities are mentioned?
    **a** skiing
    **b** mountain biking
    **c** horse riding
    **d** snorkelling
    **e** skateboarding
    **f** rock climbing

  **4** Where can you stay?

  **5** What facilities does it have? Name two.

**2** 📖 Read the text and answer the questions in English.

  **a** Why doesn't the writer have a garden?
  **b** Is there a cinema near where he lives?
  **c** Where does he sometimes go with his friends?
  **d** What would he like to have near his house?
  **e** What happens when young people have nothing to do?
  **f** Where would he like to live, and why?

Donde vivo no hay jardín porque vivo en un apartamento. Cuando quiero ver a mis amigos para hablar o para jugar al fútbol, tenemos que ir a la calle. Hay algunas tiendas, pero si quiero ir al cine tengo que ir al centro en autobús. A veces vamos a tomar un refresco en el café que está en la esquina. Me gustaría tener un parque en mi barrio porque me parece que los jóvenes necesitamos tener lugares de recreo fuera de casa. Si no, hay jóvenes que van a empezar a causar problemas porque se aburren. No se puede estar todo el día en casa viendo la televisión. Me gustaría vivir más cerca del centro de la ciudad para ir a pie a las grandes tiendas o a pasearme por el río. Mi ciudad es preciosa, pero no donde yo vivo.

# 3B Escuchar y Leer: Foundation

**1** Listen to this discussion in which people say what they do to help the environment. Copy and complete the grid. Write the correct letters against each name and add a tick or a cross according to whether they do or don't do it.

| Name | Action | ✓ / ✗ |
|---|---|---|
| María | | |
| Tomás | | |
| Roberto | | |
| Veronica | | |
| Enrique | | |
| Lucía | | |

**A** recycles magazines and newspapers
**B** reuses plastic bags
**C** writes on recycled paper
**D** composts leftover food
**E** walks to school
**F** reuses old T-shirts
**G** shreds old paper
**H** turns off the tap when cleaning teeth
**I** switches out the lights as leaves the classroom

**2** Read the email from Santiago about the environmental projects in his school and complete the sentences in English.

**a** Everyone has to …
**b** There are large bins for different types of …
**c** They even have to recycle …
**d** In art classes students are encouraged to use …
**e** Round the playground they have also …
**f** Each class has to …
**g** At first students were …
**h** They all agree that …

Bueno, te cuento que en mi colegio todos tenemos que hacer el reciclaje. Hay cubos enormes para recoger latas, papeles y cartón, cosas plásticas – hasta para ropa y zapatos usados. Cada semana llega un camión enorme y vacia los cubos y lleva el contenido al centro de reciclaje.

En clases de arte usamos materiales reciclados para hacer obras y afiches para enseñar a los estudiantes menores lo que significa reciclar y proteger el medio ambiente. También hemos plantado muchos árboles alrededor del patio de recreo y todos vigilamos que los respeten. Además cada curso tiene una agenda para limpiar el patio y varios sectores del instituto. Al principio nadie quería participar pero ahora cuando ven que el colegio es tan bonito y limpio todos están de acuerdo que sí vale la pena.

**1**  Listen to this interview with young Spanish people about the environment. Match each of opinions a–e with a name.

Javier   Maritere   Pedro   Alfonso   Mayita

**a** It's an impossible struggle.
**b** I don't like militant people.
**c** There is so much waste in the world.
**d** Big business doesn't take the problem seriously.
**e** Each one of us must do our bit.

Refugio Nacional

## Diario de un voluntario en un refugio de animales

**1** Al llegar al Refugio la primera cosa que tengo que hacer es cambiar el agua de todos los animales y claro me encanta saludarlos y saber que todo está bien. Trato de no tener favoritos pero es difícil porque siempre hay unos animales más obedientes que otros y todos están en el Refugio porque los han abandonado o maltratado o ya no los quieren tener en casa.

**2** Esta mañana hay dos gatitos muy tristes porque su madre no se encuentra por ningún lado. Voy a llevarlos a mi casa esta noche porque son demasiado pequeñitos y no quiero dejarlos solos toda la noche aquí en el Refugio.

**3** Normalmente saco a los perros de cuatro en cuatro a pasear por el parque cercano. Es importante educarlos a estar entre gente desconocida porque luego cuando encontramos a una persona que los quiere adoptar tienen que respetar y llevarse bien con la familia o los amigos de esa persona.

**4** Lo que menos me gusta de mi trabajo es la hora de decir adiós a los animales y cuando tengo que encerrarlos a todos en sus casas y jaulas por la noche. Hay un guardián que cuida el santuario de noche. Lo que me encanta al salir es el grito del loro que siempre se despide de mí con un "hasta mañana fea – hasta mañana linda".

**2** Read the text and answer the questions in English.
  **a** What is the first thing the volunteer does and why?
  **b** How do we know that the volunteer is a caring person?
  **c** What do we learn about the animals in the Refuge?
  **d** What happened this morning in particular?
  **e** Why is it important to take the dogs out?
  **f** What is the least favourite moment in the day?
  **g** What makes this better?

# 4A Escuchar y Leer: Foundation

**1** Listen to Amalia describing her typical day at school and answer the questions in English.

1 Which of these classes does she have on Thursday?

 a Geography
 b Science
 c Drama
 d Art
 e French
 f Sport

2 How does she think she is doing in Science?
3 Which is her least favourite subject?
4 What does she do after school?
5 What does she think about her school uniform?

**2** Read the blogs and identify the people. Write R (Roberto), M (Mariana) or R+M (Roberto + Mariana).

Who ...
a has been at the school longer?
b likes watching films?
c loves dancing?
d lives farther away from the school?
e has a pet?
f would probably like to go back to Oxford?

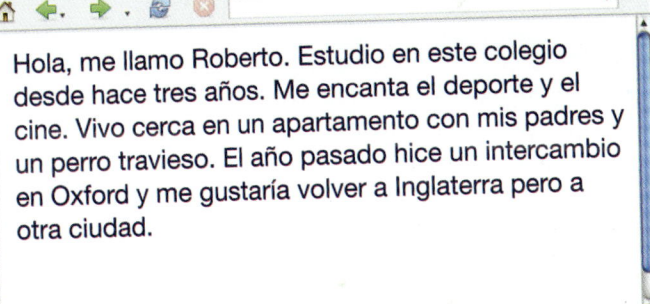

Hola, me llamo Roberto. Estudio en este colegio desde hace tres años. Me encanta el deporte y el cine. Vivo cerca en un apartamento con mis padres y un perro travieso. El año pasado hice un intercambio en Oxford y me gustaría volver a Inglaterra pero a otra ciudad.

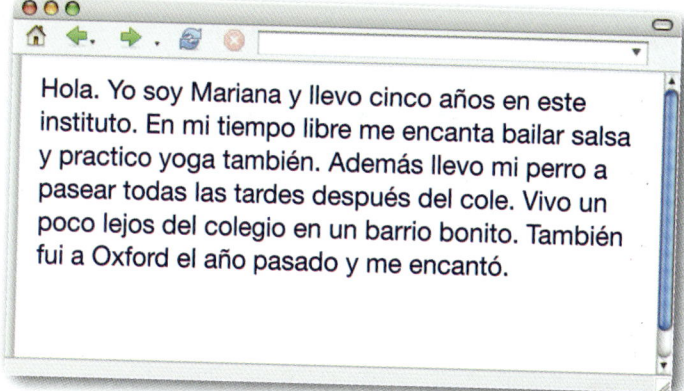

Hola. Yo soy Mariana y llevo cinco años en este instituto. En mi tiempo libre me encanta bailar salsa y practico yoga también. Además llevo mi perro a pasear todas las tardes después del cole. Vivo un poco lejos del colegio en un barrio bonito. También fui a Oxford el año pasado y me encantó.

**1** Listen to the students discussing their school uniform and match the opinions with the items.

1 It's practical.
2 It's uncomfortable.
3 It looks ridiculous.
4 It's ugly.
5 They're comfortable.
6 It's quite elegant.

### Marta

Ya sé que los deberes son obligatorios pero son muchas horas que tengo que estudiar en casa y con mis partidos es muy difícil combinarlo todo, pero no puedo decepcionar al equipo. Bueno, y está claro, tampoco puedo decepcionar a mis padres.

### Felipe

A veces me parece que no hay mucha igualdad y pienso que la actitud de los profesores hacia los chicos no es igual que hacia las chicas. Tradicionalmente los chicos causan más problemas y me parece que por esa razón automáticamente reciben menos respeto y menos oportunidades, y con todas las políticas de oportunidades iguales en el mundo laboral me sorprende que todavía sea así en los institutos.

### Abdullah

Algunas clases son verdaderamente aburridas pero me divierto mucho en las clases de ciencias porque al profesor le gusta probar cosas nuevas fuera de lo normal, así que las actividades y algunos de nuestros experimentos son muy interesantes. Espero que cuando haga mi carrera los profesores sean tan innovadores como mi profesor de ciencias.

### Pablo

Hay muchos problemas de disciplina en los colegios y con la desaparición de la familia tradicional todavía más. Me parece que se respetan demasiado los derechos de los estudiantes y los profesores casi no tienen derechos. Apenas se permite castigar a los alumnos cuando no se comportan bien, además ellos saben que los profesores no pueden cumplir sus amenazas.

### Mireia

Creo que es necesario tener normas para conseguir un cierto nivel de armonía. Las normas que tenemos aquí son útiles y no es nada difícil entenderlas y seguirlas aunque está claro que siempre habrá aquellos que son inconformistas y luchan por luchar, nada más.

**2a** Read the text and answer the questions in English.

a Who wants to go to university?
b Who thinks that divorce and family breakdown lead to behavioural problems?
c Who mentions discrimination?
d Who doesn't seem very rebellious?
e Who is sporty?

**2b** Read the text again and answer the questions.

a What is Marta worried about?
b What does Felipe complain about?
c What does Abdullah think of his science teacher?
d Why has bad behaviour among pupils increased, in Pablo's opinion?
e Do you think Mireia is a good student? Why?

**1** Listen to these students talking about what they want to do in the future. Choose the correct letter for each one.

Susana
Leonardo
Vicente
Teresa
Felipe
Juana

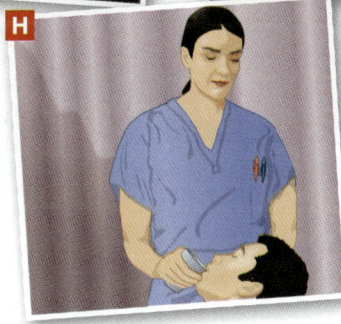

**2** Read the descriptions and choose the appropriate job.

**a** doctor
**b** fisherman
**c** postman
**d** baker
**e** journalist

**1** Trabajo en una clínica. Cuido a la gente enferma. Llevo un uniforme blanco.

**2** Trabajo en Correos. Llevo las cartas a las casas. Llevo un uniforme gris.

**3** Me levanto muy temprano para preparar la masa y confecciones.

**5** Salgo en mi barco por la noche y regreso a casa temprano.

**4** Necesito un casete y micrófono para mi trabajo. También escribo bastante.

**1** Listen to this young Spanish student's account of his exchange visit to England. Decide whether the following statements are true or false.

**1 a** He stayed with a large family.
  **b** He visited lots of interesting places.
  **c** He travelled with a group from his school.
  **d** He stayed a whole month there.
  **e** He went to school every day.

**2** Name one difference that he noticed and liked.

**3** Name one that he didn't like.

**¿Te han gustado tus prácticas laborales, Victoria?**

Pues sí, pero no porque me gustó el trabajo sino porque había tantas personas interesantes con quienes podía charlar y cambiar de ideas.

**¿Qué tal lo pasaste en clase?**

Bueno, ni bien ni mal; los estudiantes me parecían bastante traviesos y por eso no sé si me gustaría volver a este instituto.

**¿Qué planes tienes para el futuro?**

Claro, me gustaría seguir estudiando y creo que seguiré con mis planes de buscar un empleo en la enseñanza pero con chicos más jóvenes; los adolescentes son problemáticos, me parece.

**¿Qué tal tú, Enrique? ¿Cómo te fue?**

Bueno, me fue más o menos bien; lo que me hartaba fue el horario tan largo. Tuve que comenzar a las ocho de la mañana y como vivo lejos me tocaba levantarme muy temprano. Aburrido, ¿no?

**¿Vas a volver al mismo empleo?**

Una mala experiencia no quiere decir que no voy a seguir con mis planes de profesión. Todavía quiero ser cocinero pero voy a buscar un lugar más cerca de mi casa. Además es lo que más me gusta hacer así que sería una tontería no hacerlo.

**2** Read the interviews with Enrique and Victoria about their work experience and answer the questions in English.

**1** What exactly did Victoria enjoy about her work experience?

**2** Which aspect did Enrique not like?
  **a** time keeping
  **b** the people
  **c** the place

**3** Do you think Victoria will become a teacher? Give a reason for your answer.

**4** What is Enrique's overall opinion of his work experience?

# Exam Practice

## Listening skills

You have been given lots of useful tips throughout this book about how to approach listening tasks. It is important to put this advice to good use when revising for your final examination and when completing the actual paper.

### The listening examination

This paper is worth 35 marks (Foundation) and 40 marks (Higher) (20% of the final mark). The test for Foundation level lasts 30 minutes and for Higher, 40 minutes.

You are allowed five minutes to read the question paper before the recording is played. Use this time to make notes and look carefully at every question, to make sure you are clear about what to do. You will hear all the items twice.

There are several exercises in both the Foundation level and Higher level examinations. A few of the exercises at Higher level are the same as 4 and 5 at Foundation level. The questions are progressively more difficult, perhaps starting with tick boxes and ending by requiring fuller answers.

All instructions are in English. Where you are asked to write, answers will be in English. Each question will give an example of the type of answer needed. Dictionaries are not allowed.

### Key skills for Foundation level

Most of the tasks will rely on understanding single words or short phrases, and in the first three exercises you would only expect to hear the present tense. In exercises 4 and 5 you will hear other tenses too, but you are only expected to recognise them.

Take notes as you listen, and listen particularly for:

- key words and phrases.
- tone of the voice, to identify emotion, questions and answers.
- negatives, opposites and linking words such as *porque*.

Check your answers for sense. If you have guessed, is it a logical guess?

### Additional skills for Higher level

At this level you may be required to listen for specific details such as when, how and why. Clarify exactly what the question requires you to do: understand every word, identify one small detail, recognise one word, deduce a person's feelings from what they have said.

You may also be expected to make deductions from the recording you hear. This means you may have to link several pieces of information – so always listen to the whole of a section before deciding on your answer. Use the context – if you are told that an interview is between an environmentalist and a journalist, what are they likely to be discussing?

Listen once for gist and a second time for detail. Listen carefully for:

- linking words which alter a person's opinion, like *sin embargo, a pesar de, aunque, mientras*.
- small words with shades of meaning: *más, menos, casi, cada, apenas*.
- tenses and time references: *ayer, la semana que viene, hace un mes*.
- adjectival agreements to identify what or whom is being talked about.

### General tips

**Vocabulary** is the most important thing. Make sure you develop lots of strategies for learning vocabulary – and you could gain valuable marks by revising all topic vocabulary in the run-up to the exam.

**Read the instructions!** However much you have practised listening exercises before – when it comes to the exam itself, read all the instructions carefully.

**Exposure to the language** is vital for increasing your confidence. It can be fun too, so why not listen to Spanish music, radio stations, TV soaps and Spanish study websites with listening exercises.

**Remember there are no catches or trick questions** – the listening exam has been planned very carefully, so just be confident and stay calm.

**Remember you don't need to get everything right!** An A* requires you to get about 80% of the answers right. Looked at another way, that means you can get one question in five wrong and still get an A* – so think positively!

These are all skills you have already been practising. All the hard work will be worthwhile if you can listen to the final test and understand what is being said. There is nothing more satisfying and rewarding!

# Practice listening questions

## Foundation level

### Exercise 1: questions 1–6

Listen to these short statements in Spanish about planned activities for holiday makers. You will hear each statement twice.

Read the questions below and choose the correct answer, one per question. (6 marks)

> **Example:** *El domingo vamos a visitar una iglesia muy antigua.*
>     **A**   church
>     **B**   beach
>     **C**   art gallery
> Answer: A

1   Where will they go on Wednesday morning?
   **A**   cathedral
   **B**   castle
   **C**   museum

2   Where will they go in the afternoon?
   **A**   shops
   **B**   bar
   **C**   ice cream parlour

3   What will they do on Thursday?
   **A**   sailing
   **B**   beach
   **C**   sunbathing

4   What will they do in the evening?
   **A**   asleep in bed
   **B**   dinner in restaurant
   **C**   party on beach

5   What will they do on Friday?
   **A**   organised excursion
   **B**   lie-in
   **C**   exploring the city

6   What will they do on Saturday morning?
   **A**   coach with people on it
   **B**   trip on boat
   **C**   hotel pool

### Exercise 2: questions 7–11

Listen to the tour guide, Manolo, telling you about himself and his job, then answer the questions. (5 marks)

7   Manolo gets up at
   **A**   6.45 a.m.
   **B**   7.45 a.m.
   **C**   5.45 a.m.

8   Manolo goes to work
   **A**   by bus.
   **B**   on his motorbike.
   **C**   by car.

9   When he arrives at the office, he
   **A**   makes phone calls.
   **B**   reads the newspaper.
   **C**   works on the computer.

10   He goes to the airport to
   **A**   see his customers off home.
   **B**   meet arriving flights.
   **C**   collect left luggage.

11   Manolo
   **A**   starts work at nine.
   **B**   sometimes has to work at night.
   **C**   never works at weekends.

### Exercise 3: questions 12–19

What have the following people lost? Choose only one answer for each question. (8 marks)

12   **A**   white bag with keys and purse
    **B**   black bag with keys and umbrella
    **C**   black bag with keys and purse

13   **A**   wallet with 75 euros and photo of dad
    **B**   wallet with 65 euros and photo of mum
    **C**   wallet with 75 euros and photo of mum

14   **A**   sports bag with white trainers and grey T shirt
    **B**   sports bag with black trainers and white T shirt
    **C**   sports bag with white trainers and white T shirt

15   **A**   car with number B256 APZ
    **B**   car with number B256 ADZ
    **C**   car with number B257 AGZ

16   **A**   rucksack with four magazines and umbrella
    **B**   rucksack with two books and glasses
    **C**   rucksack with four books and sunglasses

17   **A**   little girl, blond, long trousers, striped jumper
    **B**   little girl, blond, shorts, spotted jumper
    **C**   little girl, blond, shorts, striped jumper

18   **A**   cat with number 9553417
    **B**   cat with number 9053416
    **C**   cat with number 9153417

19   **A**   shopping bag with eggs, soup and bread
    **B**   shopping bag with ham, soap and bread
    **C**   shopping bag with rice, soap and bread

**Exercise 4: questions 20–27**

Listen to Pablo's account of his weekend, then answer the questions. (8 marks)

**20** Who is Arturo?

**21** Where did they have supper exactly?

**22** How did they feel when the bill arrived?

**23** What was the problem with Julia?

**24** When did the disco start to fill up?

**25** What sports fixture did Pablo have the next day?

**26** Why did he not play very well?

**27** What was the score?

**Exercise 5: questions 28–35**

Listen to the weather forecast and fill in the blanks. (8 marks)

> **Example:** Gijón
> There will be quite a lot of *rain*.
> Temperatures will be *low*.

**28 y 29:** Valencia
It will be windy on the ...
Ideal conditions for ...

**30 y 31:** Granada
Great news for ...
During the night it will ...

**32 y 33:** Málaga
A perfect day for ...
The waves will reach a height of ...

**34 y 35:** Madrid
During the morning the skies will be ...
In the afternoon you may need ...

## *Higher level*

For this Exam Practice section, exercises 1 and 2 at Higher Level are the same as exercises 4 and 5 at Foundation level – see above.

**Exercise 3: questions 17–24**

Listen to these people talking about their environmental concerns. Match the person with the problem that concerns them. (8 marks)

| | | | |
|---|---|---|---|
| **17** | Pablo | **A** | Packaging |
| **18** | Rosa | **B** | Queues at traffic lights |
| **19** | Sara | **C** | Flights |
| **20** | Juan | **D** | Factory smoke |
| **21** | Inma | **E** | Publishing |
| **22** | Nacho | **F** | Traffic jams |
| **23** | Lidia | **G** | Recycling |
| **24** | Esteban | **H** | Use of car |

**Exercise 4: questions 25–32**

Listen to these young people talking about their future. Then complete the positive (P) and negative (N) comments, in English. (8 marks)

> **Example,** Sonia:
> (P) Won't have to *share her bedroom with her sister*.
> (N) Will *miss* her cat.

**Ana:**

**25** (P) It will be great to ...

**26** (N) Has to rely on ...

**José:**

**27** (P) If you are prepared to work hard ...

**28** (N) There are lots of people ...

**Teresa:**

**29** (P) Won't have to ...

**30** (N) Worried about ...

**Jorge:**

**31** (P) Looking forward to ...

**32** (N) Concerned about having to ...

**Exercise 5: questions 33–40**

Listen to the interview with María Gómez Pando, a Minister for Health and Safety in a Latin American country. Then complete these notes, in English. (8 marks)

**33** Name the two events which sparked her interest in politics as a little girl.

**34** In Nicaragua, she helped to ...

**35** In Nicaragua, María learnt that ...

**36/37** María wanted to help abandoned children, old people with no family and ... , so she joined ...

**38** María feels that difficult times ...

**39** Working late is hard because ...

**40** What does she feel particularly satisfied about having achieved?

# Speaking skills

Eee!

Speaking the language is what language learning is all about, and this is the area of the examination where you will probably pick up the most marks. Some learners find it the most demanding part of the exam, but there is no reason to. You are totally in control – all you need to do is prepare well. Listen to Spanish and practise speaking as much as you can, to gain confidence.

## The speaking assessment

The speaking assessment is worth 60 marks (30% of the final mark). It is internally assessed by your teacher and moderated by an external examiner.

You will perform two tasks, each lasting 4–6 minutes and worth 30 marks. The tasks must be on different topics and for different purposes, and must involve interaction with another speaker. You can use a dictionary for preparation but not during the tasks. Marks for each task are awarded as follows:

| | |
|---|---|
| Communication | 10 marks |
| Range and accuracy of language | 10 marks |
| Pronunciation and intonation | 5 marks |
| Interaction and fluency | 5 marks |
| **Total** | **30 marks** |

Throughout the GCSE course you will carry out a number of these speaking tasks and you may choose your best two to be included in the final mark.

## How much help can I have?

This must be your own work, and any evidence to the contrary could cost you marks. Be clear from the outset how much support you can receive, in consultation with your teacher. Remember also that the assessment should not be a regurgitated speech; it should be as natural and spontaneous as possible.

## Key skills for the speaking assessment

As part of your preparations:
- Read out loud, in front of a mirror, to see how your mouth moves.
- Practise using your hands and shoulders to feel the language – act the part.
- Make sure you know how to ask for a question to be repeated.

- Learn a set of useful opinions, so you will be able to say more than *Es interesante*.

When speaking Spanish:
- Remember to sound out your vowels clearly.
- Use intensifiers to sound more convincing: *muy, bastante, demasiado, tan ...*
- Use idioms to enhance your language.
- Stress certain words to sound more convincing.
- Think about the tone of your voice – what are you trying to convey?
- Extend your answers by giving examples.

During the assessment, to avoid awkward silences:
- Begin to formulate the next sentence in your head.
- Use fillers to gain time to think.
- Ask questions in a variety of ways.
- If unsure what you're being asked, ask for clarification, or use your common sense and the context.

To improve your marks:
- Remember you get lots of marks for getting the message across, so if you get stuck find the simplest and most direct way to do this.
- Keep talking and don't worry too much if what you say isn't true. Feel free to invent pets, sisters or ambitions etc. if it gives you more to say.

## How do your skills match the requirements?

**For communication:**
- Do I back up my opinions with reasons?
- Can I speak without being prompted?
- Can I keep talking without drying up?
- Can I think on my feet and respond to unexpected questions?

*Communicating well is about being in control and speaking with conviction.*

**For quality of language:**
- Is my spoken Spanish accurate or full of grammatical errors?
- Have I thought about tense? Have I recognised tense in questions?
- Is my vocabulary limited or extensive and ambitious?
- Do I speak in simple sentences or do I use more sophisticated structures?

*Improve the quality of your spoken Spanish by applying the grammatical rules. Improve your vocabulary and sentences by digging a bit deeper and using resources.*

**For pronunciation and intonation:**
- Is my accent a good imitation or do I sound too foreign?
- Do I speak with colour in my voice or like a robot?
- Do I think about the meaning behind what I am saying, to sound convincing?
- Am I engaging with the person I am talking to? Are they drawn in to what I am saying?

*With a little extra effort and a sense of fun, you can make your Spanish come alive!*

# Controlled speaking assessment tasks

Give some real thought to what you are going to talk about. Being ambitious does not necessarily mean that your choice of topic has to be difficult. You could choose a simple topic but give it an interesting angle. If it is original, well presented, confidently expressed and accurate you should do well.

Remember too that you must interact with another speaker, so preparing well for questions on your topic will stand you in good stead. And remember to show off everything you have learnt. Don't wait to be told that the language is too simplistic. Look up exciting vocabulary and structures and use them.

## Examples

a  Argue your case to be voted onto the school/youth parliament – sounds complex but what exactly could you include?
- Personal information about your character.
- Details about your studies.
- Information about work experience you have been on.
- Your hopes and dreams for the future.
- What frustrates you about the world and how would you like to change it?
- Be prepared to stand up for your views when questioned. What are you likely to be asked?
- This could be a debate between a number of you, fighting your corner!

b  Make the case for changes to school lunches – don't worry if it sounds too limited.
- Give information about the current system.
- Discuss possible changes.
- Get hold of some simple statistics about healthy eating.
- Talk about the importance of keeping fit.
- Link eating well to school performance.
- Talk about diet to back up your argument, e.g. low in salt, high cholesterol etc., and make a comparison between eating in the past and the impact of fast food today.
- Think of the likely questions you may be asked on the topic, from the Head maybe.

c  Do a presentation to promote a Spanish-speaking city for a tourist company – a good choice, maybe, especially if you have visited a particular place.
- Describe how the city was in the past.
- Describe how it is today.
- Mention its attractions and be convincing with interesting descriptions.
- You could mention climate, population, transport.
- Give tips to visitors about accommodation, safety etc.
- Think of the obvious enquiries that a tourist might make regarding a trip to the city and be ready to answer them.

d  Give a presentation on an important historical event – why not choose to research an event which has always interested you? Why not a topic you are studying in another subject?
- Outline the event briefly.
- Discuss the people involved and their personalities.
- Talk about the impact of the event on the rest of the world.
- Outline people's different view points on the event.
- Give your personal reaction to the event.
- What questions might the public have asked about this event? What might people ask nowadays?

e  Describe your ideal holiday – a boring topic at first sight but why not give it a twist?
- Go to the moon.
- Set up a teenage travel company.
- Invent an alternative hotel chain.
- Explain your reasons for these choices of travel.
- Contrast your ideas with holidays which people generally choose.
- Imagine you are being interviewed for a magazine. How could you structure the interview with interesting and probing questions?

## Research

Your speaking assessment will be as good as you make it. Be methodical about how you begin to get to grips with the topic.

1  Think about the content and structure of your topic. Make a brief outline.
2  Begin by preparing your vocabulary, verbs, nouns, adjectives, idiomatic expressions. You are free to use the vocabulary which you feel is relevant. Just remember to check that it is correct.
3  Experiment by using new vocabulary in simple sentences.
4  Build up your sentences by using conjunctions and interesting structures.
5  Include descriptions, opinions and reasons for these.
6  Think of a logical way to involve a variety of tenses. This is essential if you wish to secure a higher mark.

# Reading skills

Just like the listening paper, the key to doing well with reading is knowing lots of vocabulary. Think about the reading skills you have been developing, and the techniques you can employ to get to grips with more challenging texts. Take time to read the passages carefully. You often don't need to know every word to get to the answers. Just stay focused and keep at it!

## The reading examination

The reading examination is worth 35 marks (Foundation) and 45 marks (Higher) (20% of the final mark). The test for Foundation level lasts 30 minutes and for Higher, 50 minutes.

There are various exercises in both the Foundation level and Higher level examinations. The questions are progressively more difficult, perhaps starting with tick boxes and ending by requiring fuller answers.

All instructions are in English. Where you are asked to write, answers will be in English. Each question will give an example of the type of answer needed. Dictionaries are not allowed.

## Key skills

When you read a text for the first time:
- Skim through, reading for gist.
- Keep the question in mind – are you looking for whole text, a word, a phrase?
- Use the context to make assumptions: look at photos, headlines, visual clues.

When you read again for detail:
- Use key words from the question to help you find the answer.
- Look out for common sound-spelling links.
- Identify similar vocabulary to the English – but watch out for 'false friends'.
- Look for words related to others you know, such as *facilitar, fácil.*
- Use prefixes to help you decipher words: *pre-, re-, dis-* etc.
- Look at word endings to identify verbs, nouns, adjectives.
- Look at adjective agreements to help make sense of the text.

# Practice reading questions

## Foundation level

### Exercise 1: questions 1–5
Look at the categories of books (A–F) on offer in the school library at your exchange school. Match the content to the correct book.                    (5 marks)

**Example:** cars F

| | | | | | |
|---|---|---|---|---|---|
| A | Ciencias | D | Natación | 1 | art |
| B | Deporte | E | Informática | 2 | swimming |
| C | Dibujo | F | Coches | 3 | computing |
| | | | | 4 | sport |
| | | | | 5 | science |

### Exercise 2: questions 6–11
Read this email from your new Mexican pen-friend. Then choose the correct letter.                    (6 marks)

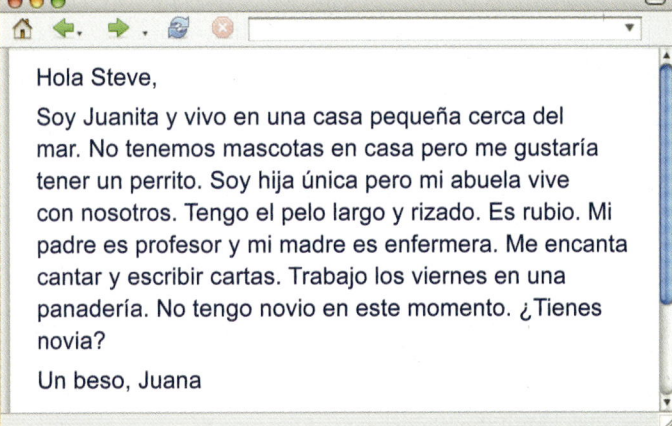

Hola Steve,

Soy Juanita y vivo en una casa pequeña cerca del mar. No tenemos mascotas en casa pero me gustaría tener un perrito. Soy hija única pero mi abuela vive con nosotros. Tengo el pelo largo y rizado. Es rubio. Mi padre es profesor y mi madre es enfermera. Me encanta cantar y escribir cartas. Trabajo los viernes en una panadería. No tengo novio en este momento. ¿Tienes novia?

Un beso, Juana

**Example:** Juana lives in

A   a big house
B   a small house
C   an apartment
**Answer:** B

6   Juana's home is
   A   inland
   B   in mountains
   C   near the sea

7   Juana would love
   A   a cat
   B   a big dog
   C   a puppy

8   Juana lives with
   A   mum, dad, gran
   B   mum, dad, gran, grandad
   C   mum, dad, sister

9   Juana's hair is
   A   long, curly, black
   B   long, curly, blond
   C   long, straight, blond

10   Juana's mother is
   A   a nurse
   B   a doctor
   C   a teacher

11   Juana loves to
   A   play cards and ride her bike
   B   sing and write stories
   C   sing and write letters

## Exercise 3: questions 12–19

Read the complaints about home life sent in to a magazine problem page. Write the name of the correct person.    (8 marks)

**JORGE:** Tengo que arreglar mi habitación los sábados cuando preferiría estar con mis amigos.

**ANA:** Nunca hay agua caliente cuando quiero ducharme.

**MARTA:** Mi hermana se coge mi ropa sin pedirme permiso.

**JUAN:** No puedo invitar a mis amigos a casa porque no tenemos espacio.

**SUSI:** Sólo hay un ordenador en casa entonces no encuentro hueco para charlar con mis amigos.

**PACO:** A mí me toca sacar la basura y el reciclaje todas las semanas.

**CARLOS:** Es mi responsabilidad limpiar la jaula del periquito. Es un trabajo horrible.

**BEA:** Pues yo debo pasar la aspiradora cada semana pero no me importa.

**PAULA:** Yo ayudo mucho a mis padres. Riego las plantas del jardín y lavo el coche.

**Example:** Who tidies his bedroom every Saturday? Jorge

12  Who is in charge of the household rubbish?
13  Whose house is too small to have friends round?
14  Who wishes there was more hot water?
15  Who is in charge of the budgie?
16  Who finds it hard to get on-line?
17  Whose clothes 'disappear'?
18  Who prefers the outdoor chores?
19  Who doesn't mind doing the vacuuming?

## Exercise 4: questions 20–27

Read the following statements about eating and cooking arrangements. Then write the name of the correct person.
(8 marks)

**Roberto:** Cocinar me pone de muy mal humor.

**Javi:** Mi madre siempre cocina porque yo no tengo tiempo para esas cosas.

**Nacho:** Yo cocinaré esta noche porque es el cumpleaños de mi novia.

**Pili:** Para mí es más conveniente comprar platos hechos del supermercado.

**Sara:** Como trabajo en un restaurante, suelo comer allí.

**Claudia:** Compartimos la cocina en la casa. Es lo más justo.

**Inés:** Lo que menos quiero hacer al llegar a casa después de un día largo es cocinar.

**Rafa:** Vivo con una amiga pero ella no hace nada para ayudarme a preparar el almuerzo.

**Pedro:** Yo preparé la cena anoche porque mis padres estaban trabajando.

**Example:** Who gets in a bad mood when cooking? Roberto

20  Who only cooks on special occasions?
21  Who is left to do all the cooking ?
22  Who usually buys ready-cooked meals?
23  Who has no time to help with the cooking?
24  Who is a kind and considerate son?
25  Who lives in a house where the cooking is shared?
26  Who works too hard to want to cook?
27  Who doesn't have to pay for meals?

## Exercise 5: questions 28–35

Read this letter from Isabel and answer the questions in English.
(5 marks)

Hola Peter,

No te he escrito antes porque he tenido tantos deberes últimamente y no he podido ir a mis clases de baile tampoco. Y tú sabes que es mi pasatiempo preferido.

Los profesores creen que no tenemos nada mejor que hacer que pasar tres horas cada noche haciendo ejercicios y aprendiendo vocabulario. Entiendo que estudiar es importante pero también es necesario que los jóvenes tengamos tiempo libre para relajarnos. Anoche no terminé de estudiar hasta las diez y media. Es demasiado. Mis padres no comprenden mi punto de vista tampoco.

Un beso, Isi

Indicate whether the following statements are correct or incorrect.

28  Isabel hasn't written to Peter for a while.
29  She loves dancing.
30  She spends five hours a night doing homework.
31  Last night she went out with her friends until 10.30.
32  Her parents don't sympathise with her point of view.

## Exercise 6: questions 33–35

Read Isabel's blog and choose the correct option.    (3 marks)

Este fin de semana es el aniversario de mis abuelos y vamos a celebrarlo con una fiesta grande en su casa. Llevan casados casi cuarenta y seis años y mi abuela dice que a pesar de ser tan diferentes de carácter nunca han peleado. Todavía están enamorados. Me parece una maravilla después de tanto tiempo juntos.

**33** This weekend is her grandparents' birthday / wedding anniversary / house warming party.

**34** Her grandparents are very kind / alike / different.

**35** She says they have never quarrelled / been apart / travelled.

## Higher level

For this Exam Practice section, exercises 1, 2 and 3 at Higher level are the same as exercises 4, 5 and 6 at Foundation level – see above.

### Exercise 4: questions 17–24

Read Isabel's email about her school in Gijón. Then complete each sentence, using a word or phrase from the box, as in the example. (8 marks)

El Colegio Santa Teresa se encuentra en las afueras de Gijón, cerca de las viejas fábricas y el río. Es un instituto mixto con quinientos alumnos entre las edades de doce y diecinueve años. Desde fuera todo parece normal pero cuando entras ves que es algo extraordinario.

Para empezar, los alumnos sólo van a clase si quieren y llaman a los profesores por su nombre de pila, por ejemplo Juan o Maribel. Otra cosa es que no hay exámenes al final del curso.

El director insiste que aprenden mejor sin presión y si trabajan en equipo. Dice que es fundamental aprender a cooperarse el uno con el otro; así aprendes a ser un buen ciudadano.

formal    outside    staff    repeat the year
learning    citizen    understand    cooperation
attend lessons    develop    ~~on the outskirts~~    near
help in lessons    relaxed    sit exams    next to
student    surname    far away    first name    extraordinary

**Example:** Santa Teresa school is *on the outskirts* of Gijón.

**17** The school is located ...... the river.

**18** It seems like an ordinary school from the ......

**19** Once inside you realise it is quite ......

**20** Pupils don't have to ...... if they don't want to.

**21** They are allowed to use their teacher's ......

**22** There are no ...... at the end of the year.

**23** The Head wants students to feel ...... about learning.

**24** He believes that ...... is fundamental to being a good citizen.

### Exercise 5: questions 25–27

Read this blog about Pilar's first trip abroad. Then choose the correct answer. (3 marks)

El año pasado fuimos a Grecia de vacaciones. Yo estaba muy emocionada porque nunca había ido al extranjero. Tampoco había viajado en avión.

El día de la salida, llegamos al aeropuerto dos horas y media antes de nuestro vuelo y fuimos a facturar el equipaje. Entonces fue cuando empezaron los problemas.

**25** Pilar was excited because
  **A** this was the second time she had been to Greece.
  **B** she loved flying.
  **C** it was her first trip abroad.

**26** Pilar arrived at the airport
  **A** very early.
  **B** too late to have a drink.
  **C** just in time.

**27** After she arrived she
  **A** went to weigh her luggage.
  **B** lost her luggage.
  **C** began to have problems.

### Exercise 6: questions 28–31

Read the rest of her blog and copy and complete the table below. (4 marks)

Primero los ordenadores no funcionaban y tuvimos que esperar horas.

Segundo, cuando por fin entramos en la cafetería, no había donde sentarse porque había tanta gente. Además las máquinas en la cafetería no funcionaban porque hubo un corte de electricidad y no pude tomar café.

Después el avión se retrasó y no salimos hasta las diez y media de la noche; siete horas después de haber llegado al aeropuerto. Todo esto, y una tormenta tan alarmante durante el vuelo que no podía dormir.

|  | What happened? | Reason |
|---|---|---|
| Example: | They had to wait. | The computers were down. |
| **28** |  | There were so many people. |
| **29** | She couldn't have a coffee. |  |
| **30** |  | Their flight was delayed. |
| **31** | She couldn't sleep. |  |

## Exercise 7: question 32

Read the last entry in her blog and choose the statement which best matches her story. (1 mark)

> Cuando por fin llegamos a nuestro hotel, no sabían nada de nuestra reserva. Menos mal que el hotel no estuviera completo porque habríamos tenido que dormir en la recepción.
>
> La próxima vez, me quedo en España.

32  **A**  The hotel was fully booked.
    **B**  She wanted to sleep in reception.
    **C**  They hadn't booked a room.
    **D**  The hotel couldn't find their booking.
    **E**  She's going to go to Spain next year.
    **F**  She hasn't been to Spain before.

## Exercise 8: questions 33–39

Read the following article about immigration in the USA. Answer the questions in English. (7 marks)

> La frontera que separa México de Estados Unidos es una de las más transitadas del mundo. Cada año, casi medio millón de personas tratan de atravesarla para entrar en los Estados Unidos, buscando forma de ganarse la vida e intentando escaparse de la pobreza de su país de orígen.
>
> La mayor parte de ellos son detenidos y deportados. Algunos mueren en el intento dado que es una ruta muy peligrosa. Otros logran pasar y siguen su viaje hacia una ciudad para buscar su fortuna.

**33**  How many people try to cross the border every year?
**34/35**  Give two reasons why they choose to do this.
**36**  What happens to the majority of them?
**37**  Why do some of them lose their lives?
**38**  What happens to the few who get through?
**39**  What do they hope to achieve?

## Exercise 9: questions 40–41

Read the second part of the article and choose the **two** correct statements. (2 marks)

> Más de 30 millones de latinos viven hoy en los Estados Unidos. En cincuenta años, uno de cada cuatro estadounidenses será hispano.
>
> La comunidad latina representa sólo el cinco por ciento de la fuerza laboral en el país y sin embargo, muchos norteamericanos se quejan de la cantidad de inmigrantes que llegan a su país. No se dan cuenta de que si no fuera por los mejicanos, a muchas compañías les resultaría muy difícil encontrar trabajadores.

**A**  There are some three million Latin Americans living in the United States.
**B**  One in every four of the population will be of Hispanic origin in 50 years' time.
**C**  There are more Spanish speakers than English speakers in America.
**D**  The Latin Americans make up a large part of the workforce.
**E**  Many companies find it hard to get Mexicans to work.
**F**  Many Americans say there are too many foreigners working in their country.

## Exercise 10: questions 42–50

Read this article about an ecofriendly city. Then answer the questions in English. (5 marks)

### Una ciudad ecosostenible

> Han comenzado a construir la primera ciudad del mundo sin emisiones de CO2 en el desierto de Abu Dhabi en los Emiratos Árabes Unidos. Si todo va bien llegará a ser una realidad a finales de 2009. Se llamará por un nombre árabe "Masdar", que significa "fuente", y una firma británica la está construyendo. Es curioso notar que se sitúa en uno de los principales países productores de petróleo.

**42**  What special feature does the town described have?
**43**  Where is it being built?
**44**  Who is building it?
**45**  What significant fact is mentioned about where it is situated?

> Se basa en modos de construcción tradicionales y la más sofisticada tecnología. Ocupará unos seis millones de metros cuadrados con edificios bajos y de poco consumo energético. Allí vivirán cerca de cincuenta mil habitantes que usarán agua de una planta desalinizadora impulsada por energía solar. Habrá unas torres altas de viento que impulsarán el aire frío del desierto por la noche y expulsarán el aire caliente del día.

Choose the correct option.
**46**  It is being built
    **A**  with traditional methods.
    **B**  with the latest technology.
    **C**  with a mixture of both.
**47**  How big will it be?
    **A**  sixty thousand square feet.
    **B**  six million square metres.
    **C**  sixteen million square metres.
**48**  The buildings will
    **A**  be tall and sophisticated.
    **B**  be low and traditional.
    **C**  consume a lot of energy.

**49** The inhabitants will use
- **A** water from a solar energy plant.
- **B** wind–powered water pumps.
- **C** water from a desalination plant.

> No circularán coches por sus calles angostas y sombreadas: la gente se trasladará sobre cintas transportadoras magnéticas. En las afueras habrá molinos eólicos, granjas solares fotovoltáicas, centros de investigación, universidades y todo para que la ciudad sea totalmente sostenible y autosuficiente en cuanto a energía.

**50** Which of the following aspects is mentioned?

| | |
|---|---|
| **A** el sistema de transporte | **D** el comercio |
| **B** el centro de la ciudad | **E** los hospitales |
| **C** el sistema de educación | |

# Writing skills

You have been practising your writing skills since the start of this book. When you do your written tasks for assessment, don't be boring – take the bull by the horns and aim to produce work which is interesting and exciting!

## *The writing assessment*

This is worth 60 marks (30% of the final mark). You will complete the assessment in school but it will be marked by an external examiner.

You will send off two written tasks, each worth 30 marks. The tasks must be on different topics and for different purposes (letter, article, story etc.). Foundation students should aim to write a total of 350 words across the two tasks, Higher pupils should produce 600 words.

You can use a dictionary for both preparing and completing your tasks, but online grammar and spell-checkers are NOT allowed.

Marks for each writing tasks are awarded as follows:

| | |
|---|---|
| Content | 15 marks |
| Range of language | 10 marks |
| Accuracy | 5 marks |
| **Total** | **30 marks** |

## Maximising your marks

It's worth thinking very carefully about how you can do well in these tasks. Success depends on understanding the requirements. Take another look at the Speaking section (page 174) and how communication and quality of language are marked – the principles are very similar.

**Communication:** Take control, give your opinions and justify them, go beyond basic responses, develop your ideas fully.

**Quality of language:** Push yourself to your linguistic ceiling, using a variety of vocabulary and sentence structures. But don't forget to check your work for inaccuracies!

## How much help can I have?

You can only be rewarded for your own work. Don't risk losing marks by handing in work which is not entirely your own. It is not acceptable to learn a passage off by heart then reproduce it in the timed assessment. Your teacher will know if you have done this, and is bound by the examining board code of practice to make sure it doesn't happen.

## Choosing your writing topics

Consider seriously what you are going to write about. Your teacher will be able to suggest suitable ideas, but you can choose your own topics if you prefer. Try to find interesting angles on the ones you choose. Don't choose a difficult topic unless you're sure you can cope.

If your topic is original, well presented, confidently expressed and accurate, you should do well. And remember to show off everything you have learnt. You can only get top marks if your writing shows variety in vocabulary, structures and tenses.

These are the writing topic areas:

1 Lifestyle
2 Leisure
3 Home and Environment
4 Work and Education

## A few practical tips

When you start writing about a topic:
- It's always a good idea to do a draft first.
- Try to think in Spanish so your words sound natural.
- Structure your work with paragraphs. This helps you to be logical and not miss things out.
- Make sure your vocabulary is relevant and varied.

When you have finished your first draft:
- Check that you have used a variety of tenses. This will increase your mark, especially if your verbs are accurate!
- Check methodically for accuracy – look at adjectives first, then nouns and gender, then verbs and tenses. If you try to do it all in one go, you will miss some mistakes.
- Do a word count to check you have met the requirement.

And above all – try to enjoy the examination experience! That might sound strange, but if you are happy and positive in your approach, you will perform much better.

Remember the aim of all this work is not the exam, it's to understand, speak and write Spanish. Make language learning part of your everyday life. You are developing a vital skill for your future. *¡Olé!*

# Active Grammar

## Unit 1A

### 1.1 Nouns

Nouns describe objects, animals, people, places, or ideas. All nouns are either masculine or feminine. Generally if they end in 'o' they are masculine and in 'a' they are feminine.

| Masculine exceptions | Feminine exceptions |
|---|---|
| *el problema, el clima, el mapa* | *la mano, la radio* |

Making nouns plural:

- Add –s for nouns ending in a vowel.
- Add –es to nouns ending in a consonant.

Example: elefante – elefantes, papel – papeles

### 1.2 Articles

|  | Definite article (the) | | Indefinite article (a, an, some) | |
|---|---|---|---|---|
|  | Masculine | Feminine | Masculine | Feminine |
| Singular | el | la | un | una |
| Plural | los | las | unos | unas |

When the definite article **el** follows the prepositions **a** or **de** it contracts into **al** and **del** respectively: *al parque* (to the park), *del jardín* (from/of the garden).

> **Ex 1.1  Form the plural of these nouns:**
> **Example:** *el campo – los campos*
>
> 1  el campo
> 2  un ojo
> 3  la oreja
> 4  el pelo
> 5  un reloj
> 6  una cantante
> 7  un país
> 8  la ventana
>
> **Ex 1.2  Translate:**
> 1  to the house
> 2  from the park
> 3  to the car
> 4  to the bedroom
> 5  of the bed
> 6  from the city
> 7  from the village
> 8  to the airport
> 9  to the college
> 10  to the swimming pool
> 11  of the station
> 12  to the church
>
> parque   casa   coche   aeropuerto   instituto   pueblo
> dormitorio   piscina   iglesia   estación   cama   ciudad

### 1.3 Subject pronouns

| Singular | | Plural | |
|---|---|---|---|
| *yo* | I | *nosotros/as* | we |
| *tú* | you (familiar) | *vosotros/as* | you (familiar) |
| *él/ella/usted* | he/she/you (polite) | *ellos/as/ustedes* | they/you (polite) |

Use the plural masculine to refer to a group of males or a mixed group.

Use *usted* and *ustedes* (often *Ud.* and *Uds.*) to address strangers and people to whom you want to show respect.

### 1.4 Verbs

A verb indicates **what** is happening, the tense indicates **when** and its endings indicate **who** is carrying out the action.

The original form of a verb is the infinitive. Spanish infinitives fall into three groups: *-ar* ending, *-er* ending and *-ir* ending.

### 1.5 Present tense of regular verbs

Use it to indicate what is happening now or happens regularly.

|  | habl**ar** *(to speak)* | com**er** *(to eat)* | viv**ir** *(to live)* |
|---|---|---|---|
| yo | habl**o** | com**o** | viv**o** |
| tú | habl**as** | com**es** | viv**es** |
| él/ella/Ud. | habl**a** | com**e** | viv**e** |
| nosotros/as | habl**amos** | com**emos** | viv**imos** |
| vosotros/as | habl**áis** | com**éis** | viv**ís** |
| ellos/ellas/Uds. | habl**an** | com**en** | viv**en** |

To work out a regular verb:

- Choose what group it belongs to according to its infinitive ending (what column in the table).
- Choose who is doing the action (what row in the table).
- Take out the *-ar*, *-er*, or *-ir* ending and replace it with the relevant ending (the ending where your chosen column and row meet).

> **Ex 1.3  Find these verbs in a dictionary and group them according to their infinitive.**
>
> to study, to learn, to smoke, to share, to help, to hate, to play, to speak, to sleep, to drink
>
> **Ex 1.4  Translate the following:**
> 1  we study
> 2  you (singular, familiar) learn
> 3  I smoke
> 4  you (plural, familiar) share
> 5  they help
> 6  you (singular, polite) hate
> 7  we play
> 8  she speaks
>
> **Ex 1.5  Complete the sentences with the correct form of the present tense of the verb in brackets.**
> 1  Pedro ...... un periódico. (comprar)
> 2  Alex ...... en Madrid. (vivir)
> 3  Yo ...... a Susana. (escribir)
> 4  Los padres de Sofía ...... demasiado. (fumar)
> 5  José y María ...... francés e italiano. (hablar)
> 6  Normalmente nosotros ...... Navidades en casa. (celebrar)
> 7  Mi hermano ...... inglés en el instituto. (aprender)
> 8  Mis tíos ...... a mis padres con el jardín. (ayudar)

## 1.6 Present tense of irregular verbs

Irregular verbs are those that don't follow the patterns and their conjugations must be learnt by heart.

| ser (to be) | estar (to be) | tener (to have) | hacer (to do/to make) | ir (to go) |
|---|---|---|---|---|
| soy | estoy | tengo | hago | voy |
| eres | estás | tienes | haces | vas |
| es | está | tiene | hace | va |
| somos | estamos | tenemos | hacemos | vamos |
| sois | estáis | tenéis | hacéis | vais |
| son | están | tienen | hacen | van |

Use **ser** for inherent characteristics or permanent states such as identity, possession, origin, material of which something is made, nationality, origin, expressions of time, physical and personality description and occupation.

Use **estar** for temporary states or conditions such as mood and for location.

Example: *Soy alto* (I am tall). *Estoy cansado* (I am tired).

Beware! There are a number of expressions in Spanish that use *tener* where English uses 'to be'. Here are some examples:

| tener ... años | to be ... years old |
|---|---|
| tener calor/frío | to be hot/cold |
| tener hambre/sed | to be hungry/thirsty |

Use the expression **tener que** followed by an infinitive to convey the meaning of 'must'.

Example: *Tengo que hacer los deberes.* − I must do my homework.

**Ex 1.6a** Choose the correct verb.
1 Soy/Estoy Isabel.
2 Álvaro es/está muy alto.
3 El padre de María es/está arquitecto.
4 Soy/Estoy enfermo.
5 Hoy somos/estamos muy cansados.
6 Málaga es/está en Andalucía.
7 El café es/está frío.
8 Mi amigo Pepe es/está de Madrid.

**Ex 1.6b** Use the correct form of the present tense of the irregular verbs *ser, estar, tener, hacer* and *ir* to fill in the gaps in this paragraph.

Todas las mañanas yo ...... al instituto en autobús aunque si ...... sol a veces ...... a pie con mi hermano. Mi hermano ...... dos años menos que yo, ...... bajo y ...... el pelo rubio. ...... simpático pero a veces puede ser un poco pesado cuando ...... los deberes porque siempre quiere ayuda.

## 1.7 Radical-changing verbs

Some verbs change their stem vowels when the stress falls on them. Example: *jugar* − *juego*.

There are three groups of stem-changing verbs in the present tense:

| o or u − ue: soler (to usually ...) | e − ie: pensar (to think) | e − i: repetir (to repeat) |
|---|---|---|
| suelo | pienso | repito |
| sueles | piensas | repites |
| suele | piensa | repite |
| solemos | pensamos | repetimos |
| soléis | pensáis | repetís |
| suelen | piensan | repiten |

The 'we' and 'you plural' form remain regular because the stem vowel is not stressed.

**Ex 1.7a** Classify these verbs in three groups according to their stem change:

*dormir* (to sleep)    *conseguir* (to obtain)
*jugar* (to play)    *preferir* (to prefer)
*contar* (to count)    *cerrar* (to close)
*empezar* (to begin)    *pedir* (to ask for)
*volver* (to return)    *volar* (to fly)
*entender* (to understand)    *elegir* (to choose)

**Ex 1.7b** Complete the sentences with the correct form of the verb in brackets.
1 En verano, yo ...... (preferir) tomar el sol en la playa.
2 El cocinero no ...... (recomendar) el pescado.
3 Los estudiantes ...... (entender) las instrucciones del profesor.
4 Kelly siempre ...... (pensar) antes de responder.
5 Mi hermano y yo ...... (jugar) al tenis por la tarde.
6 Si ...... (llover), voy al gimnasio.
7 Susana y Clara, ¿qué ...... (soler) hacer al mediodía?
8 Cuando están de vacaciones, ...... (almorzar) más tarde.

## 1.8 Reflexive verbs

The action of a subject is directed back to him/her: *me ducho* − I have a shower (I shower myself).

The infinitive has *–se* after its ending: *ducharse* (to have a shower).

To conjugate, place the corresponding reflexive pronoun (*me, te, se, nos, os, se*) immediately before the verb.

| | ducharse (to have a shower) |
|---|---|
| yo | **me** duch**o** |
| tú | **te** duch**as** |
| él/ella/Ud. | **se** duch**a** |
| nosotros/as | **nos** duch**amos** |
| vosotros/as | **os** duch**áis** |
| ellos/ellas/Uds. | **se** duch**an** |

With the infinitive (*–ar, –er, –ir*), gerund (*–ando, –iendo*) and commands attach the reflexive pronoun to the end of the verb.

Examples: *antes de ducharme* (before showering **myself**)

*Está bañándose.* (He's having a bath − bathing **himself**.)

*Levántate en seguida.* (Get [yourself] up immediately.)

**Ex 1.8a** What do these reflexive verbs mean?

| | | | |
|---|---|---|---|
| 1 | levantarse | 7 | secarse |
| 2 | afeitarse | 8 | mirarse |
| 3 | quitarse | 9 | bañarse |
| 4 | cepillarse | 10 | ponerse |
| 5 | ducharse | 11 | maquillarse |
| 6 | despertarse | 12 | lavarse |

**Ex 1.8b** Use the verbs in exercise 1.8a to complete each sentence using the 'yo' form.

1 *Habitualmente el despertador suena a las seis pero no ...... hasta las seis y media.* Usually the alarm clock goes off at six but I don't get up until six thirty.

2 *Voy al cuarto de baño donde ...... la cara y ...... en el espejo.* I go into the bathroom where I wash my face and look at myself in the mirror.

3 *Después ...... el pijama y entro en la ducha.* Afterwards I take off my pijamas and go into the shower.

4 *Cuando termino ...... con la toalla y ...... el uniforme.* When I finish I dry myself with the towel and I put on my uniform.

**Ex 1.8c** Rewrite the sentences in exercise 1.8b in the third person singular (he/she).

## 1.9 Verbs and expressions + infinitive

Take care with certain verb constructions which take an infinitive:

*tener que* + infinitive: to have to do something (must)
*deber* + infinitive: must, ought to do something
*hay que* + infinitive: have to, must, ought to do something
*querer* + infinitive: to want to do something
*poder* + infinitive: to be able to do something

## 1.10 Impersonal and third person verbs

In opinions such as *me gusta, me fascina, me interesa* ... etc:
- Use the definite article *el, la, los, las* before the noun. Add *'n'* to the verb when it is followed by a plural noun.
- Use the pronouns *me, te, le, nos, os, les*.

*Me gusta el té.* – I like tea. *Les gusta el té.* – They like tea. But: *Me gusta**n** los gato**s**.* – I like cats. *Les gusta**n** los gatos.* – They like cats.

This also occurs with a few other verbs such as *doler* (to hurt): *Me duele la cabeza.* – My head hurts. (I have a headache.) *Me duele**n** los brazos.* – My arms hurt.

Use *se* + **third person** to communicate the idea of 'one' or 'you/ we' in a generalised way.

*Se cometieron muchos errores.* Many mistakes were made.

A very useful impersonal verb is *se debe* + **infinitive** which translates as 'one must/we must':

*Se debe comer sano.* One must eat healthily.

In Spanish impersonal verbs are often used to avoid the passive.

**Ex 1.10a** Say in Spanish that ...

| | |
|---|---|
| 1 | ... you love bungee-jumping |
| 2 | ... canoeing facinates her |
| 3 | ... we are interested in rock climbing |
| 4 | ... they love football |
| 5 | ... you don't like tennis |
| 6 | ... he is not interested in science |
| 7 | ... they are fascinated by medicine |
| 8 | .... you are interested in losing weight |
| 9 | ... your feet hurt |
| 10 | ... her tummy aches |

**Ex 1.10b** Answer the questions.

1 ¿Qué se habla en Perú?
2 ¿Qué se come en Inglaterra?
3 ¿Qué deportes se practican en tu instituto?
4 ¿Qué se bebe en tu casa?
5 ¿Qué se hace en la piscina?
6 ¿Dónde se come bien?

**Ex 1.10c** Join the two parts of the sentences so that it makes the most sense.

| | | | |
|---|---|---|---|
| 1 | En la pescadería ... | 5 | En los museos ... |
| 2 | En las montañas... | 6 | En la piscina ... |
| 3 | En el hospital ... | 7 | En España ... |
| 4 | En el bar ... | 8 | En los lugares públicos ... |

a ... se curan los enfermos.
b ... se sirven cafés.
c ... se exhiben obras de arte.
d ... se come la dieta mediterránea.
e ... se prohíbe fumar.
f ... se compra el pescado.
g ... se aprende a nadar.
h ... se practica el esquí.

## 1.11 The present continuous

This tense is used to describe actions happening at the moment and is formed with the present of the verb *estar* and the gerund:

*Estoy cant**ando*** (*cantar*)   I am singing
*Estoy beb**iendo*** (*beber*)   I am drinking
*Estoy escrib**iendo*** (*escribir*) I am writing

There are some irregular gerunds, including those of radical-changing verbs, e.g. *leyendo*.

**Ex 1.11a** Write the gerund of *e>ie* verbs following the example:
sentir     sintiendo
pedir      ......
mentir     ......

**Ex 1.11b** Do the same with *o>ue* verbs:
dormir     durmiendo
morir      ......

## 1.12 Time clauses

Use *hace* or the verb *llevar* to indicate the length of time an action has been taking place.

I have been studying for three days:

*Hace* + time + *que* + present: *Hace tres días que estudio.* OR
Present + *desde hace* + time: *Estudio desde hace tres días.* OR
*Llevar* + time + gerund: *Llevo tres días estudiando.*

Use *hace* with the preterite to mean 'ago': *Aprendí a nadar hace tres años.* I learnt to swim three years ago.

**Ex 1.12  Answer the questions.**
1  ¿Hace cuánto tiempo que estudias español?
2  ¿Desde cuándo vives en tu casa?
3  ¿Cuánto tiempo hace que conoces a tu mejor amigo?
4  ¿Cuántas horas hace desde que desayunaste?
5  ¿Cuánto tiempo llevas sin visitar a tus abuelos?
6  ¿Hace cuánto tiempo que vas a tu colegio actual?
7  ¿Hace cuánto tiempo que practicas tu deporte favorito?
8  ¿Cuánto tiempo llevas viviendo en tu ciudad?

## 1.13 Immediate future

Use the present tense of the verb *ir* + *a* + **infinitive** to say what you or someone else is going to do.

| | |
|---|---|
| *Voy a ir* | I am going to go |
| *Vas a ir* | you (singular) are going to go |
| *Va a ir* | he/she is going to go |
| *Vamos a ir* | we are going to go |
| *Vais a ir* | you (plural) are going to go |
| *Van a ir* | they are going to go |

**Ex 1.13a  Translate the following:**
1  I am going to visit my grandma.
2  We are going to study maths.
3  They are going to play tennis in the sports centre.
4  We are going to do the shopping after breakfast.
5  I am going to watch TV in the lounge.
6  Mum is going to dance with her friends.

**Ex 1.13b  Say what your plans are for tomorrow.**
1  Si mañana llueve …
   … primero − desayunar en la cocina.
   … después − leer mis emails.
2  Por la tarde …
   … ir a casa de mi amigo/a.
   … jugar con el ordenador.
3  Por la noche …
   … alquilar un DVD.
   … leer veinte minutos.

## 1.14 Quantifiers

Use these to add additional information. When the quantifier is followed by an adjective it does not change:

*un poco* (a little), *muy* (very), *demasiado* (too) + adjective: **muy** *contento* (very happy), **muy** *contenta* (very happy).

When the quantifier is followed by a noun use the gender and number of the noun it refers to:

*mucho café* (a lot of coffee) BUT *muchas casas* (lots of houses)

**Ex 1.14  Translate the following:**

| | | | |
|---|---|---|---|
| 1 | very friendly | 5 | too big |
| 2 | a lot of homework | 6 | very small |
| 3 | too cold | 7 | lots of people |
| 4 | a little tired | 8 | very strict |

## 1.15 Interrogatives

Use an upside question mark at the beginning of the sentence and a regular one at the end to differentiate between questions and statements:

| **Statement:** | **Question:** |
|---|---|
| *Tienes hermanos.* | *¿Tienes hermanos?* |
| You have siblings. | Do you have siblings? |

Note that all question words have accents:

| | |
|---|---|
| *¿Qué?* What? | *¿A qué hora?* At what time? |
| *¿Por qué?* Why? | *¿Cómo?* How? |
| *¿Quién/quiénes?* Who? | *¿Cuál/Cuáles?* Which? |
| *¿Adónde/Dónde?* Where (to)? | *¿Cuándo?* When? |
| *¿Cuánto/Cuánta/Cuántos/Cuántas?* How much/how many? | |

**Ex 1.15  Write the correct question word to complete the sentence so that it makes sense.**
1  ¿...... sale el tren a Salamanca?
2  ¿...... es tu cumpleaños?
3  ¿...... es el chico de la camisa blanca?
4  ¿...... vamos a ir el sábado por la noche?
5  ¿...... están mis llaves?
6  ¿...... cuestan estos pantalones?
7  ¿...... te gusta más?
8  ¿...... es tu pueblo?

# Unit 1B

## 1.16 Adjectives

Use adjectives to describe people and things. You generally place them after the noun they describe.

Use the correct ending depending on the gender (masculine/feminine) and number (singular/plural) of the noun being described:

| | **Masculine** | **Feminine** |
|---|---|---|
| **Singular** | *un chico alto* a tall boy | *una chica alta* a tall girl |
| **Plural** | *unos chicos altos* some tall boys | *unas chicas altas* some tall girls |

Many adjectives end in *-o* in the masculine and in *-a* in the feminine form: **un niño** *bueno*, **una niña** *buena* (a good boy, a good girl).

Adjectives that end in *-e* or *-l* in the masculine don't change in the feminine form: **un coche** *verde* (a green car), *una casa verde* (a green house), **un ejercicio** *fácil* (an easy exercise), *una tarea fácil* (an easy task).

The few adjectives that end in *-a* in the masculine don't change in the feminine form: *un jóven deportista* (a sporty young boy), *una joven deportista* (a sporty young girl).

Some adjectives are positioned before the noun and lose the *-o* before a masculine noun: *un **buen** profesor* (a good teacher), *un **mal** momento* (a bad moment), *el **primer** examen* (the first exam), *el **tercer** piso* (the third floor), ***ningún** problema* (no problem), ***algún** amigo* (some friend).

At times the position of the adjectives changes the meaning of the word: *un **pobre chico*** (an unfortunate boy), *un **chico pobre*** (a poor boy).

***Grande*** becomes ***gran*** before both masculine and feminine nouns: *un **gran** artista* (a great artist), *una **gran** exhibición* (a great exhibition).

**Ex 1.16a** Complete the table.

| English | Masculine singular | Feminine singular | Masculine plural | Feminine plural |
|---|---|---|---|---|
| Example: red | rojo | roja | rojos | rojas |
| | loco | | | |
| | alto | | | |
| | azul | | | |
| | débil | | | |
| | guapo | | | |
| | exigente | | | |
| | amable | | | |

**Ex 1.16b** Translate the following:

1 a kind friend
2 a pretty girlfriend
3 some crazy teachers
4 the intelligent women
5 the blue trousers
6 a big day
7 the tall girls
8 a great singer
9 the artistic director
10 the weak students
11 the unfortunate parents
12 the third day

## 1.17 Comparatives

Use these to compare one thing or person with another.

| Regular | Exceptions |
|---|---|
| *más ... que* (more ... than) *menos ... que* (less ... than) *tan ... como* (as... as) **Example:** *Ana es **más** alta **que** yo.* Ana is taller (more tall) than me. | *más bueno* − *mejor* (better) *más malo* − *peor* (worse) *más viejo* − *mayor* (older) *más joven* − *menor* (younger) **Example**: *Elsa es **mayor que** Alex.* Elsa is older than Alex. |

**Ex 1.17a** Compare the following.

**Example**: madre/padre/estricta − Mi madre es más estricta que mi padre.

1 Mi abuelo/mi padre/mayor
2 Mi dormitorio/la cocina/pequeño
3 El colegio/la piscina/cerca
4 Los pantalones vaqueros/el vestido/caros

**Ex 1.17b** Now compare the following hobbies adding your own adjective.

1 Judo/lectura/......
2 Boxeo/ver la tele/......
3 Baloncesto/golf/......
4 Fútbol/navegar por Internet/......

## 1.18 Superlative

Use the superlative to compare one thing or person to several others.

| | Masculine | Feminine |
|---|---|---|
| **Singular** | el más ... | la más ... |
| **Plural** | los más ... | las más ... |

*Este profesor es **el más** inteligente del colegio.* This is the most intelligent teacher in the school.

Leave out *el/la/los/las* when the superlative follows the noun:

*Éste es el libro **más** interesante que he leído recientemente.* This is the most interesting book I have read recently.

*lo mejor/lo peor* − the best thing/the worst thing
***Lo mejor** de mi casa es el jardín.* The best thing about my house is the garden.

## 1.19 Absolute superlative

Add the endings *–ísimo/a/os/as* to adjectives to add emphasis.
*Mi madre es pesadísima.*    My mum is really, really annoying.

**Ex 1.19a** Look at the line up and make sentences using the adjectives in the box.

**Example**: Javier es el más elegante.

| alto  bajo  gordo  delgado  guapo  feo  elegante  serio |
|---|

**Ex 1.19b** Now add emphasis to your sentences.
**Example**: Javier es elegantísimo.

## 1.20 Possession

One way to express possession is by using the preposition *de*:

*el dormitorio **de** mi hermano* − my brother's bedroom

When using possessive adjectives, they must agree with the noun they describe:

|  | Masculine singular | Feminine singular | Masculine plural | Feminine plural |
|---|---|---|---|---|
| my | mi | mi | mis | mis |
| your (familiar) | tu | tu | tus | tus |
| his/her/your (formal) | su | su | sus | sus |
| our | nuestro | nuestra | nuestros | nuestras |
| your (familiar) | vuestro | vuestra | vuestros | vuestras |
| their/your (formal) | su | su | sus | sus |

| My: | Masculine | Feminine |
|---|---|---|
| **Singular** | mi hermano | mi hermana |
| **Plural** | mis hermanos | mis hermanas |

**Ex 1.20  Complete the sentences with the correct possessive adjectives.**
1 ... padres no me dejan salir de noche.
2 Sofía tiene que compartir ... dormitorio con ... dos hermanas pequeñas.
3 Carlos, ¿tienes ... entrada para el concierto?
4 Los chicos olvidaron ... libros en clase.
5 Vivo en una casa grande con ... padres, ... hermanos y ... perro Lepe.
6 Jorge y Luisa viven en Córdoba; ... casa es muy grande.

## 1.21  Personal 'a'

Use the preposition **'a'** after all verbs, except *tener*, when the direct object is a person or an animal:

*Llamo **a** Bea. I call Bea.* BUT *Compro un libro. I buy a book.*

**Ex 1.21  Rewrite the following sentences filling in the blanks with the personal 'a' where necessary.**
1 Voy a ver ... mi familia.
2 Tenemos que ayudar ... nuestros padres.
3 Tengo ... cinco hermanos.
4 Están llamando ... su hija.
5 Esperamos ... un email de Silvia.
6 Voy a beber ... un café.

## 1.22  Negative form

Form the negative by putting the word **no** in front the verb:

*Es simpático.* − He is nice.
*No es simpático.* − He is not nice.

**Ex 1.22  Answer these questions using the negative form.**
**Example**: *¿Es alto? No, no es alto.*
1 ¿Tienes 18 años?
2 ¿Vives en Madrid?
3 ¿Eres un(a) buen(a) estudiante?
4 ¿Hay seis personas en tu familia?
5 ¿Te gusta ver la tele?
6 ¿Pasas la aspiradora en casa?
7 ¿Te llevas mal con tus padres?
8 ¿Lleváis uniforme en el instituto?

## 1.23  Future simple

Use this future to talk about what you **will** do.

Keep the full infinitive and add the relevant ending which is the same for -*ar*, -*er* and -*ir* verbs.

*viajar**é**, viajar**ás**, viajar**á**, viajar**emos**, viajar**éis**, viajar**án***

Learn these common irregular futures. Note that all verbs follow the same pattern of endings. *hacer−haré; poner−pondré; querer− querré; saber−sabré; salir−saldré; tener−tendré; venir−vendré.*

**Ex 1.23  Rewrite these sentences in the future simple.**
1 Este verano voy a ir a Vietnam de vacaciones.
2 Va a hacer muy buen tiempo.
3 Vamos a ir a una fiesta después del instituto.
4 Soraya va a ir a Honduras y va a aprender español allí.
5 Voy a viajar en avión porque es más rápido.
6 Voy a dormir hasta muy tarde todas las mañanas.
7 Voy a ponerme un vestido muy elegante.
8 Mis amigos van a salir esta noche.
9 Pero yo voy a tener a volver a casa temprano.
10 Mis abuelos van a venir a visitarnos.

# Unit 2A

## 2.1  Negatives

Remember − use *no* in front of a statement to make it negative:

*Juego al golf.* (I play golf.) − *No juego al golf.* (I don't play golf.)

**Other common negatives:**

| nunca, jamás | never | tampoco | neither |
|---|---|---|---|
| nada | nothing | ninguno/a | none |
| nadie | no one | ni ... ni | neither ... nor |

Be aware that two or even three negative words can be used in the same sentence in Spanish:

***Nunca** viene **nadie** temprano.* − No one ever comes early.

**Ex 2.1  Fill in the blanks with the appropriate negative word.**
1 Juan no quiere hacer ......
2 No conozco a ...... en este colegio.
3 No hay ...... nuevo.
4 Yo todavía no he trabajado ......
5 ...... iría de vacaciones con mis padres.
6 Marisol no viene ...... a verme.

## 2.2 Preterite tense

Use to speak about actions that began and ended in the past.

| | hablar (to speak) | comer (to eat) | vivir (to live) |
|---|---|---|---|
| yo | hablé | comí | viví |
| tú | hablaste | comiste | viviste |
| él/ella/Ud. | habló | comió | vivió |
| nosotros/as | hablamos | comemos | vivimos |
| vosotros/as | hablasteis | comisteis | vivisteis |
| ellos/ellas/Uds. | hablaron | comieron | vivieron |

Watch out for spelling changes:

c – qu: tocar – toqué      g – gu: jugar – jugué

z – ce: empezar – empecé

Some –ir verbs change in the third person singular and plural in the preterite tense.

The e changes to i and the o changes to u. Write out in full the verbs dormir and sentir.

There are many irregular verbs in the preterite, but remember that some of them have similar patterns:

poder     pude, pudiste, pudo

poner     puse, pusiste, puso

dar       di, diste, dio

ver       vi, viste, vio

tener     tuve, tuviste, tuvo

estar     estuve, estuviste, estuvo

Some other verbs which are irregular in the preterite tense are ir, ser, hacer and decir.

**Ex 2.2a Complete the sentences with the right verb.**

1  Julio, ¿adónde ...... ayer?
2  Mis padres ...... Mallorca el verano pasado.
3  Mis amigos ...... muchas fotos en el zoo.
4  Yo ...... al fútbol el fin de semana pasado.
5  Hace dos años mis primos y yo ...... en aquel restaurante famoso.
6  Pedro y María, ¿ ...... ayer por la noche?

a  jugué       d  sacaron
b  salisteis    e  comimos
c  fuiste       f  visitaron

**Ex 2.2b Use your imagination and answer these questions.**

1  ¿A qué hora salió el tren para París?
2  ¿Viajaste en avión?
3  ¿Fuisteis al cine el domingo?
4  ¿Cuándo cerró la tienda?
5  ¿A qué hora empezaron las clases?
6  ¿Hablaste con el alcalde?

## 2.3 Imperfect tense

Use for actions repeated over an indefinite period of time, to set the scene or to speak about what was happening when something else occurred.

| | hablar (to speak) | comer (to eat) | vivir (to live) |
|---|---|---|---|
| yo | hablaba | comía | vivía |
| tú | hablabas | comías | vivías |
| él/ella/Ud. | hablaba | comía | vivía |
| nosotros/as | hablábamos | comíamos | vivíamos |
| vosotros/as | hablabais | comíais | vivíais |
| ellos/ellas/Uds. | hablaban | comían | vivían |

**Ex 2.3a Choose the right verb for the sentence:**

1  Manuel (iba/iban/ibas) a la fuente con el abuelo cuando era chico.
2  Roberto (era/eran/éramos) mi mejor amigo a los siete años.
3  Mis abuelos (tenía/tenían/teníais) una casa en el campo.
4  Cuando mi familia y yo (vivían/vivíamos/vivía) en California, (tenía/teníamos/teníais) una casa en la costa.

**Ex 2.3b Think back to when you were in primary school and use the verbs in the box to make sentences using the imperfect tense.**

**Example: Jugaba** con mis amigos en el recreo.

jugar   levantarse   estudiar   gustar   tener   llamar
leer   hacer

**Ex 2.3c Preterite or imperfect? Circle the correct verb.**

1  Mi padre durmió/dormía cuando Elena llegó/llegaba a casa.
2  Hubo/había rebajas en mi tienda favorita cuando fui/iba el jueves pasado. ¡Las rebajas fueron/eran fenomenales!
3  Entré/entraba en el mercado cuando empezó/empezaba a llover.
4  Me bañé/Me bañaba cuando sonó/sonaba el despertador.
5  Mientras escuché/escuchaba la radio mi padre me interrumpió/interrumpía.
6  Estuve/estaba en mi dormitorio cuando Silvia telefoneó/telefoneaba.

## 2.4 Adverbs

Use adverbs to describe verbs. Form them by using the feminine adjective and the ending -mente:

*lenta* (slow) – *lentamente* (slowly)
*posible* (possible) – *posiblemente* (possibly)

Some adverbs do not end in -mente:

*siempre/nunca* – always/never
*a menudo/rara vez* – often/seldom
ALSO: *poco, bastante, muy, demasiado, bien, mal.*

**Ex 2.4  Form adverbs from these adjectives.**
1  claro
2  rápido
3  cierto
4  nuevo
5  triste
6  verdadero
7  feliz
8  agradable
9  afortunado
10  normal

## 2.5  Direct object pronouns

They precede the verb and replace nouns to avoid repetition.
To identify the direct object ask 'what?' or 'whom'?
Singular: *me, te, lo/la*      Plural: *nos, os, los/las*

*Prepara **la cena**. – **La** prepara.*
He prepares dinner. – He prepares it. (What does he prepare?)

**Ex 2.5  Answer these questions. Use direct object pronouns to avoid repetition.**
1  ¿Invitaste a Sofía? Sí, ......
2  ¿Compraste los patines? No, ......
3  ¿Tienes las mochilas? Sí, ......
4  ¿Llamaste a tus padres? No, ......
5  ¿Comiste el helado? Sí, ......
6  ¿Ganaron la carrera? Sí, ......

## 2.6  Indirect object pronouns

Use an indirect object pronoun to say **for whom** or **to whom** the action is done.

Singular: *me, te, le*      Plural: *nos, os, les*

*Elisa **me** compró un libro.* – Elisa bought **me** a book.
*Susana **le** dio la entrada.* – Susana gave **him/her** the ticket.

When you have more than one pronoun in a sentence, use the order RID (reflexive, indirect, direct).

Note that the indirect object pronouns *le/les* become se when there is a direct object *lo/la* in the same sentence:
*Le doy el CD a Jaime.* – I give the CD to Jaime.
*Se lo doy.* (NOT *le lo doy*) – I give it to him.

Object pronouns are generally placed immediately before the verb except for infinitive, gerund and command forms, in which case they follow the verb and they become part of the word:
*¡Cómpratelas!* – buy them for yourself!

**Ex 2.6a  Rewrite the sentences substituting the underlined words with the correct pronoun.**
1  Pidió dinero <u>a su madre</u>.
2  Devolví los libros <u>a la biblioteca</u>.

3  Luisa prepara comida <u>para ellos</u>.
4  Escribí un email <u>a ti</u>.
5  Repartimos los juguetes <u>a los niños</u>.
6  Envió una postal <u>a mí</u>.

**Ex 2.6b  Replace the direct and indirect objects with pronouns.**
**Example**: Él compra/las películas/a su novia. – Él se las compra.
1  El agente de viajes hace/las reservas/para ellos.
2  El hombre del tiempo explica/el tiempo/a los televidentes.
3  Jorge trae/los regalos/a nosotras.
4  Rosario prepara/un café irlandés/para mí.
5  Pedro no dice/las buenas noticias/a vosotros.
6  El médico da/una receta/al enfermo.

## 2.7  Emphatic pronouns

These are used after certain prepositions such as **para, detrás de, al lado de**.

You can also use the preposition *con*, but note:
*conmigo*      with me
*contigo*      with you

| *para mí* | for me |
|---|---|
| *para ti* | for you |
| *para él/ella* | for him/her |
| *para usted* | for you (singular and polite) |

| *para nosotros/as* | for us |
|---|---|
| *para vosotros/as* | for you (plural) |
| *para ellos/as* | for them |
| *para ustedes* | for you (plural and polite) |

Remember the direct object pronoun replaces the noun just referred to, so it must be either *le* – masculine person, *lo* – masculine object, or *la* – feminine person or thing.

The indirect object pronoun describes the person to whom the action is done: *me, te, le, nos, os, les.*

Note that when you need to use both a direct and an indirect object pronoun in the same sentence the indirect pronoun comes first and changes to *se*.

**Ex 2.7  Fill the gaps with the appropriate emphatic pronouns.**
a  El café es para ...... . Le gusta mucho el capuccino.
b  Par ......, un bocadillo de chorizo. Me encanta la comida rápida.
c  Para ......, unas tapas y unas cervezas. Nos gusta mucho ir a los bares.
d  Voy a comprar unas Coca-Colas para ...... . Les encantan los refrescos.
e  Y para ......, ¿qué quieres?

nosotros   él   mí   ti   ellos

## 2.8  Cardinal numbers

| | | |
|---|---|---|
| 1 uno/a | 10 diez | 100 cien |
| 2 dos | 20 veinte | 200 doscientos/as |
| 3 tres | 30 treinta | 300 trescientos/as |
| 4 cuatro | 40 cuarenta | 400 cuatrocientos/as |
| 5 cinco | 50 cincuenta | 500 quinientos/as |
| 6 seis | 60 sesenta | 600 seiscientos/as |
| 7 siete | 70 setenta | 700 setecientos/as |
| 8 ocho | 80 ochenta | 800 cientos/as |
| 9 nueve | 90 noventa | 900 novecientos |

| | | |
|---|---|---|
| 1000 mil | 20.000 veinte mil | 1.000.000 un millón |
| 2000 dos mil | 200.000 doscientos mil | 2.000.000 dos millones |

Beware: veintiuno, veintidós BUT treinta **y** uno, sesenta **y** dos

*Uno* changes to *un* before a masculine noun: *veintiún estudiantes* (compare *veintiuna mesas*).

*Ciento* changes to *cien* before masculine and feminine nouns and *mil* and *millones*:

*cien chicos y cien chicas, cien mil personas, cien millones de personas*

---

**Ex 2.8a**  Practise saying these phone numbers out loud.

**Example**: 91 347 74 93 – noventa y uno, tres cuatro siete, siete cuatro, nueve tres.

| | | | |
|---|---|---|---|
| **1** | 94 803 34 30 | **5** | 93 384 94 20 |
| **2** | 92 706 49 94 | **6** | 93 445 35 25 |
| **3** | 93 869 93 93 | **7** | 97 234 93 19 |
| **4** | 97 877 39 65 | **8** | 91 882 83 15 |

**Ex 2.8b**  Write these numbers out.

| | | | |
|---|---|---|---|
| **1** | 1.008.907 | **5** | 768.909 |
| **2** | 87.798 | **6** | 3.467.892 |
| **3** | 14.679 | **7** | 7.945.932 |
| **4** | 176.077 | **8** | 78.657 |

---

## 2.9  Ordinal numbers

Do not use ordinal numbers for dates except for 'first': *El **primero** de agosto* BUT *el **ocho** de diciembre.*

Place the ordinal number in front of the noun it describes. *Primero* and *tercero* drop the **-o** before masculine nouns: *el **primer** piso* (the 1st floor).

Use the feminine ending when describing a feminine noun: *el **segundo** piso* BUT *la **segunda** planta.*

| | | | |
|---|---|---|---|
| 1st | primero/a | 6th | sexto/a |
| 2nd | segundo/a | 7th | séptimo/a |
| 3rd | tercero/a | 8th | octavo/a |
| 4th | cuarto/a | 9th | noveno/a |
| 5th | quinto/a | 10th | décimo/a |

---

**Ex 2.9**  Translate the following:

| | | | |
|---|---|---|---|
| **1** | the third floor | **5** | the ninth of January |
| **2** | the fifth year | **6** | the first books |
| **3** | the tenth street | **7** | the third student |
| **4** | the third table | **8** | the sixth door |

---

## 2.10  Dates, months and expressions of time

Do not use a capital letter for days and months unless they are placed at the beginning of a sentence.

| **Los días de la semana** | **Los meses del año** |
|---|---|
| lunes, martes, miércoles, jueves, viernes, sábado, domingo | enero, febrero, marzo, abril, mayo, junio, julio, agosto, septiembre, octubre, noviembre, diciembre |

Always use the definite articles *el/los* before days of the week:
*El martes iré al cine.* – On Tuesday I will go to the cinema. (once)
*Los lunes voy al cine.* – On Mondays I go to the cinema. (regular)

Use the preposition *por* to refer to a particular part of the day:
*el lunes **por** la mañana* (on Monday morning).

**Other expressions of time:**

| | |
|---|---|
| *el lunes pasado, la semana pasada, ayer* | last Monday, last week, yesterday |
| *mañana, pasado mañana* | tomorrow, the day after tomorrow |
| *el año que viene, el verano que viene* | next year, next summer |

---

**Ex 2.10**  Translate these sentences.

**1**  My birthday is on the 25th February.
**2**  On Wednesdays I play golf with my brother.
**3**  On Tuesday night I go to the cinema with my friend.
**4**  The day before yesterday I had a headache.
**5**  Next year I will buy a horse.
**6**  On Mondays and Tuesdays I go to the gym.

---

# Unit 2B

## 2.11  Conditional

Use to express what you **would** do or what **would** happen.

Keep the full infinitive and add the relevant ending which is the same for *-ar*, *-er* and *-ir* verbs.

*hablaría, hablarías, hablaría, hablaríamos, hablaríais, hablarían*

Remember the irregular forms are the same as for the future tense and all verbs have the same pattern for the endings.

---

**Ex 2.11**  Imagine what would you do if you won the lottery. Write ten sentences.

**Example**: Compraría una mansión con doce habitaciones.

conducir un coche    viajar por el mundo
vivir en un país exótico    hacer obras de caridad
ser lo mismo que siempre

## 2.12 Perfect tense

Use the present tense of *haber* (*he, has, ha, hemos, habéis, han*) followed by the past participle.

Beware that *haber* is an auxiliary verb and cannot be used as a synonym of *tener*.

To form the past participle add **-ado** to the stem of *-ar* verbs and **-ido** to the stem of *-er* and *-ir* verbs.

*He jugado a las cartas.* − I have played cards.
*Hemos ido al cine.* − We have gone to the cinema.

Here are some common irregular past participles to learn:

| | | | |
|---|---|---|---|
| *abrir* (to open) | *abierto* | *poner* (to put) | *puesto* |
| *escribir* (to write) | *escrito* | *romper* (to break) | *roto* |
| *hacer* (to do) | *hecho* | *ver* (to see) | *visto* |
| *morir* (to die) | *muerto* | *volver* (to return) | *vuelto* |

**Ex 2.12** Use the verbs in the box with their correct perfect forms to complete these sentences.

1 Mi hermana se levantó a las seis pero yo ...... hasta las doce.
2 Mis padres no ...... del trabajo todavía.
3 Kike, ¿...... al rugby esta mañana?
4 Ellos ...... temprano porque tenían hambre.
5 Mi amiga y yo ...... la natación desde los seis años.
6 Me ...... los oídos toda la semana.
7 Estoy tan ocupada que no ...... la tele desde el jueves.
8 Sara ...... tres emails a Jorge.

> volver  doler  dormir  escribir  desayunar  jugar
> practicar  ver

# Unit 3A

## 3.1 Recognising present and past tenses

We use **the present tense** to talk about what happens normally, generally, every year, sometimes, etc:

(Usually) I get up late during the holidays.
*Me levanto tarde durante las vacaciones.*

*-ar:* -o, -as, -a, -amos, -áis, -an

*-er:* -o, -es, -e, -emos, -éis, -en

*-ir:* -o, -es, -e, - imos, -ís, -en

**The preterite** indicates a completed action in the past and is often accompanied by time phrases such as 'yesterday', 'last week', etc:

I went to the cinema.    *Fui al cine.*

**The imperfect** is used to set the scene:

The weather was nice.    *Hacía buen tiempo.*

It is also used to talk about what we used to do:

I used to spend my holidays in Devon.
*Pasaba mis vacaciones en Devon.*

And to explain what we were doing:

I was fishing.    *Estaba pescando.*

|  | Preterite | Imperfect |
|---|---|---|
| *-ar* | -é, -aste, -ó, -amos, -asteis, -aron | -aba, -abas, -aba, -ábamos, -abais, -aban |
| *-er + -ir* | -í, -iste,- ió, -imos, -isteis, -ieron | -ía, -ías,- ía, -íamos, -íais, -ían |

**Ex 3.1a** Fill in the grid with the correct endings for each tense.

| Preterite tense | | Imperfect tense | |
|---|---|---|---|
| **-ar** | **-er, -ir** | **-ar** | **-er, -ir** |
| -é | | -aba | |
| -aste | | | -ías |
| | -ió | -aba | |
| -amos | | | -íamos |
| | -isteis | | |
| -aron | | | -ían |

**Ex 3.1b** Which of these verbs are irregular in the preterite? Can you think of more?

> hacer  salir  poder  estar  dar  tomar  hablar  ver

**Ex 3.1c** Choose the correct tense for each sentence.

a Cuando era pequeño pasé/pasaba las vacaciones con mis abuelos.
b El año pasado pasamos/pasábamos las vacaciones en Suiza.
c Cuando viví/vivía en Gijón, salí/salía con mis amigos todas las noches.
d Mi madre tomó el sol/tomaba el sol cuando saqué/sacaba la foto.
e El año pasado estuve/estaba en Tenerife.
f Mis amigos durmieron/dormían por la mañana mientras yo estuve/estaba en la playa.
g El verano pasado no fui/iba de vacaciones porque suspendí/suspendía mis exámenes.
h Mis abuelos siempre pasaron/pasaban sus vacaciones con nosotros.

**Ex 3.1d** Translate these sentences into Spanish.

a When I was little I used to love going to the beach with my grandmother.
b Last year I went to Puerto Rico with my sister.
c We used to travel to Andalucía by car but last year we flew with easyJet.
d I made a reservation for two rooms with shower.
e I was sunbathing when it started to rain.

**Ex 3.1e** Read this letter and write down all the imperfect and preterite verbs in two columns.

¡Hola! ¿qué tal?

Acabo de volver de mis vacaciones en Vigo. Fueron estupendas – fui a la playa y me bañé mucho, y por las tardes salí con mis amigos a los bares del centro. Hacía un tiempo estupendo pero el agua estaba siempre fría – ¡es normal porque es el Atlántico! Ayer fui al cine con mis hermanos a ver una película americana. ¡No había nadie más en el cine porque hacía calor! Se trataba de una comedia romántica que no estuvo mal. ¡Ya sé que antes no soportaba esas películas porque las creía estúpidas pero ahora no me importa tanto y me reí bastante!

¿Y tú? ¿Qué hiciste durante tu tiempo libre en las vacaciones? ¿Qué películas te gustan? ¿Han cambiado tus preferencias?

Ya me contarás.

Un abrazo,

Luis

## 3.2 Present and past continuous

Use the present continuous to express a continuing action in the present which is still in progress and not yet completed:

*Estoy estudiando español.* – I am studying Spanish.

Use the present tense of the verb *estar* + gerund. To form the gerund, add *-ando* to the stem of *-ar* verbs and add *-iendo* to the stem of *-er* or *-ir* verbs:

*hablar* (to speak) – *hablando* (speaking)
*comer* (to eat) – *comiendo* (eating)
*vivir* (to live) – *viviendo* (living)

Use the past continuous to express a continuing action in the past which is often interrupted by a second shorter action in the preterite:

*Estaba cocinando (cuando llegaste).* – I was cooking (when you arrived).

**Ex 3.2** Complete these sentences with the present or past continuous of the verbs in the box.
1 El chico ...... la radio.
2 En la playa, los niños ...... un castillo de arena.
3 Yo ...... la tele cuando mi hermano llegó a casa.
4 Mi hermano ...... en la piscina.
5 Mis padres ...... la comida para mi fiesta.
6 Sofía ...... francés cuando la profesora enfermó.
7 Ahora yo ...... la cena para mi familia.
8 Mis amigos y yo ...... una película.

ver  escuchar  preparar  nadar  comprar
estudiar  hacer  mirar

## 3.3 Relative pronouns

These may refer to people, things, actions, events or ideas and generally introduce a subordinate clause.
*que* – that
*quien/quienes* – who
*el/la cual, los/las cuales* – which
*Fernando, quien ganó el concurso de cocina, es un buen cocinero.*
Fernando, who won the competition, is a good cook.

Use *lo que* or *lo cual* to refer to a statement, concept or idea previously mentioned:
*La dieta mediterranea es más sana, **lo que** me resulta interesante.* The Mediterranean diet is healthy, which I find interesting.

**Ex 3.3** Combine both sentences in one using a relative pronoun to avoid repetition.
**Example**: La casa está cerca del colegio. La casa es de Juanjo.
– La casa que está cerca del colegio es de Juanjo.
1 Las flores son más bonitas. Las flores están en el parque.
2 Vimos los leones en el zoo. Los leones son de Kenia.
3 Vimos la película. La película no fue interesante.
4 Esteban vio a las mujeres. Las mujeres no pagaron por sus entradas.
5 La cantante es muy famosa. La cantante tiene miedo a engordar.
6 Marlo es un buen amigo. Marlo toca el piano.

## 3.4 Possessive pronouns

They agree in gender and number with the noun they replace. Always use the appropriate definite article except after the verb *ser*:
*mi piso y **el tuyo*** – my flat and yours
*Estas manzanas son **nuestras**.* – These apples are ours.

|  | Singular | Plural |
|---|---|---|
| **mine:** | el mío, la mía | los míos, las mías |
| **yours:** | el tuyo, la tuya | los tuyos, las tuyas |
| **his, hers, its, yours:** | el suyo, la suya | los suyos, las suyas |
| **ours:** | el nuestro, la nuestra | los nuestros, las nuestras |
| **yours:** | el vuestro, la vuestra | los vuestros, las vuestras |
| **theirs, yours:** | el suyo, la suya | los suyos, las suyas |

**Ex 3.4** Replace the word in brackets with the appropriate form of the possessive pronoun.
1 Tu perro y (*hers*)
2 Su médico y (*mine*)
3 Sus deberes y (*yours singular*)
4 Mis amigos y (*yours plural*)
5 Nuestro instituto y (*theirs*)
6 Tu madre y (*mine*)
7 Mi cerveza y (*yours singular*)
8 Nuestra dieta y (*yours plural*)

## 3.5 *Ser* and *estar*

*Ser* and *estar* both mean 'to be' so it is important to know when to use each one.

*Ser* is used for permanent characteristics including:

| | |
|---|---|
| Materials | *El vaso es de cristal.* |
| Nationality | *Soy inglés.* |
| Physical description | *Soy alto.* |
| Personality | *Soy divertido.* |
| Profession | *Soy arquitecto.* |
| The time | *Son las tres.* |

*Estar* is used for temporary states including:

| | |
|---|---|
| Moods | *Estoy deprimido.* |
| Location | *El coche está en el garaje.* |
| (any type) | *Londres está en Inglaterra.* |

### Ex 3.5  Complete these sentences.
1  Mi casa ...... bonita y ...... en las afueras de la ciudad.
2  Manolo, que ...... en mi curso, ...... de Portugal.
3  ...... muy contentos hoy porque mañana ...... sábado.
4  Ayer ...... enferma pero hoy ...... mi cumpleaños y me siento mejor.
5  El próximo año ...... muy trabajadora porque ...... cursando 5º de bachillerato.

## 3.6  Prepositions (including *por* and *para*)

Prepositions indicate where a person or object is:
  *en* − in, on, by: *en el parque, en la estación, en coche*

Many other prepositions are followed by *de*: *delante de, enfrente de, al lado de.*

Use *por* to specify motive, means or exchange. It translates as: by, through, because of, out of, for the sake of, for:
  *Le di las gracias **por** su ayuda.* I thanked him for his help.

Use *para* to indicate purpose, suitability or destination. It translates as: for, to, in order to, so as to:
  *Es un regalo **para** Clara.* It's a present for Clara.

### Ex 3.6  Fill in the gaps with '*por*' or '*para*' as appropriate.
1  No pudo venir al cine ... estar enfermo.
2  Vamos a salir ... Marruecos el jueves.
3  Hay que ser rico ... viajar a menudo.
4  Elisa es demasiado joven ... comprender el problema.
5  Estas revistas no son ... mí.
6  Voy a llamar a Cecilia ... teléfono esta noche.
7  Normalmente voy de vacaciones ... descansar.
8  Pagó 60€ ... las entradas.

## 3.7  Demonstrative adjectives and pronouns

Demonstrative adjectives always precede the noun and agree with it in gender and number.

| | this/these | | that/those | | that one/those ones (over there) | |
|---|---|---|---|---|---|---|
| | Masc. | Fem. | Masc. | Fem. | Masc. | Fem. |
| **Singular** | este | esta | ese | esa | aquel | aquella |
| **Plural** | estos | estas | esos | esas | aquellos | aquellas |

*estas bicis* − these bikes    *esas bicis* − those bikes
*aquellas bicis* − those bikes over there (even further away)

Demonstrative pronouns replace a noun, agreeing with its gender and number. They usually take an accent.
*No es esta bici, es ésa.* It is not this bike, it is that one.

Use the neuter form of the pronoun *esto* (this), *eso* (that) and *aquello* (that over there) for things whose gender is unknown. These forms have no plural.
  *¿Qué es esto?* What is this?

### Ex 3.7a  Who are these gifts for? Follow the example.
**Example**: libro − Sara, Soraya, Elías
**Este** libro es para Sara pero **ese** es para Soraya y **aquel** para Elías.
1  pantalones − Jesús, Jorge, Gema
2  zapatos − papá, mamá, la abuela
3  pelota − perro, gato, hamster
4  camiseta − hermano, primo, amigo
5  flores − mamá, mi novia, mi profesora
6  CD − mi amiga, mi hermana, mi padre

### Ex 3.7b  Replace the words in brackets with the correct form of the demonstrative adjective or pronoun.
1  No son (*these*) bicicletas, son (*those*).
2  No es (*this*) doctor, it's (*that one over there*).
3  No es (*that one over there*) mochila, es (*this one*).
4  No es (*that*) competición, es (*that one over there*).
5  (*This*) camiseta me queda mejor que (*that one*).
6  (*That*) desayuno es más sano que (*this one*).
7  (*These*) caballos son más rápidos que (*those*).
8  (*These*) deportistas ganaron más medallas que (*those over there*).

## 3.8  *Volver a* and *acabar de*

Use *volver a* + **infinitive** when you want to say 'again':
  *Volvió a llegar tarde.* − He was late again.

Use *acabar de* + **infinitive** to say that something has just happened:
  *Acabo de llamar a Lucía.* − I have just called Lucía.

## 3.9 Verbs with prepositions

Some verbs need certain prepositions to work properly.

**Ex 3.9 Check the following sentences and add the right prepositions:**
1  Mis padres me obligaron ... limpiar mi habitación.
2  Empezamos ... estudiar ruso por las tardes.
3  Me harto ... obedecer siempre a mis profesores.
4  Durante las vacaciones aprendí ... practicar el surf.
5  Si mi amigo deja  ... fumar, será estupendo.
6  Siempre hablamos ... las mismas personas, ¡qué aburrido!
7  Cuando acaban ... comer, siempre van a dar un paseo.

# Unit 3B

## 3.10 Imperative mood: regular verbs

The imperative is used for commands, direct orders, instructions or guidelines. A command can only be given to the second person 'you' singular or plural and in either familiar or polite forms.

|  | -AR hablar *(to speak)* | | -ER beber *(to drink)* | | -IR subir *(to go up)* | |
|---|---|---|---|---|---|---|
|  | **Positive** | **Negative** | **Positive** | **Negative** | **Positive** | **Negative** |
| tú | ¡habla! | ¡no hables! | ¡bebe! | ¡no bebas! | ¡sube! | ¡no subas! |
| usted | ¡hable! | ¡no hable! | ¡beba! | ¡no beba! | ¡suba! | ¡no suba! |
| vosotros | ¡hablad! | ¡no habléis! | ¡bebed! | ¡no bebáis! | ¡subid! | ¡no subáis! |
| ustedes | ¡hablen! | ¡no hablen! | ¡beban! | ¡no beban! | ¡suban! | ¡no suban! |

**Ex 3.10a Check the following sentences and add the right prepositions:**
1  Por favor, Ana, ..... más alto, no te entiendo.
2  A ver, ..... una vez más tu problema.
3  Juan, .... mis instrucciones.
4  .... al señor Rodriguez inmediatamente.

> llamar  explicar  hablar  escuchar

**Ex 3.10b Now use the polite form of the imperative in the sentences above.**

## 3.11 The imperative mood: radical-changing and irregular verbs

Look back at page 112 to remind yourself of the imperatives of radical-changing and irregular verbs.

**Ex 3.11a Write out the imperatives for the following verbs:**
1  jugar
2  repetir
3  volver

**Ex 3.11b Can you list eight irregular imperatives in the *tú* and *vosotros* form?**

**Example:** decir = di / decid

**Ex 3.11c Write down the negative commands for the verbs you listed in 3.11b.**

## 3.12 The subjunctive

The subjunctive mood is used quite frequently in Spanish. You will mainly need to use it:

- in polite and negative commands
- after *cuando* when talking about the future

To form the present subjunctive:
1  take the first person (*yo*) form of the present tense
2  remove the last letter (*o*)
3  add the appropriate ending from the tables below:

|  | **yo** | **tú** | **usted** |
|---|---|---|---|
| -*ar* verbs | hable | hables | hable |
| -*er* verbs | coma | comas | coma |
| -*ir* verbs | escriba | escribas | escriba |

|  | **nosotros** | **vosotros** | **ustedes** |
|---|---|---|---|
| -*ar* verbs | hablemos | habléis | hablen |
| -*er* verbs | comamos | comáis | coman |
| -*ir* verbs | escribamos | escribáis | escriban |

Verbs with an irregular first person follow the same rules:

    hacer (yo hago):
    haga / hagas / haga / hagamos / hagáis / hagan
    tener (yo tengo):
    tenga / tengas / tenga / tengamos / tengáis / tengan

So do radical- and spell-changing verbs:

    jugar (yo juego):
    juegue / juegues / juegue / juguemos / juguéis / jueguen

Remember you need to use the subjunctive:

- when you refer to an action in the future using the words *cuando*, *en cuanto* and other similar time words.
- in the second part of the sentence when one person wants another person to do something, e.g. 'I want you to go home now': *Quiero que vayas a casa ahora.*

**Ex 3.12a** Write out the present subjunctive forms for the following irregular verbs:

1 ser
2 estar
3 ir
4 saber
5 tener
6 hacer

**Ex 3.12b** Now translate these sentences.

1 When I'm 20 I shall travel to South America.
2 As soon as I finish this I shall have my supper.
3 They want me to go to the cinema tonight.
4 My parents want my brother to study hard.
5 Our teachers want us to pass all our exams.

### 3.13 Time clauses in the past

Use *desde hacía* or *llevaba* to indicate the length of time an action which is now finished had been going on for.

*¿Cuánto tiempo hacía que vivías en esa casa?*

*Llevaba cinco en esa casa cuando nos mudamos a Manchester.*

*Acabar de* – to have just done something – can be used with the present and imperfect tenses.

*Acaba de llover.*

*Acababa de nevar cuando salimos a la calle.*

**Ex 3.13** Use *desde hacía* and *llevaba* to write some questions for your partner about his/her past. Use the verbs *vivir*, *visitar* and *estudiar*.

## Unit 4A

### 4.1 Apocopation

Some adjectives drop their final *o* when they come before the noun.

**Ex 4.1a** Complete the sentences with a suitable adjective from the box then translate them into English.

1 Estoy en el ...... curso de ESO.
2 Es un ...... estudiante.
3 Hoy es el ...... día del concurso.
4 No me gusta ...... chico de mi clase.
5 Todos dicen que era una ...... persona.

> buen   mal   primer   tercer   ningún   algún   gran

**Ex 4.1b** Make up sentences for the remaining adjectives above.

### 4.2 Articles – the, a, an, a few, some

Remember there are some key differences in the way the definite and indefinite articles are used in Spanish compared with how they are used in English.

- Use the **definite** article with parts of the body, clothes and with languages (but **not** after *hablar, estudiar, saber*), with mountains, seas and rivers and certain countries and towns and people's official titles.
  *Tengo la nariz larga. Me duele la cabeza.*

  *Me pongo el uniforme para el colegio pero los vaqueros y una camiseta en casa.*

  *El español es fácil. Estudio francés desde hace dos años.*

  *He visitado el Perú y la Ciudad de Guatemala.*

  *El Rey don Juan Carlos I, la Reina doña Sofía*

- Use the **definite** article before *señor/señora* when speaking about someone but not when speaking to someone.
  *Lo siento, el señor Ruíz no está.* BUT *Buenos días, señor Ruíz.*

- Use the **definite** article to refer to a general group, but not when referring to part of a group, and to translate 'on' with days of the week.
  *Las sardinas son muy nutritivas y las ostras también.*
  *Siempre comemos sardinas los viernes.*

- The **indefinite** article is used in the plural form to mean 'a few' or 'approximately'.
  *El mar está a unos tres kilómetros del pueblo.*

- The **indefinite** article is not used when you refer to someone's profession, religion, nationality or status.
  *Soy profesora.*

  *Quiere ser astronauta.*

  *Juan es católico.*

  *María es española.*

  *Su padre es senador.*

- However, it is used if there is an adjective:
  *Es una buena profesora. Es un francés muy educado.*

- It is not used if you are saying you haven't got something:
  *No tengo hermanos. No tenemos dinero.*

- It is also not used if the noun refers to a general group:
  *Siempre comemos espaguetis con tomates.*

**Ex 4.2** Translate the following:

1 I like Spanish but I don't like German.
2 On Sundays we don't have lessons but we do have them on Saturdays.
3 My parents are both teachers.
4 I always eat sweets during break on Fridays.
5 Juan would like to be an engineer.

## 4.3 Passive voice

Remember this is not used in Spanish as much as it is in English. Use the verb *ser* + the past participle, which agrees with the noun used.

*El acueducto fue construido por los romanos.*

*La escuela fue abierta hace dos años.*

> **Ex 4.3** Now write these sentences in the passive voice.
> 1 El profesor dictó la clase de historia.
> 2 Mi madre abrió la puerta.
> 3 La comida se preparó en la cantina del colegio.
> 4 Mi equipo favorito ganó el partido.
> 5 El alcalde inauguró la nueva piscina.

## 4.4 Indefinite adjectives

Use these just like normal adjectives; they agree with the noun they describe.

*algún día; alguna vez*

An exception is *cada* which doesn't change.

*cada día, cada persona*

## 4.5 *Cuál – cuáles*

This means 'which' and is often used to distinguish between two or more things.

*¿Cuál de estos estudiantes es el más inteligente, en tu opinión?*

*Aquí hay muchos caramelos. ¿Cuál prefieres? (which one) / ¿Cuáles prefieres? (which ones)*

# Unit 4B

## 4.6 *Esto / eso*

These are demonstrative adjectives, which are used to point something out, but they are neutral, i.e. they do not refer to a specific noun.

*¡Esto no puede ser!*
*Eso es.*

> **Ex 4.6** Translate the following into Spanish.
> 1 That's ridiculous.
> 2 This is impossible.

## 4.7 Infinitive constructions

*Sin, al, para, antes de* and *después de* – among others – are all followed by the infinitive in Spanish.

The '-ing' form of the verb in English is called a gerund. You have seen this form in Spanish when you use the continuous tense in the present or past:

*Estoy estudiando español. Estamos comiendo en la cantina. Estaba cantando.*

However, in Spanish you need to use the infinitive form of the verb in the following structures:

I like playing tennis. = *Me gusta jugar al tenis.*

Eating in the street is not a good idea. = *Comer en la calle no es buena idea.*

> **Ex 4.7a** Translate the following into English..
> 1 Sin hesitar ...
> 2 Al llegar ...
> 3 Para hacer los deberes ...
> 4 Antes de entrar ...
> 5 Después de terminar ...
> 6 A pesar de estudiar mucho ....
> 7 En lugar de ir a la Universidad ...
>
> **Ex 4.7b** Now complete the sentences in 4.7a in Spanish with ideas of your own.
>
> **Ex 4.7c** Complete these sentences with an infinitive construction.
> 1 Me encanta ...
> 2 Nos fascina ...
> 3 ...... es mala idea.
> 4 ...... es importante.

## 4.8 *Lo que – what*

This is **never** used to ask a question in Spanish.

It can start a sentence: *Lo que más me fascina es ...*

It can also join two ideas or two parts of a sentence together: *Es difícil comprender lo que quieres decir.*

## 4.9 Verbs + prepositions + infinitive

Some verbs in Spanish are followed by a preposition and then an infinitive.

| de a en |

> **Ex 4.9a** Write the correct preposition for each of these verbs.
> 1 acordarse
> 2 acostumbrarse
> 3 tratar
> 4 tardar
> 5 volver
> 6 ponerse
>
> **Ex 4.9b** Now write examples of your own to illustrate how the verbs in 4.9a work in a sentence.

# Verb Tables

| Infinitive | Present tense | | Perfect tense | Preterite tense | Imperfect tense | Future tense | Conditional |
|---|---|---|---|---|---|---|---|
| **Regular verbs** | | | | | | | |
| Regular –AR hablar (*to speak*) | hablo hablas habla | hablamos habláis hablan | he/has/ha/ hemos/ habéis/han hablado | **habl**é, aste, ó, amos, asteis, aron | **hablab**a, as, a, **hablá**bamos, ais, an | **hablar**é, ás, á, emos, éis, án | **hablar**ía, ías, ía, íamos, íais, ían |
| Regular –ER comer (*to eat*) | como comes come | comemos coméis comen | he/has/ha/ hemos/ habéis/han comido | **com**í, iste, ió, imos, isteis, ieron | **com**ía, ías, ía, íamos, íais, íeron | **comer**é, ás, á, emos, éis, án | **comer**ía, ías, ía, íamos, íais, ían |
| Regular –IR vivir (*to live*) | vivo vives vive | vivimos vivís viven | he/has/ha/ hemos/ habéis/han vivido | **viv**í, iste, ió, imos, isteis, ieron | **viv**ía, ías, ía, íamos, íais, ían | **vivir**é, ás, á, emos, éis, án | **vivir**ía, ías, ía, íamos, íais, ían |
| **Irregular verbs** | | | | | | | |
| dar (*to give*) | doy das da | damos dais dan | he/has/ha/ hemos/ habéis/han dado | **d**i, iste, io, imos, isteis, ieron | **da**ba, bas, ba, **dá**bamos, bais, ban | **dar**é, ás, á, emos, éis, án | **dar**ía, ías, ía, íamos, íais, ían |
| despertarse (*to wake up*) | me despierto te despiertas se despierta | nos despertamos os despertáis se despiertan | me he/te has/ se ha/nos hemos/os habéis/se han despertado | (me, etc.) **despert**é, aste, ó, amos, asteis, aron | (me, etc.) **despert**aba, bas, ba, **despertá**bamos, bais, ban | (me, etc.) **despertar**é, ás, á, emos, éis, án | (me, etc.) **despertar**ía, ías, ía, íamos, íais, ían |
| estar (*to be*) | estoy estás está | estamos estáis están | he/has/ha/ hemos/ habéis/han estado | **estuv**e, iste, o, imos, isteis, ieron | **esta**ba, bas, ba, **está**bamos, bais, ban | **estar**é, ás, á, emos, éis, án | **estar**ía, ías, ía, íamos, íais, ían |
| hacer (*to do/ to make*) | hago haces hace | hacemos hacéis hacen | he/has/ha/ hemos/ habéis/han hecho | **hi**ce, ciste, zo, cimos, cisteis, cieron | **hac**ía, ías, ía, íamos, íais, ían | **har**é, ás, á, emos, éis, án | **har**ía, ías, ía, íamos, íais, ían |
| ir (*to go*) | voy vas va | vamos vais van | he/has/ha/ hemos/ habéis/han ido | **fu**i, iste, e, imos, isteis, eron | **i**ba, bas, ba, **íb**amos, bais, ban | **ir**é, ás, á, emos, éis, án | **ir**ía, ías, ía, íamos, íais, ían |
| jugar (*to play*) | juego juegas juega | jugamos jugáis juegan | he/has/ha/ hemos/ habéis/han jugado | **jug**ué, aste, ó, amos, asteis, aron | **juga**ba, bas, ba, **jugá**bamos, bais, ban | **jugar**é, ás, á, emos, éis, án | **jugar**ía, ías, ía, íamos, íais, ían |

| Infinitive | Present tense | | Perfect tense | Preterite tense | Imperfect tense | Future tense | Conditional |
|---|---|---|---|---|---|---|---|
| pensar (*to think*) | pienso piensas piensa | pensamos pensáis piensan | he/has/ha/ hemos/ habéis/han pensado | **pens**é, aste, ó, amos, asteis, aron | **pensa**ba, bas, ba, **pensá**bamos, bais, ban | **pensar**é, ás, á, íamos, éis, án | **pensar**ía, ías, ía, íamos, íais, ían |
| poner (*to put/ to set*) | pongo pones pone | ponemos ponéis ponen | he/has/ha/ hemos/ habéis/han puesto | **pus**e, iste, o, imos, isteis, ieron | **pon**ía, ías, ía, íamos, íais, ían | **pondr**é, ás, á, emos, éis, án | **pondr**ía, ías, ía, íamos, íais, ían |
| poder (*to be able to*) | puedo puedes puede | podemos podéis pueden | he/has/ha/ hemos/ habéis/han podido | **pud**e, iste, o, imos, isteis, ieron | **pod**ía, ías, ía, íamos, íais, ían | **podr**é, ás, á, emos, éis, án | **podr**ía, ías, ía, íamos, íais, ían |
| preferir (*to prefer*) | prefiero prefieres prefiere | preferimos preferís prefieren | he/has/ha/ hemos/ habéis/han preferido | **prefer**í, iste, ió, imos, isteis, ieron | **prefer**ía, ías, ía, íamos, íais, ían | **preferir**é, ás, á, emos, éis, án | **preferir**ía, ías, ía, íamos, íais, ían |
| querer (*to want*) | quiero quieres quiere | queremos queréis quieren | he/has/ha/ hemos/ habéis/han querido | **quis**e, iste, o, imos, isteis, ieron | **quer**ía, ías, ía, íamos, íais, ían | **querr**é, ás, á, emos, éis, án | **querr**ía, ías, ía, íamos, íais, ían |
| saber (*to know*) | sé sabes sabe | sabemos sabéis saben | he/has/ha/ hemos/ habéis/han sabido | **sup**e, iste, o, imos, isteis, ieron | **sab**ía, ías, ía, íamos, íais, ían | **sabr**é, ás, á, emos, éis, án | **saber**ía, ías, ía, íamos, íais, ían |
| salir (*to go out*) | salgo sales sale | salimos salís salen | he/has/ha/ hemos/ habéis/han salido | **sal**í, iste, ió, imos, isteis, ieron | **sal**ía, ías, ía, íamos, íais, ían | **saldr**é, ás, á, emos, éis, án | **saldr**ía, ías, ía, íamos, íais, ían |
| ser (*to be*) | soy eres es | somos sois son | he/has/ha/ hemos/ habéis/han sido | **fu**i, iste, e, imos, isteis, eron | **er**a, as, a, **ér**amos, ais, an | **ser**é, ás, á, emos, éis, án | **ser**ía, ías, ía, íamos, íais, ían |
| tener (*to have*) | tengo tienes tiene | tenemos tenéis tienen | he/has/ha/ hemos/ habéis/han tenido | **tuv**e, iste, o, imos, isteis, ieron | **ten**ía, ías, ía, íamos, íais, ían | **tendr**é, ás, á, emos, éis, án | **tendr**ía, ías, ía, íamos, íais, ían |
| venir (*to come*) | vengo vienes viene | venimos venís vienen | he/has/ha/ hemos/ habéis/han venido | **vin**e, iste, o, imos, isteis, ieron | **ven**ía, ías, ía, íamos, íais, ían | **vendr**é, ás, á, emos, éis, án | **vendr**ía, ías, ía, íamos, íais, ían |
| volver (*to go back*) | vuelvo vuelves vuelve | volvemos volvéis vuelven | he/has/ha/ hemos/ habéis/han vuelto | **volv**í, iste, ió, imos, isteis, ieron | **volv**ía, ías, ía, íamos, íais, ían | **volver**é, ás, á, emos, éis, án | **volver**ía, ías, ía, íamos, íais, ían |

# Vocabulario español – inglés

*nm masculine noun*    *nf feminine noun*    *pl plural noun*    *v verb*    *adj adjective*    *pp past participle*

## A

de **abajo** below
**abierto/abierta** *adj* open
un/una **abogado/abogada** *nm/nf* a lawyer
un **abono** *nm* season ticket
un **abrazo** *nm* a hug
una **abreviatura** *nf* an abbreviation
**abrir** *v* to open
un/una **abuelo/abuela** *nm/nf* a grandfather/grandmother
**aburrido/aburrida** *adj* bored
**aburrirse** *v* to get bored
**acabar de ...** *v* to have just ...
**acceder** *v* to gain access
el **aceite de oliva** *nm* olive oil
las **aceitunas** *nf pl* olives
un **acento** *nm* an accent
**acercarse** *v* to approach
**acogedor/acogedora** *adj* friendly
**acoger** *v* to take in
**acompañar** to accompany
**acostarse** *v* to go to bed
una **actividad** *nf* an activity
un/una **actor/actriz** *nm/f* an actor
la **actualidad** *nf* news
**actualmente** nowadays
de **acuerdo** agreed
**acústico/acústica** *adj* noise
**adecuado/adecuada** *adj* suitable
**además** what's more, besides
**adentrarse** *v* to go deep into
**adivinar** *v* to guess
la **aduana** *nf* customs
una **aeronave** *nm* an airliner
el **aeropuerto** *nm* airport
una **afición (por)** *nf* a liking (for)
una **afirmación** *nf* a statement
**agarrar** *v* to take hold of
un **agobio** *nm* a nightmare
**agotado/agotada** *adj* exhausted
**agradable** *adj* pleasant
**agradecer** *v* to be grateful
**agredir** *v* to attack
el **agua** *nf* water
un **aguacate** *nm* an avocado
**aguantar** *v* to endure
**ahora** now
**ahuyentar** *v* to frighten off

el **aire acondicionado** *nm* air-conditioning
al **aire libre** outdoors
**aislado/aislada** *adj* isolated
**aislar** *v* to isolate
el **ajedrez** *nm* chess
**ajeno/ajena** *adj* alien, foreign
**albergar** *v* to accommodate
**alegre** *adj* happy
**algo** something
**algún/alguna** *adj* some, any
**aliviar** *v* to relieve
**allí** there
el **almuerzo** *nm* lunch
el **alojamiento** *nm* accommodation
**alojarse** *v* to stay
el **alquiler** *nm* rent
**alrededor** around
**alto/alta** *adj* tall
**amable** *adj* kind
un **ambiente** *nm* atmosphere
una **amenaza** *nf* a threat
**amenazar** *v* to threaten
**amistoso/amistosa** *adj* friendly
**amplio/amplia** *adj* spacious
un/una **anciano/anciana** *nm/nf* older man/woman
un **andén** *nm* platform
**andino/andina** *adj* Andean
**anglosajón/anglosajona** *adj* Anglo-Saxon
la **ansiedad** *nf* anxiety
con **antelación** in plenty of time
**anterior** *adj* previous
**antes** before
**antiguo/antigua** *adj* old
**antipático/antipática** *adj* unpleasant
un **anuncio** *nm* an advert
**añadir** *v* to add
**apagar** *v* to switch off
un **aparcamiento** *nm* a parking space
un/una **apasionado/apasionada** *nm/nf* a fan
**apoderarse** *v* to take control of
**apoyar** *v* to rest
**aprender** *v* to learn
un/una **aprendiz/aprendiza** *nm/nf* an apprentice

**aprovechar** *v* to take advantage of
**apuntar** *v* to make a note of
**aquí** here
una **araña** *nf* a spider
un **árbol** *nm* a tree
la **arena** *nf* sand
un **armario** *nm* a wardrobe
un/una **arquitecto/arquitecta** *nm/nf* an architect
**arreglar** *v* to tidy
**arriba** above
el **arroz** *nm* rice
**asado/asada** *adj* roast
un **ascensor** *nm* a lift
**asegurar** *v* to secure
los **aseos** *nm pl* toilets
una **asignatura** *nf* subject
**asqueroso/asquerosa** *adj* disgusting
un **atasco** *nm* a traffic jam
**aterrizar** *v* to land
**atrevido/atrevida** *adj* cheeky
el **atún** *nm* tuna
el **aula** *nf* classroom
**aunque** although
**ausente** *adj* absent
**averiado/averiada** *adj* broken-down
un **avión** *nm* a plane
**ayudar** *v* to help
un/una **azafata** *nm/nf* flight attendant
**azul** *adj* blue

## B

el **bacalao** *nm* cod
el **bachillerato** *nm* A-level exams
**bailar** *v* to dance
un **baile** *nm* a dance
el **baloncesto** *nm* basketball
un **banco** *nm* a bench
una **banda sonora** *nf* a soundtrack
**bañarse** *v* to have a bath
un **baño** *nm* a bath
**barato/barata** *adj* cheap
un **barco** *nm* a boat
un **barrio** *nm* a district
**bastante** quite
la **basura** *nf* rubbish
la **batería** *nf* a drum kit
**beber** *v* to drink
una **bebida** *nf* a drink
la **belleza** *nf* beauty
**bello/bella** *adj* beautiful
un **bicho** *nm* an insect

una **bici** *nf* a bike
un **billete sencillo** *nm* a single ticket
un **bocadillo** *nm* a sandwich
una **boda** *nf* a wedding
el **bodrio** *nm* rubbish
la **bolera** *nf* bowling alley
un **bolígrafo** *nm* a ballpoint pen
los **bolos** *nm pl* bowling
una **bolsa** *nf* a bag
**bonita/bonito** *adj* pretty
los **bosques** *nm pl* woods
el **botellón** *nm* (street) drinking party
**breve** *adj* short
una **broma** *nf* a joke
el **buceo** *nm* diving
**buen provecho** enjoy your meal
**bueno** all right
**buscar** *v* to look for
un **buzo** *nm* a diver

## C

un **caballo** *nm* a horse
la **cabeza** *nf* head
**cabezudo/cabezuda** *adj* stubborn
**cada** each
**caer** *v* to fall
una **caja** *nf* a box
la **calefacción** *nf* heating
el **calentamiento global** *nm* global warming
**caliente** *adj* hot
una **calificación** *nf* qualification
el **calimocho** *nm* red wine and cola
**callado/callada** *adj* quiet
la **calle** *nf* street
**camaleónico/camaleónica** *adj* chameleon-like
un/una **camarero/camarera** *nm/nf* waitress
**cambiar** *v* to change
el **cambio climático** *nm* climate change
un **cambio** *nm* a change
**caminar** *v* to walk
un **camión** *nm* a lorry
una **camiseta** *nf* a T-shirt
un **campamento** *nm* a camp
un/una **campesino/campesina** *nm/nf* country person
una **cancha** *nf* a court
una **canción** *nf* a song
un **canguro** *nm* a kangaroo
hacer **canguro** *v* to babysit

**una** **canoa** *nf* a canoe
**cansado/cansada** *adj* tired
**un/una** **cantante** *nm/nf* a singer
**un/una** **cantautor/cantautora**
*nm/nf* singer-songwriter
**la** **cara** *nf* face
**cariñoso/cariñosa** *adj*
affectionate
**el** **carné de conducir** *nm*
driving licence
**un/una** **carnicero/carnicera** *nm/nf*
a butcher
**un/una** **carpintero/carpintera**
*nm/nf* a carpenter
**una** **carrera** *nf* a race, career
**una** **carretera** *nf* road
**una** **carta** *nf* a letter
**la** **cartelera** *nf* publicity
board
**una** **casa** *nf* a house
**un** **casco** *nm* a helmet
**casi** almost
**un** **castaño** *nm* chestnut tree
**castigar** *v* to punish
**unas** **cebollas** *nf pl* onions
**célebre** *adj* famous
**una** **celebridad** *nf* a celebrity
**la** **cena** *nf* dinner
**cenar** *v* to have dinner
**cercano/cercana** *adj*
nearby
**un** **cerdo** *nm* a pig
**el** **cero** *nm* zero
**la** **cerveza** *nf* beer
**el** **césped** *nm* grass, lawn
**un** **chapulín** *nm* a
grasshopper
**charlar** *v* to chat
**chato/chata** *adj* snub
(nose)
**un/una** **chaval/chavala** *nm/nf* a
kid
**chiflarse** *v* to be crazy
about
**un/una** **chiquillo/chiquilla** *nm/nf* a
youngster
**un/una** **chiquito/chiquita** *nm/nf* a
little girl/boy
**una** **chuchería** *nf* trinket, knick-
knack
**una** **chuleta** *nf* a chop
**una** **cicatriz** *nf* a scar
**un** **ciclo** *nm* a series
**un/una** **cirujano/cirujana** *nm/nf* a
surgeon
**una** **ciudad** *nm* a town
**claro** *adj* pale (colour)
**cobarde** *adj* cowardly
**la** **cocina** *nf* kitchen
**cocinar** *v* to cook
**un/una** **cocinero/cocinera** *nm/nf* a
cook

**codiciado/codiciada** *adj*
coveted
**el** **codo** *nm* elbow
**coger** *v* to take
**una** **cola** *nf* a queue
**un** **colchón** *nm* a mattress
**el** **cole** *nm* school
**un/una** **colega** *nm/nf* a colleague
**una** **colina** *nf* a hill
**colocar** *v* to put
**comenzar** *v* to begin
**comer** *v* to eat
**una** **cometa** *nf* a kite
**la** **comida** *nf* food
**el** **comienzo** *nm* beginning
**cómodo/cómoda** *adj*
comfortable
**un** **compact** *nm* CD
**una** **comparación** *nf* a
comparison
**competir** *v* to compete
**comprar** *v* to buy
**las** **compras** *nf pl* the
shopping
**con** with
**concienciar** *v* to make
aware
**concordar** *v* to agree
**concurrido/concurrida**
*adj* busy
**el** **concurso** *nm* competition
**un/una** **conejo/coneja** *nm/nf* a
rabbit
**un** **conjunto** *nm* a group
**conocer** *v* to know
**un** **consejo** *nm* a piece of
advice
**el** **conserje** *nm* caretaker
**una** **consola de videojuegos**
*nf* a games console
**un/una** **contable** *nm/nf* an
accountant
**un** **contado** *nm* a county
**contagiar** *v* to pass on
**la** **contaminación** *nf*
pollution
**contar** *v* to count
**contrario/contraria** *adj*
opposite
**convencer** *v* to convince
**una** **copa** *nf* a drink
**el** **corazón** *nm* heart
**una** **cordillera** *nf* mountain
range
**un** **cormorán** *nm* a
cormorant
**un** **coro** *nm* a choir
**un/una** **corredor/corredora** *nm/nf*
a rider
**un** **correo electrónico** *nm* an
email
**correr** *adj* to run

**una** **corrida (de toro)** *nm* a
bullfight
**cortar** *v* to cut
**cortés** *adj* polite
**corto/corta** *adj* short
**una** **cosa** *nf* a thing
**la** **costumbre** *nf* the habit
**una** **costurera** *nf* a seamstress
**cotillear** *v* to gossip
**creer** *v* to believe
**un** **crepa** *nf* a pancake
**un** **crucero** *nm* a cruise
**un** **crucigrama** *nm* a
crossword
**crujiente** *adj* crunchy
**cruzar** *v* to cross
**una** **cualidad** *nf* a quality
**cualquier** any
**¿cuándo?** when?
**cuarto/cuarta** *adj* fourth
**cubierto/cubierta** *adj*
covered
**los** **cubiertos** *nm pl* cutlery
**un** **cubo** *nm* a bucket, cube
**la** **cuenta** *nf* the bill
**una** **cueva** *nf* a cave
**un** **cuí** *nm* a guinea pig
**cuidar** *v* to look after
**un** **cumpleaños** *nm* a
birthday
**cumplir** *v* to achieve
**una** **cuna** *nf* a cot

## D

**el** **daño** *nm* damage
**dar** *v* to give
**dar vuelta** *v* to turn round
**los** **datos** *nm pl* details
**los** **deberes** *nm pl* homework
**décimo/décima** *adj* tenth
**decir** *v* to say
**dedicarse** *v* to devote
oneself
**el** **dedo gordo** *nm* thumb
**un** **dedo** *nm* a finger
**la** **deforestación** *nf*
deforestation
**dejar** *v* to leave
**delante de** in front of
**un** **delfín** *nm* a dolphin
**los/las** **demás** the remaining
**demasiado/demasiada**
*adj* too much, many
**demostrar** *v* to prove
**densamente** densely
**dentro de** inside, within
**un/una** **dependiente/**
**dependienta** *nm/nf* shop
assistant
**el** **deporte** *nm* sport
**un/una** **deportista** *nm/nf*
sportsman/sportswoman

**deprimente** *adj*
depressing
**el** **derecho** *nm* right
**desagradable** *adj*
unpleasant
**desarrollarse** *v* to take
place
**desayunar** *v* to have
breakfast
**el** **desayuno** *nm* breakfast
**descansar** *v* to have a rest
**desconocido/**
**desconocida** *adj*
unknown
**un** **descuento** *nm* a discount
**desde** from, since
**desear** *v* to wish
**los** **desechos radioactivos**
*nm pl* radioactive waste
**la** **desembocadura** *nf*
mouth, estuary
**por** **desgracia** unfortunately
**deshabitado/deshabitada**
*adj* uninhabited
**desnudo/desnuda** *adj*
naked
**desordenado/**
**desordenada** *adj* untidy
**despedir** to see someone
off
**un** **despegue** *nm* take-off
**despeinado/despeinada**
*adj* dishevelled
**despertarse** *v* to wake up
**la** **despoblación** *nf*
depopulation
**después de** after
**destruir** *v* to destroy
**un** **desvío** *nm* a detour
**devolver** *v* to give back,
return
**un** **día** *nm* a day
**el** **dinero** *nm* money
**disfrazado/disfrazada** *adj*
in fancy dress
**dislocar** *v* to dislocate
**disponible** *adj* available
**divertido/divertida** *adj*
funny
**divertirse** *v* to have a
good time
**doler** *v* to hurt
**¿dónde?** where?
**dorado/dorada** *adj* golden
**dormido/dormida** *adj*
asleep
**dormirse** *v* to go to sleep
**un** **dormitorio** *nm* a
bedroom
**una** **droguería** *nf* chemist's
**ducharse** *v* to have a
shower
**dudar** *v* to doubt

**dulce** *adj* gentle, kind
los **dulces** *nm pl* sweets
**duro/dura** *adj* hard

## E

**echar de menos** *v* to miss
**ecológico/ecológica** *adj* ecological
el **ecoturismo** *nm* ecotourism
un **edificio** *nm* a building
**egoísta** *adj* selfish
un/una **electricista** *nm/nf* an electrician
**elegir** *v* to choose
**embarazada** *adj* pregnant
**emborracharse** *v* to get drunk
unos **embutidos** *nm pl* sausages
**emparejar** *v* to match up
**empezar** *v* to begin
un **empleo** *nm* a job
una **empresa** *nm* a company
**en lugar de** instead of
**encantar** *v* to love (something)
**encerrar** *v* to lock up
**encima de** on top of
**encontrarse** *v* to meet up with
una **encuesta** *nf* a survey
el **enero** *nm* January
**enfadarse** *v* to get angry
una **enfermedad** *nf* an illness
un/una **enfermero/enfermera** *nm/nf* a nurse
**enfrente de** opposite
**engordar** *v* to put on weight
**enhorabuena** congratulations
**enriquecedor/ enriquecedora** *adj* enriching
**ensayar** *v* to rehearse
**ensuciar** *v* to get/make dirty
**entender** *v* to understand
**entero/entera** *adj* whole
la **entonación** *nf* intonation
**entonces** then
el **entorno** *nm* surroundings
**entretenido/entretenida** *adj* enjoyable
el **entretenimiento** *nm* entertainment
una **entrevista** *nf* an interview
**entrevistar** *v* to interview
**equilibrado/equilibrada** *adj* well-balanced
el **equipaje** *nm* luggage
la **equitación** *nf* riding
una **equivocación** *nf* a mistake
**equivocado/equivocada** *adj* wrong

**equivocarse** *v* to make a mistake
**érase una vez** once upon a time
la **escalada** *v* climbing
**escoger** *v* to choose
un/una **escritor/escritora** *nm/nf* a writer
el **escritorio** *nm* a desk
un **esfuerzo** *nm* an effort
la **espalda** *nf* back
un **espejo** *nm* a mirror
la **espeleología** *nf* potholing
las **espinacas** *nf pl* spinach
**esquiar** *v* to ski
una **esquina** *nf* a corner
**estable** *adj* stable
la **estación** *nf* station
una **estantería** *nf* bookcase
**estar** *v* to be
una **estatua** *nf* a statue
una **estatuilla** *nf* a statuette
un **estilo de vida** *nm* a lifestyle
el **estilo libre** *nm* front crawl, freestyle
**estimulante** *adj* stimulating
una **estrategia** *nf* a strategy
una **estrella** *nf* a star
el **estrés** *nm* stress
**estresado/estresada** *adj* under stress
**estricto/estricta** *adj* strict
una **estructura** *nf* a structure
**evitar** *v* to avoid
**exigente** *adj* demanding
un **éxito** *nm* a success
una **exposición** *nf* an exhibition
un **extintor** *nm* an extinguisher
el **extranjero** *nm* abroad
**extranjero/extranjera** *adj* foreign
**extrovertido/extrovertida** *adj* outgoing
**exuberante** *adj* flamboyant

## F

una **fábrica** *nf* a factory
una **faceta** *nf* an aspect
una **faena** *nf* a chore
**falso/falsa** *adj* false
una **falta** *nm* a lack
**faltar** *v* to be missing
un **fastidio** *nm* a nuisance
una **fecha** *nf* date
**feo/fea** *adj* ugly
**festejar** *v* to celebrate
**fijamente** fixedly
**fijo/fija** *adj* fixed
la **filosofía** *nf* philosophy
una **finca** *nf* a farm
**firmar** *v* to sign
la **fluidez** *nf* fluency

una **fobia** *nf* a phobia
una **foca** *nf* a seal
un **folleto** *nm* a leaflet
el **fondo** *nm* bottom
un/una **fontanero/fontanera** *nm/nf* a plumber
el **footing** *nm* jogging
**fregar los platos** *v* to wash the dishes
un **freno** *nm* a brake
el **frente** *nm* front
**fresco/fresca** *adj* fresh
los **frijoles** *nm pl* beans
**frío/fría** *adj* cold
un **fuego** *nm* a fire
**fuera** outside
**fuerte** *adj* strong
**fumar** *v* to smoke
una **fundación** *nf* a foundation

## G

las **gafas** *nf pl* glasses
una **gallina** *nf* a hen
unas **gambas** *nf pl* prawns
**ganar** *v* to earn, gain
la **garganta** *nf* throat
una **garza** *nf* a heron
los **gastos** *nm* expenses
un/una **gatito/gatita** *nm/nf* kitten
**gemelo/gemela** *adj* twin
**generosa/generosa** *adj* generous
la **gente** *nf* people
una **gira** *nf* a tour
**girar** *v* to go round
**gitano/gitana** *adj* gypsy
el **gobierno** *nm* the government
**goloso/golosa** *adj* a sweet-toothed
**golpear** *v* to knock
**gordo/gorda** *adj* fat
la **grabación** *nf* recording
**gracioso/graciosa** *adj* funny
un/una **granjero/granjera** *nm/nf* a farmer
**grasiento/grasienta** *adj* greasy
**gratis** free
un **grifo** *nm* a tap
un **grito** *nm* a cry, shout
**guapo/guapa** *adj* good-looking
**guay** cool
el **guía** *nm* guide
me **gusta** I like

## H

**hablador/habladora** *adj* talkative
**hablar** *v* to speak
**hacer** *v* to do
**hacia** towards
una **hamaca** *nf* a hammock

el **hambre** *nm* hunger
**hartarse de** *v* to be fed up with
**harto/harta** *adj* fed up
**hasta** till
una **herida** *nf* an injury
un/una **hermanastro/ hermanastra** *nm/nf* half-brother/half-sister
un/una **hermanito/hermanita** *nm/nf* little brother/sister
un/una **hermano/hermana** *nm/nf* brother/sister
**hermoso/hermosa** *adj* beautiful
un/una **hijo/hija** *nm/nf* a son/daughter
**hispanohablante** *adj* Spanish-speaking
el **hombro** *nm* shoulder
**honrado/honrada** *adj* honest
la **hora** *nf* the time
un/una **huérfano/huérfana** *nm/nf* an orphan
un **huevo** *nm* an egg
**huir** *v* to escape
la **humedad** *nf* humidity

## I

un **idioma** *nm* a language
**idóneo/idónea** *adj* ideal
una **iglesia** *nf* a church
**igual** the same
una **imagen** *nf* a picture
**impaciente** *adj* impatient
**importar** *v* to matter
**imprescindible** *adj* essential
**indígena** *adj* native
**infeliz** *adj* unhappy
un/una **ingeniero/ingeniera** *nm* an engineer
los **ingresos** *nm pl* income
la **iniciativa** *nf* initiative
**innovador/innovadora** *adj* innovative
**inolvidable** *adj* unforgettable
**insoportable** *adj* unbearable
el **instituto** *nm* school
**inteligente** *adj* intelligent
**inundar** *v* to flood
un/una **invasor/invasora** *nm/nf* an invader
el **invierno** *nm* winter
**ir al grano** *v* to get to the point
**ir** *v* to go

## J

el **jabón** *nm* soap
el **jamón** *nm* ham
el **jarabe** *nm* syrup

una **jaula** *nf* a cage
un/una **jefe/jefa de cocina** *nm/nf* a chef
el/la **jefe/jefa** *nm/nf* boss
la **jornada** *nf* day
**joven** *adj* young
un/una **jugador/jugadora** *nm/nf* a player
**jugar** *v* to play
**junto/junta** *adj* together
la **juventud** *nf* youth

**L**

**laboral** *adj* work-related
**labrar** *v* to work
el **lado** *nm* side
un **lago** *nm* a lake
**lanzar** *v* to throw
**largo/larga** *adj* long
una **lástima** *nf* a shame
**lastimar** *v* to hurt
una **lata** *nf* a can
un **látigo** *nm* a whip
una **lavadora de platos** *nf* a dishwasher
una **lavadora de ropa** *nf* a washing machine
un **lavaplatos** *nm* a dishwasher
una **lechuga** *nf* a lettuce
**leer** *v* to read
una **lema** *nf* a slogan
la **lencería** *nf* lingerie
**lento/lenta** *adj* slow
un **león** *nm* a lion
**levantarse** *v* to get up
la **libertad** *nf* freedom
un **libro** *nm* a book
un/una **licenciado/licenciada** *nm/nf* a graduate
el **liderazgo** *nm* leadership
**ligero/ligera** *adj* light
**limpiar el coche** *v* to wash the car
**limpio/limpia** *adj* clean
**lindo/linda** *adj* sweet, cute
**llamativo/o** *adj* striking
una **llave** *nf* a key
**llegar** *v* to arrive
**lleno/llena** *adj* full
**llevar** *v* to wear
**llevarse bien** *v* to get along
**llorar** *v* to cry
**llover** *v* to rain
la **lluvia ácida** *nf* acid rain
un/una **lobo/loba** *nm/nf* a wolf
un/una **loco/loca** *nm* a fanatic
una **locura** *nf* madness
**lograr** *v* to manage
un/una **loro/lora** *nm/nf* a parrot
**lucir** *v* to look
un **lugar** *nm* a place
**lujoso/lujosa** *adj* luxurious
un **lunar** *nm* a beauty spot
una **luz** *nf* light

**M**

una **maceta** *nf* a flowerpot
la **madera** *nf* wood
una **madrastra** *nf* stepmother
la **madrugada** *nf* early morning
**madrugar** *v* to get up early
**maduro/madura** *adj* mature
**mal** wrongly
el **malestar** *nm* discomfort
una **maleta** *nf* a suitcase
**malo/mala** *adj* bad
**maltratar** *v* to mistreat
**mandar** *v* to send
una **manguera** *nf* a hosepipe
las **manos** *nf pl* hands
la **mantequilla** *nf* butter
una **manzana** *nf* an apple
la **mañana** *nf* morning
**maquillarse** *v* to put on makeup
una **máquina** *nf* a machine
la **maquinaria** *nf* machinery
una **marca** *nf* a brand
**mareado/mareada** *adj* feeling sick
**marinero/marinera** *adj* seaside
la **mariposa** *nf* butterfly
el **marisco** *nm* shellfish
**más** more
**mediano/mediana** *adj* medium-sized
un/una **médico/médica** *nm/nf* a doctor
el **medio ambiente** *nm* the environment
**medir** *v* to measure
**mejor** better
**mejorar** *v* to improve
la **menor idea** the slightest idea
**mentir** *v* to lie
a **menudo** often
el **mercado** *nm* market
**merecer** *v* to deserve
la **merienda** *nf* afternoon snack
un **mes** *nm* a month
la **mesa** *nf* a table
una **mesita de noche** *nf* a bedside table
una **mezcla** *nf* a mixture
el **microondas** *nm* microwave (oven)
**mientras** while
el **milagro** *nm* a miracle
**mimado/mimada** *adj* spoiled
una **mina** *nf* a mine
un/una **minusválido/minusválida** *nm/nf* a disabled person
un **mirador** *nm* a viewpoint

**mismo/misma** *adj* the same
la **mitad** *nf* half
**mítico/mítica** *adj* mythical
una **mochila** *nf* a rucksack
un/una **modista** *nm/nf* a designer
de **modo que** so that
**mojar** *v* to get wet
**molestar** *v* to bother
un/una **mono/mona** *nm/nf* a monkey
un **monopatín** *nm* a skateboard
el **montañismo** *nm* mountaineering
**morder** *v* to bite
**morir** *v* to die
el **mostrador** *nm* check-in desk
un/una **muchacho/muchacha** *nm/nf* boy/girl
**mudarse** *v* to move
los **muebles** *nm pl* furniture
las **muelas** *nf pl* teeth
una **muerte** *nf* a death
el **municipio** *nm* a town
la **música rocanrol** *nf* rock and roll
un **músico** *nm* musician

**N**

**nacer** *v* to be born
el **nacimiento** *nm* birth
la **nacionalidad** *nf* nationality
**nada** nothing
la **naranjada** *nf* orangeade
la **nariz** *nf* nose
la **natación** *nf* swimming
la **Navidad** *nf* Christmas
en **negrita** in bold (type)
una **nevera** *nf* a fridge
la **nieve** *nf* snow
**ningún/ninguna** *adj* none, no
un/una **niñero/niñera** *nm/nf* a nanny
el **nivel** *nm* level
la **noche** *nf* night
**nombrar** *v* to name
las **noticias** *nf pl* news
una **novela** *nf* a novel
**noveno/novena** *adj* ninth
un/una **novio/novia** *nm/nf* girlfriend
los **novios** *nm pl* the bride and groom
**nublado/nublada** *adj* cloudy
**nuevo/nueva** *adj* new
**nunca** never

**O**

o **mejor dicho** or rather
**obedecer** *v* to obey

un/una **obrero/obrera** *nm* a worker
el **ocio** *nm* leisure time
**octavo/octava** *adj* eighth
**ocultar** *v* to hide
**odiar** *v* to hate
**ofrecer** *v* to offer
**oír** *v* to hear
los **ojos** *nm pl* eyes
una **ola** *nf* a wave
**olvidar** *v* to forget
**ordenado/ordenada** *adj* tidy
un **ordenador** *nm* a computer
un **orfanato** *nm* an orphanage
**orgulloso/orgullosa** *adj* proud
la **orilla** *nf* shore
un/una **oriundo/oriunda** *nm/nf* native
el **oro** *nm* gold
una **orquesta** *nf* an orchestra
la **ortografía** *nf* spelling
un/una **oso/osa** *nm/nf* a bear

**P**

**paciente** *adj* patient
un **padrastro** *nm* stepfather
los **padres** *nm pl* parents
una **paga** *nf* a payment
**pagado** *adj* paid
un **pájaro** *nm* a bird
una **palabra** *nf* word
un **palillo** *nm* toothpick
un **palmarés** *nm* record
un **palo** *nm* a stick
una **panadería** *nf* bakery
una **pandilla** *nf* a gang
una **pantalla** *nf* a screen
el **papel** *nm* role
un **paraíso** *nm* a paradise
me **parece** it seems to me
**parecerse** *v* to look like
una **pared** *nf* a wall
una **pareja** *nf* pair
el **parlamento** *nm* parliament
**pasar la aspiradora** *v* to vacuum
**pasar** *v* to spend
los **pasos** *nm pl* footsteps
una **patada** *nf* a kick
las **patatas** *nf pl* potatoes
**patinar** *v* to skate
un **pato** *nm* a duck
**pedir** *v* to ask for, order
**peinarse** *v* to do one's hair
**pelar** *v* to peel
una **pelea** *nf* an argument
**pelearse** *v* to quarrel
una **película** *nf* a film
el **peligro** *nm* danger
**peligroso/peligrosa** *adj* dangerous

el **pelo** *nm* hair
la **pelota** *nf* ball
una **peluquería** *nf* a hairdresser's
un/una **peluquero/peluquera** *nm/nf* a hairdresser
**pensar** *v* to think
**peor** worse
de **pequeño** when I was little
**pequeño/pequeña** *adj* small
**perder peso** *v* to lose weight
una **pérdida (de tiempo)** *nf* a waste (of time)
**perezoso/perezosa** *adj* lazy
un/una **periodista** *nm/nf* a journalist
**pero** but
un **perro** *nm* a dog
**perseguir** *v* to pursue
una **pesadez** *nf* a drag
**pesado/pesada** *adj* annoying
a **pesar de** despite
**pesar** *v* to weigh
la **pesca** *nf* fishing
el **pescado** *nm* fish
un/una **pescador/pescadora** *nm/nf* fisherman/fisherwoman
**picante** *adj* spicy
al **pie de** at the bottom of
a **pie** on foot
la **pierna** *nf* leg
los **pies** *nm pl* feet
una **pila** *nf* a battery
un **pingüino** *nm* a penguin
**pintar** *v* to paint
**pintoresco/pintoresca** *adj* picturesque
una **piña** *nf* a pineapple
el **piragüismo** *nm* canoeing
el **piso** *nm* floor
una **pista de hielo** *nf* an ice-rink
la **pista** *nf* a track
**plagado/plagada (de)** *adj* full (of)
la **planta** *nf* floor
un **plátano** *nm* a banana
un **plato** *nm* a dish
una **playa** *nf* a beach
**poblado/poblada** *adj* populated
un **poco** a little
**poco/poca** *adj* few
**poder** *v* to be able
**poderoso/poderosa** *adj* powerful
**polémico/polémica** *adj* controversial
el **pollo** *nm* chicken
el **polvo** *nm* dust

**poner la mesa** *v* to lay the table
**ponerse** *v* to wear
un **poquito** a little
**por encima de** on top of
**¿por qué?** why?
**porque** because
un **portátil** *nm* laptop
el **postre** *nm* dessert
el **precio** *nm* price
**predecible** *adj* predictable
una **pregunta** *nf* a question
un **premio** *nm* a prize
una **preposición** *nf* a preposition
**presentarse** *v* to introduce yourself
**primer/primero/primera** *adj* first
un/una **primo/prima** *nm/nf* a cousin
la **privacidad** *nf* privacy
**probarse** *v* to try on
el/la **profe** *nm/nf* teacher
**profundo/profunda** *adj* deep
un **pronombre** *nm* a pronoun
**pronto** soon
una **propuesta** *nf* a proposal
los **pros y los contras** for and against
un/una **protagonista** *nm/nf* a star, actor
un **proyecto** *nm* a plan
un **pueblo** *nm* a town
el **puenting** *nm* bungee jumping
**pues** well
un **puesto** *nm* a job
los **pulmones** *nm pl* lungs
un **puñetazo** *nm* a punch
de **pura cepa** through and through

## Q

**quedarse atrapado** *v* to get trapped
una **queja** *nf* a complaint
**quejarse** *v* to complain
**quemarse** *v* to burn oneself
**querer** *v* to want
**querido/querida** *adj* dear
el **queso** *nm* cheese
**¿quién?** who
**quieto/quieta** *adj* still
una **quincena** *nf* a fortnight
**quinto/quinta** *adj* fifth
un **quiosco de prensa** *nm* newspaper kiosk
**quizás** maybe

## R

un **rato** *nm* a while
un **ratón** *nm* a mouse

**realizar** *v* to carry out
un/una **recepcionista** *nm/nf* a receptionist
una **receta** *nf* a recipe
**reciclar** *v* to recycle
**recién nacido/nacida** new-born
**recoger** *v* to pick up
**recogido/recogida** *adj* quiet
**reconocido/reconocida** *adj* recognised
una **recopilación** *nf* a compilation
**recordar** *v* to remember
**recorrer** *v* to travel
un **recuerdo** *nm* a souvenir
**redondo/redonda** *adj* round
un **refresco** *nm* a drink
un **regalo** *nm* a present
**regar las plantas** *v* to water the plants
**regresar** *v* to return
**reír** *v* to laugh
**relajado/relajada** *adj* relaxed
**relatar** *v* to talk about
**rellenar** *v* to fill in
un **reloj** *nm* a watch
**resaltado/a** *adj* highlighted
una **reseña** *nf* a review
**respetar** *v* to respect
**respingado/respingada** *adj* turned-up
una **respuesta** *nf* an answer
los **resultados** *nm pl* results
una **revista** *nf* a magazine
un **riesgo** *nm* a risk
un **río** *nm* a river
**risueño/risueña** *adj* cheerful
**rocoso/rocosa** *adj* rocky
el **ron** *nm* rum
la **ropa** *nf* clothes
**roto/rota** *adj* broken
una **rueda** *nf* a wheel
el **ruido** *nm* noise
**ruidoso/ruidosa** *adj* noisy
el **ruso** *nm* Russian
una **rutina** *nf* a routine

## S

las **sábanas** *nf pl* sheets
**saber** *v* to know
**sabroso/sabrosa** *adj* tasty
**sacar la basura** *v* to take out the rubbish
la **sal** *nf* salt
la **sala de comedor** *nf* dining room
el **salchichón** *m* spicy sausage
**salir** *v* to go out, to leave
un **saltamontes** *nm* a grasshopper

**saltar** *v* to jump
un **salto** *nm* a jump
**saludable** *adj* healthy
**saludar** *v* to say hello to
**salvaje** *adj* wild
**sangrar** *v* to bleed
**sano/sana** *adj* healthy
el **santuario** *nm* sanctuary
una **sartén** *nf* frying pan
**satisfacer** *v* to satisfy
**secar** *v* to dry
en **seguida** immediately
**seguir** *v* to follow
**segundo/segunda** *adj* second
**seguro/segura** *adj* sure
la **Semana Santa** *nf* Holy Week/Easter
**semanal** weekly
**sencillo/sencilla** *adj* simple
el **senderismo** *nm* walking, hiking
**sentado/sentada** *adj* seated
un **sentido** *nm* direction
**sentir** *v* to feel
**señalar** *v* to mark
la **señalización** *nf* signposting
**séptimo/séptima** *adj* seventh
**ser** *v* to be
**serio/seria** *adj* serious
**servicial** *adj* helpful
**sexto/sexta** *adj* sixth
**siempre** always
lo **siento** I'm sorry
el **siglo** *nm* century
**significar** *v* to mean
una **silla** *nf* a chair
**simpático/simpática** *adj* nice
**sin embargo** however
**sincronizado/sincronizado** *adj* synchronized
un **sinfín** *nm* a great many
un **sinónimo** *nm* a synonym
un/una **sirviente/sirvienta** *nm* a servant
un **sitio web** *nm* a website
**sobrar** *v* to be unnecessary
**sobre** about
la **sobreexplotación** *nf* over-exploitation
**sobrevivir** *v* to survive
el/la **sobrino/sobrina** *nm* nephew/niece
un/una **soldado** *nm/nf* a soldier
**soler** *v* to be usual
**solo/sola** *adj* alone
**soltar** *v* to release
**soltero/soltera** *adj* single
**solucionar** *v* to solve
el **sonido** *nm* sound

soñador/soñadora *adj* dreamy

la **sopa** *nf* soup

**soportar** *v* to put up with

**sorprender** *v* to surprise

**soso/sosa** *adj* bland, tasteless

**suave** *adj* gentle, soft

la **subida** *nf* rise

el **submarinismo** *nm* scuba-diving

**subrayado/subrayada** *adj* underlined

**sucio/sucia** *adj* dirty

el **suelo** *nm* ground

la **suerte** *nf* luck

una **sugerencia** *nf* a suggestion

el/la **suizo/suiza** *nm/nf* Swiss

un **supermercado** *nm* a supermarket

**T**

**tacones** *nm pl* heels

**tal vez** perhaps

un **taller** *nm* a workshop

**también** also

un **tambor** *nm* drum

**tampoco** not ... either

una **taquilla** *nm* a ticket office

**taquillero/taquillera** *adj* box office hit

las **tareas domésticas** *nf pl* household chores

una **tarjeta** *nf* a card

un **tatuaje** *nm* a tattoo

un **teléfono móvil** *nm* mobile phone

una **telenovela** *nf* a soap opera

un **televisor** *nm* TV

un **tema** *nm* a theme

**temprano** early

un **tenedor** *nm* a fork

**tener fiebre** *v* to have a fever

**tener ganas de** *v* to look forward to

**tener hambre** *v* to be hungry

**tener lugar** *v* to take place

**tener miedo** *v* to be afraid

**tener que** *v* to have to

**tener razón** *v* to be right

**tener sed** *v* to be thirsty

**tener** *v* to have

**tercer/tercero/tercera** *adj* third

un **tiempo** *nm* a tense

el **tiempo** *nm* time

a **tiempo** on time

a **tiempo parcial** part-time

una **tienda** *nf* a shop

la **tierra** *nf* earth

**tímido/tímida** *adj* shy

un/una **tío/tía** *nm/nf* an aunt/uncle

un **tipo de transporte** *nm* a means of transport

**tirar** *v* to throw

un **titular** *nm* a title

una **toalla** *nf* a towel

el **tobillo** *nm* ankle

**tocar** *v* to play

**todavía** still

**todoterreno** *adj* off-road

**todo/toda/todos/todas** *adj* all

**tomar** *v* to take

**tonto/tonta** *adj* silly

**torcer** *v* to twist

el **torniquete** *nm* turnstile

una **tortuga** *nf* a turtle

**trabajador/trabajadora** *adj* hard working

**trabajar** *v* to work

el **trabajo** *nm* work

un/una **traductor/traductora** *nm/nf* a translator

**traer** *v* to bring

la **transcripción** *nf* transcript

**tras** after

**tratar** *v* to try

**tratarse de** *v* to be about

una **travesía** *nf* a crossing

**travieso/traviesa** *adj* naughty

**triste** *adj* sad

**tropezar** *v* to trip, stumble

un **trotamundos** *nm* a globetrotter

por **turnos** in turns

el **turrón** *nm* nougat

**U**

la **ubicación** *nf* situation, position

**último/última** *adj* last

**unir** *v* to link

**utilizar** *v* to use

unas **uvas** *nf pl* grapes

**V**

las **vacaciones** *nf pl* holidays

**vaciar** *v* to empty

**vago/vaga** *adj* lazy

**vale** OK

**valer** *v* to be worth

**valiente** *adj* brave

**valorar** *v* to value

un **vals** *nm* a waltz

unos **vaqueros** *nm pl* jeans

la **variedad** *nf* variety

**varón** *adj* male

un **vaso** *nm* a glass

**¡vaya!** well!

a **veces** sometimes

los **vecinos** *nm pl* neighbours

un **vehículo todoterreno** *nm* a 4x4 vehicle

la **velocidad** *nf* speed

un/una **vendedor/vendedora** *nm/nf* a salesperson

**vender** *v* to sell

una **ventaja** *nf* an advantage

**veranear** *v* to spend the summer

la **verdad** *nf* truth

**verdaderamente** really

**verdadero/verdadera** *adj* true

las **verduras** *nf pl* green vegetables

**verificar** *v* to check

en **vez de** instead of

un **viaje** *nm* a journey

un/una **viajero/viajera** *nm/nf* a traveller

la **vida** *nf* life

el **vidrio** *nm* glass

el **vino** *nm* wine

una **vocal** *nf* vowel

**volar** *v* to fly

la **voz** *nf* voice

el **vuelo** *nm* flight

una **vuelta** *nf* a walk

**Y**

un **yate** *nm* a yacht

**Z**

**zambullirse** *v* to dive in

unas **zanahorias** *nf pl* carrots

las **zapatillas** *nf pl* trainers

un/una **zorro/zorra** *nm/nf* a fox

un **zumo** *nm* a juice

**zurdo/zurda** *adj* left-handed

# Vocabulario inglés — español

## A

about (roughly, approximately) unos
about sobre
abroad el extranjero *nm*
absent ausente *adj*
an accent un acento *nm*
accommodation el alojamiento *nm*
to accompany acompañar *v*
to achieve cumplir *v*
across a través (de)
an actor un/una actor/actriz *nm/f*
address la dirección *nf*
admission charge la entrada *nf*
an advantage una ventaja *nf*
an advert un anuncio *nm*
affectionate cariñoso/cariñosa *adj*
to be afraid tener miedo *v*
after después (de)
in the afternoon por la tarde
afternoon snack la merienda *nf*
again otra vez
against contra
age la edad *nf*
to agree concordar *v*
air-conditioning el aire acondicionado *nm*
airport el aeropuerto *nm*
an alarm clock un despertador *nm*
A-level exams el bachillerato
all right bueno
all todo/toda/todos/todas *adj*
almost casi
alone solo/sola *adj*
along por
already ya
also también
although aunque
always siempre
and y
to annoy molestar *v*
annoying pesado/pesada *adj*
an answer una respuesta *nf*
an apple una manzana *nf*
an apricot un albaricoque *nm*
an argument una pelea *nf*
an arm un brazo *nm*
an armchair un sillón *nm*
around alrededor
arrival la llegada *nf*

to arrive llegar *v*
an art gallery un museo *nm* de arte
to ask for pedir *v*
an aspect una faceta *nf*
at (+ place) en
at (+ time) a
at all (not) nada
an atmosphere un ambiente *nm*
an aunt/uncle un/una tío/tía *nm/nf*
autumn el otoño
available disponible *adj*
an avocado un aguacate *nm*
to avoid evitar *v*

## B

to babysit hacer canguro *v*
at the back detrás
back la espalda *nf*
bad malo/mala *adj*
a bag una bolsa *nf*
a bakery una panadería *nf*
ball la pelota *nf*
a ballpoint pen un bolígrafo *nm*
a banana un plátano *nm*
basketball el baloncesto *nm*
to have a bath bañarse *v*
a bath un baño *nm*
a bathroom un cuarto *nm* de baño
to be about tratarse de *v*
to be estar, ser *v*
a beach una playa *nf*
beans las judías *nf pl*
a beard una barba *nf*
beautiful hermoso/hermosa *adj*
because porque
a bed una cama *nf*
bedlinen la ropa de cama *nf*
a bedroom un dormitorio *nm*
a bedside table una mesita de noche *nf*
a bee una abeja *nf*
beef la carne *nf* de vaca
a beer una cerveza *nf*
before antes de
beginning el comienzo *nm*
behind detrás
to believe creer *v*
below, under debajo de
a belt un cinturón *nm*
a bench un banco *nm*

better mejor
between entre
a bike una bici *nf*
a birthday un cumpleaños *nm*
biscuits las galletas *nf pl*
bitter amargo/amarga *adj*
black negro/negra *adj*
a block of flats un edificio *nm*
blonde, fair rubio/rubia *adj*
blue azul *adj*
board (white) la pizarra *nf* (electrónica)
boarding house la pensión *nf*
a boarding school un internado *nm*
a boat un barco *nm*
body el cuerpo *nm*
a book un libro *nm*
a bookcase una estantería *nf*
bored aburrido/aburrida *adj*
to be born nacer *v*
a boss un/una jefe/jefa *nm/nf*
both ... and ... tanto ... como ....
both ambos
to bother molestar *v*
a bottle (opener) un abrebotellas *nm*
at the bottom al fondo
at the bottom of al pie de
bowling los bolos *nm pl*
box office hit taquillero/taquillera *adj*
a boyfriend un novio *nm*
brave valiente *adj*
to have breakfast desayunar *v*
breakfast el desayuno *nm*
to bring traer *v*
broken roto/rota *adj*
brother/sister un/una hermano/hermana *nm/nf*
a building un edificio *nm*
bungee jumping el puenting *nm*
busy concurrido/concurrida *adj*
but (contradicting) sino
but (however) pero
a butcher un/una carnicero/carnicera *nm/nf*
to buy comprar *v*

## C

caliente *adj* hot
a camera una cámara *nf*
a can una lata *nf*
a canoe una canoa *nf*
canoeing el piragüismo *nm*
canteen la cantina *nf*
a car park un aparcamiento *nm*
a car un coche *nm*
cards (playing) los naipes *nm pl*
careful! ¡cuidado!
a carpet una alfombra *nf*
carrots unas zanahorias *nf pl*
to carry out realizar *v*
cartoons los dibujos animados *nm pl*
a cash dispenser un cajero automático *nm*
a castle un castillo *nm*
a cat un gato *nm*
a CD un compact *nm*
a celebrity una celebridad *nf*
a chair una silla *nf*
to change cambiar *v*
changing room el vestuario *nm*
chapel la capilla *nm*
to chat charlar *v*
cheap barato/barata *adj*
cheerful risueño/risueña *adj*
cheers! ¡salud!
cheese el queso *nm*
a chef un/una jefe/jefa de cocina *nm/nf*
a chemist's una farmacia *nf*
chemistry la química *nf*
chewing gum el chicle *nm*
chicken el pollo *nm*
a child un/una niño/niña *nm/nf*
a chimney una chimenea *nf*
chips las patatas fritas *nf pl*
to choose elegir, escoger *v*
a chore una faena *nf*
Christmas Eve la Nochebuena *nf*
Christmas la Navidad *nf*
a church una iglesia *nf*
a cigarette una cigarrillo *nf*
a city una ciudad *nf*
a civil servant un/una funcionario/funcionaria *nm/nf*

a **classroom** una aula *nf*
**clean** limpio/limpia *adj*
**climate** el clima *nm*
**climate change** el cambio climático *nm*
**climbing** la escalada *v*
a **clock** un reloj *nm*
**closed** cerrado/cerrada *adj*
**clothes** la ropa *nf*
**cloudy** nublado/nublada *adj*
**coal** el carbón *nm*
**coast** la costa *nf*
a **coffee pot** una cafetera *nf*
a **coin** una moneda *nf*
**cold** frío/fría *adj*
a **cold (illness)** resfriado *nm*
**college** el cole *nm*
a **comb** un peine *nm*
**comfortable** cómodo/cómoda *adj*
to **compete** competir *v*
**competition** el concurso *nm*
a **compilation** una recopilación *nf*
to **complain** quejarse *v*
a **comprehensive/grammar school** un instituto *nm*
a **computer game** un videojuego *nm*
**controversial** polémico/polémica *adj*
to **convince** convencer *v*
to **cook** cocinar *v*
a **cook** un/una cocinero/cocinera *nm/nf*
**cool** guay
a **corner (in a room)** un rincón *nm*
a **corridor** un pasillo *nm*
**cotton** el algodón *nm*
a **cough** una tos *nf*
to **count** contar *v*
a **country** un país *nm*
**country (as opposed to town)** el campo *nm*
**countryside (scenery)** el paisaje *nm*
a **couple (e.g. married)** una pareja *nf*
a **couple** un par *nm*
of **course** claro
a **cousin** un/una primo/prima *nm/nf*
to be **crazy about** chiflarse *v*
**cream** la nata *nf*
a **credit card** una tarjeta de crédito *nf*
**crisps** las patatas fritas *nf pl*
to **cross** cruzar *v*
to **cry** llorar *v*

a **cup** una taza *nf*
**curly (haired)** rizado/rizada *adj*
to **cut** cortar *v*
**cutlery** los cubiertos *nm pl*
**cycling** el ciclismo *nm*
a **cyclist** un/una ciclista *nm/nf*

### D

**daily** diario/diaria *adj*
to **dance** bailar *v*
a **dance** un baile *nm*
**dangerous** peligroso/peligrosa *adj*
**dark (haired)** moreno/morena *adj*
a **date** una fecha *nf*
**day after tomorrow** pasado mañana
**day before yesterday** anteayer
a **day** un día *nm*
**dead** muerto/muerta *adj*
**dear** querido/querida *adj*
a **death** una muerte *nf*
**demanding** exigente *adj*
**department stores** los (grandes) almacenes *nm pl*
**depressing** deprimente *adj*
to **deserve** merecer *v*
a **designer** un/una modista *nm/nf*
a **desk** una mesa de trabajo *nf*
**despite** a pesar de
to **destroy** destruir *v*
**details** los datos *nm pl*
a **detective film** una película policiaca *nf*
a **detour** un desvío *nm*
a **diary** un diario *nm*
a **dining room** un comedor *nm*
to have **dinner** cenar *v*
**dinner** la cena *nf*
**dirty** sucio/sucia *adj*
a **disabled person** un/una minusválido/minusválida *nm/nf*
a **dish** un plato *nm*
**dishwasher** el lavaplatos *nm*
a **district** un barrio *nm*
to **do** hacer *v*
to **do the shopping** hacer las compras *v*
a **doctor** un/una médico/médica *nm/nf*
a **documentary** un documental *nm*

a **dog** un perro *nm*
a **dozen** una docena *nf*
a **drag** una pesadez *nf*
to **drink** beber *v*
a **drink** una bebida *nf*
**driving licence** el carné/permiso de conducir *nm*
to **dry** secar *v*
**dry** seco/seca *adj*
a **duck** un pato *nm*
**dudar** to doubt *v*
**during** durante

### E

**each** cada
an **ear** una oreja *nf*
**early** temprano
to **earn** ganar *v*
an **earring** un pendiente *nm*
**earth** la tierra *nf*
**east** el este *nm*
**Easter** la Semana Santa/Pascua *nf*
**easy** fácil
to **eat** comer *v*
**ecological** ecológico/ecológica *adj*
**ecotourism** el ecoturismo *nm*
**either … or** o … o
**elbow** el codo *nm*
an **electrician** un/una electricista *nm/nf*
an **email** un correo electrónico *nm*
to **empty** vaciar *v*
**empty** vacío/vacia *adj*
to **endure** aguantar *v*
**England** Inglaterra *nf*
**English** (language/person) inglés/inglesa *adj*
**enjoy your meal!** ¡buen provecho!
**enough** bastante, suficiente
**environment** el medio ambiente *nm*
to **escape** huir *v*
**evening** la tarde *nf*
**everybody** todo el mundo
**everywhere** por todas partes
an **excursion, trip** una excursión *nf*
**exhausted** agotado/agotada *adj*
an **exhibition** una exposición *nf*
an **express train** un TALGO *nm*

### F

**face** la cara *nf*
a **factory** una fábrica *nf*
to **fall** caer *v*
**famous** célebre *adj*
a **fan** un/una apasionado/apasionada *nm/nf*
in **fancy dress** disfrazado/disfrazada *adj*
**far (from)** lejos de
a **farm** una finca, una granja *nf*
a **farmer** un/una granjero/granjera *nm/nf*
**fashionable** de moda
a **fast food restaurant** un restaurante *nm* de comida rápida
**father** el padre *nm*
**favourable** ventajoso/ventajosa *adj*
**fed up** harto/harta *adj*
to **feel** sentir *v*
**feeling sick** mareado/mareada *adj*
**feet** los pies *nm pl*
to have a **fever** tener fiebre *v*
**few** poco/poca *adj*
a **film** una película *nf*
a **finger** un dedo *nm*
a **fire** un fuego *nm*
a **firefighter** un/una bombero/bombera *nm/nf*
**fireworks** los fuegos artificiales *nm pl*
a **firm, company** una empresa *nf*
at **first** al principio
**fish** el pescado *nm*
**fishing** la pesca *nf*
**flight** el vuelo *nm*
to **flood** inundar *v*
**floor (storey)** el piso *nm*, la planta *nf*
**floor** el suelo *nm*
**flu** la gripe *nf*
to **fly** volar *v*
to **follow** seguir *v*
**food** la comida *nf*
on **foot** a pie
**foreign** extranjero/extranjera *adj*
to **forget** olvidar *v*
a **fortnight** una quincena *nf*
**free (no charge)** gratuito, gratis
**free (seat)** libre
**freedom** la libertad *nf*
**friendly** amistoso/amistosa *adj*
**from, since** desde
at the **front** delante

**front** el frente *nm*
**full** lleno/llena *adj*
**funny** divertido/divertida *adj*

## G

to **gain** ganar *v*
a **games console** una consola de videojuegos *nf*
a **gang** una pandilla *nf*
a **garage** un taller *nm*
**GCSE exams** los exámenes de ESO *nm pl*
**generous** generosa/generosa *adj*
**gentle, kind** dulce *adj*
to **get along** llevarse bien *v*
to **get angry** enfadarse *v*
to **get bored** aburrirse *v*
to **get up** levantarse *v*
to **get wet** mojarse *v*
a **girlfriend** una novia *nf*
to **give** dar *v*
**glasses** las gafas *nf pl*
**global warming** el calentamiento global *nm*
a **globetrotter** un trotamundos *nm*
to **go** ir *v*
to **go out** salir *v*
to **go shopping** ir de compras *v*
to **go to bed** acostarse *v*
to **go to sleep** dormirse *v*
to have a **good time** divertirse *v*
**good-looking** guapo/guapa *adj*
to **gossip** cotillear *v*
**government** el gobierno *nm*
a **graduate** un/una licenciado/licenciada *nm/nf*
a **grandson/granddaughter** un/una nieto/nieta *nm/nf*
**grapes** unas uvas *nf pl*
**grasiento/grasienta** *adj* greasy
**grass, lawn** el césped *nm*
to be **grateful** agradecer *v*
**ground** el suelo *nm*
**ground floor** la planta *nf* baja, el piso *nm* bajo
to **guess** adivinar *v*
a **guinea pig** un cobayo *nm*

## H

**habit** la costumbre *nf*
**hair** el pelo *nm*
a **hairdresser** un/una peluquero/peluquera *nm/nf*
a **hairdresser's (salon)** una peluquería *nf*

**half** la mitad *nf*
a **half-brother** un hermanastro *nm*
a **half-sister** una hermanastra *nf*
**ham** el jamón *nm*
**hands** las manos *nf pl*
**happy** alegre *adj*
**hard** duro/dura *adj*
**hard working** trabajador/ trabajadora *adj*
to **hate** odiar *v*
to **have** tener *v*
to **have to** tener que *v*
**head** la cabeza *nf*
**headteacher** el/la director/ directora *nm/nf*
**healthy** sano/sana *adj*
to **hear** oír *v*
**heart** el corazón *nm*
**heating** la calefacción *nf*
**heavy** pesado/pesada *adj*
**heels** tacones *nm pl*
**hello? (on phone)** ¡dígame!
to **help** ayudar *v*
a **helping, portion** una ración *nf*
**here** aquí
a **hobby** un pasatiempo *nm*
**holidays** las vacaciones *nf pl*
**homework** los deberes *nm pl*
**honest** honrado/honrada *adj*
a **horse** un caballo *nm*
a **house (semi-detached)** una casa (adosada) *nf*
**how are you?** ¿qué tal?
**how many?** ¿cuántos?
**how much is it?** ¿cuánto es?
**how?** ¿cómo?
**however** sin embargo
a **hug** un abrazo *nm*
**hunger** el hambre *nm*
**hungry: to be hungry** tener hambre *v*

## I

an **illness** una enfermedad *nf*
**immediately** en seguida
**impatient** impaciente *adj*
to **improve** mejorar *v*
**in front of** delante de
**income** los ingresos *nm pl*
an **injury** una herida *nf*
**inside, within** dentro de
**instead of** en lugar de
**intelligent** inteligente *adj*
an **interview** una entrevista *nf*
to **introduce yourself** presentarse *v*
**isolated** aislado/aislada *adj*
**IT** la informática *nf*

## J

**jeans** unos vaqueros *nm pl*
a **job** un trabajo *nm*
**jogging** el footing *nm*
a **joke** una broma *nf*
a **journalist** un/una periodista *nm/nf*
a **journey** un viaje *nm*
a **juice** un zumo *nm*
to **jump** saltar *v*
to have **just ...** acabar de ...

## K

a **key** una llave *nf*
a **kick** una patada *nf*
**kind** amable *adj*
a **kiss** un beso *nm*
a **kitchen** una cocina *nf*
a **kitten** un/una gatito/gatita *nm/nf*
a **knee** una rodilla *nf*
to **know (a fact)** saber *v*
to **know (a person, place)** conocer *v*

## L

a **lake** un lago *nm*
a **language** un idioma *nm*
a **laptop** un portátil *nm*
at **last** finalmente
**last** último/última *adj*
**Latin America(n)** América Latina (latinoamericano)
a **lawyer** un/una abogado/ abogada *nm/nf*
to **lay (the table)** poner (la mesa) *v*
**lazy** perezoso/perezosa *adj*
a **leaflet** un folleto *nm*
to **leave** salir *v*
**left** izquierdo/izquierda *adj*
**leg** la pierna *nf*
**leisure time** el ocio *nm*
a **letter** una carta *nf*
a **lettuce** una lechuga *nf*
**level** el nivel *nm*
to **lie** mentir *v*
**life** la vida *nf*
a **lifestyle** un estilo de vida *nm*
a **lift** un ascensor *nm*
a **light** una luz *nf*
I **like ...** me gusta ...
a **liking (for)** una afición (por) *nf*
to **link** unir *v*
**little (when I was)** de pequeño
a **little brother/sister** un/una hermanito/ hermanita *nm/nf*
a **little** un poco
a **living room** un salón *nm*
**London** Londres *nm*

## (L–M column)

**long** largo/larga *adj*
to **look after** cuidar *v*
to **look for** buscar *v*
to **look forward to** tener ganas de *v*
to **look like** parecerse *v*
a **lorry** un camión *nm*
to **lose weight** perder peso *v*
a **lot, much, many** mucho
to **love (e.g. a person)** querer *v*
to **love (e.g. an activity)** encantar (+ me, etc.) *v*
**luck** la suerte *nf*
**luggage** el equipaje *nm*
**lunch** el almuerzo *nm*

## M

a **magazine** una revista *nf*
to **make a mistake** equivocarse *v*
a **man** un hombre *nm*
a **market** un mercado *nm*
to **marry** casarse con *v*
**maths** las matemáticas *nf pl*
to **matter** importar *v*
**mature** maduro/madura *adj*
**maybe** quizás
to **mean** significar *v*
a **means of transport** un tipo de transporte *nm*
to **measure** medir *v*
**medicine** los medicamentos *nm pl*
to **meet up with** encontrarse con *v*
a **mirror** un espejo *nm*
to **miss** echar de menos *v*
to be **missing** faltar *v*
a **mistake** una equivocación *nf*
to **mistreat** maltratar *v*
a **mobile (phone)** un (teléfono) móvil *nm*
**money** el dinero *nm*
a **month** un mes *nm*
**more** más
**morning** la mañana *nf*
**motorway services** una área *nf* de servicio
**motorway** una autopista *nf*
a **mountain bike** una bicicleta *nf* de montaña
**mountain(s)** una montaña *nf* (sierra)
**mountaineering** el montañismo *nm*
to **move** mudarse *v*
a **musician** un músico *nm*

## N

to **name** nombrar *v*
a **nanny** un/una niñero/niñera *nm/nf*
**nationality** la nacionalidad *nf*
**naughty** travieso/traviesa *adj*
**nearby** cercano/cercana *adj*
**neighbours** los vecinos *nm pl*
**never** nunca
**new** nuevo/nueva *adj*
**news** las noticias *nf pl*
a **newspaper** un periódico *nm*
**next** próximo/próxima *adj*
**next to** al lado (de)
**nice** simpático/simpática *adj*
**night** la noche *nf*
a **nightmare** un agobio *nm*
**no (not any)** ninguno/ninguna *adj*
**no longer** ya no
**noise** el ruido *nm*
**noisy** ruidoso/ruidosa *adj*
**nonsense** las tonterías *nf pl*
**no-one, nobody** nadie
**north** el norte *nm*
**nose** el nariz *nm*
**not ... either** tampoco
**nothing** nada
a **novel** una novela *nf*
**now** ahora
**now and again** de vez en cuando
**nowadays** actualmente
a **nuisance** un fastidio *nm*
a **nurse** un/una enfermero/enfermera *nm/nf*

## O

an **off-road vehicle** un vehículo todoterreno *nm*
**often** a menudo
**OK** vale
**old** antiguo/antigua *adj*
an **older man/woman** un/una anciano/anciana *nm/nf*
**olive oil** el aceite de oliva *nm*
**olives** las aceitunas *nf pl*
**on top of** encima de
**onions** unas cebollas *nf pl*
an **only child** un hijo único/una hija única *nm/nf*
**open** abierto/abierta *adj*
to **open** abrir *v*
**opposite** enfrente de
**orangeade** la naranjada *nf*
to **order** pedir *v*

**outgoing** extrovertido/extrovertida *adj*
**outside** fuera

## P

**paid (well/badly)** (bien/mal) pagado
to **paint** pintar *v*
a **pair** una pareja *nf*
**pale (colour)** claro/clara *adj*
**parliament** el parlamento *nm*
**part-time** a tiempo parcial
**party** una fiesta *nf*
**patient** paciente *adj*
a **payment** una paga *nf*
**PE** la educación física *nf*
**pen friend** un/una corresponsal *nm/nf*
**people** la gente *nf*
**perhaps** tal vez
a **phobia** una fobia *nf*
to **phone** llamar *v*
to **pick up** recoger *v*
a **place** un lugar *nm*
a **plane** un avión *nm*
a **platform** un andén *nm*
to **play (sports/cards)** jugar *v*
to **play (instrument)** tocar *v*
**player** un/una jugador/jugadora *nm/nf*
**pleasant** agradable *adj*
a **plumber** un/una fontanero/fontanera *nm/nf*
**pocket knife/pen-knife** una navaja *nf*
**police station** la comisaría *nf*
**polite** cortés *adj*
**pollution** la contaminación *nf*
**pork** la carne de cerdo *nm*
**post code** el código *nm* postal
**potatoes** las patatas *nf pl*
**potholing** la espeleología *nf*
a **pound (sterling/weight)** una libra *nf*
**prawns** unas gambas *nf pl*
a **prescription** una receta *nf*
**pretty** bonita/bonito *adj*
**previous** anterior *adj*
**price** el precio *nm*
**privacy** la privacidad *nf*
a **prize** un premio *nm*
**proud** orgulloso/orgullosa *adj*
to **punish** castigar *v*
a **pupil** un/una alumno/alumna *nm/nf*
to **put** colocar *v*

to **put on makeup** maquillarse *v*
to **put on weight** engordar *v*
to **put up with** soportar *v*

## Q

a **qualification** una calificación *nf*
a **quality** una cualidad *nf*
to **quarrel** pelearse *v*
a **quarter** un cuarto *nm*
a **question** una pregunta *nf*
a **queue** una cola *nf*
**quiet** recogido/recogida *adj*
**quite** bastante

## R

a **rabbit** un/una conejo/coneja *nm/nf*
a **race** una carrera *nf*
**railway company (Spanish, national)** la RENFE *nf*
to **read** leer *v*
**really** verdaderamente
**really?** ¿de veras?
a **receptionist** un/una recepcionista *nm/nf*
to **recycle** reciclar *v*
to **remember** recordar *v*
**rent** el alquiler *nm*
to **rent, hire** alquilar *v*
to **respect** respetar *v*
to have a **rest** descansar *v*
to **return** regresar *v*
a **return ticket** un billete *nm* de ida y vuelta
**rice** el arroz *nm*
**riding** la equitación *nf*
**right (on the)** (a la) derecha *nf*
to be **right** tener razón *v*
a **river** un río *nm*
a **road** una carretera *nf*
**rock and roll** la música rocanrol *nf*
**room (enough space)** el sitio *nm*
a **room (single/double)** una habitación *nf* (individual/doble)
**round** redondo/redonda *adj*
a **routine** una rutina *nf*
a **rowing boat** un bote *nm* a remo
**rubbish** la basura *nf*
a **rucksack** una mochila *nf*
to **run** correr *adj*

## S

**sad** triste *adj*
to **sail** hacer la vela *v*
a **salesperson** un/una vendedor/vendedora *nm/nf*
**salt** la sal *nf*
**same** mismo/misma *adj*
**sand** la arena *nf*
a **sandwich** un bocadillo *nm*
to **satisfy** satisfacer *v*
**sausages** unas salchichas *nf pl*
to **save (money)** ahorrar *v*
to **say** decir *v*
a **scar** una cicatriz *nf*
**school** el instituto *nm*
**Scotland (Scottish)** Escocia (escocés)
a **screen** una pantalla *nf*
**scuba-diving** el submarinismo *nm*
a **season ticket** un abono *nm*
a **season** una estación *nf*
**selfish** egoísta *adj*
to **sell** vender *v*
to **send** mandar *v*
**serious** serio/seria *adj*
**shampoo** el champú *nm*
a **sheep** una oveja *nf*
**sheets** las sábanas *nf pl*
a **shop** una tienda *nf*
**short** bajo/baja *adj*
**short** corto/corta *adj*
**shoulder** el hombro *nm*
to have a **shower** ducharse *v*
**shy** tímido/tímida *adj*
**side** el lado *nm*
**silly** tonto/tonta *adj*
a **singer** un/una cantante *nm/nf*
**single (person)** soltero/soltera *adj*
a **single ticket** un billete sencillo/de ido *nm*
a **sink** un fregadero *nm*
to **skate** patinar *v*
to **ski** esquiar *v*
a **skirt** una falda *nf*
**sky** el cielo *nm*
**slim** delgado/delgada *adj*
a **slogan** una lema *nf*
**slowly** despacio
**small** pequeño/pequeña *adj*
to **smoke** fumar *v*
**snacks** las tapas *nf pl*
**snow** la nieve *nf*
**snub (nose)** chato/chata *adj*
**soap** el jabón *nm*
a **soap opera** una telenovela *nf*

a **soldier** un/una soldado *nm/nf*
**some, any** algún/alguna *adj*
**someone, somebody** alguien
**something** algo
**sometimes** a veces
**somewhere** en alguna parte
a **son/daughter** un/una hijo/hija *nm/nf*
a **song** una canción *nf*
as **soon as** tan pronto como
**soon** pronto
a **sore throat** un dolor *nm* de garganta
**sorry!** ¡disculpe!
a **soundtrack** una banda sonora *nf*
**soup** la sopa *nf*
**south** el sur *nm*
a **souvenir** un recuerdo *nm*
**spacious** amplio/amplia *adj*
to **spend (money)** gastar *v*
to **spend (time)** pasar *v*
to **spend the summer** veranear *v*
**spicy** picante *adj*
a **spider** una araña *nf*
**spinach** las espinacas *nf pl*
**spoiled** mimado/mimada *adj*
a **spoon** una cuchara *nf*
**sport** el deporte *nm*
a **sports centre** un polideportivo *nm*
a **sports ground/school field** un campo *nm* de deportes
**sportsman/sportswoman** un/una deportista *nm/nf*
**spring** la primavera *nf*
a **stadium** un estadio *nm*
**staircase** la escalera *nf*
**stamp (postage)** un sello *nm*
a **star** una estrella *nf*
a **statement** una afirmación *nf*
**station** la estación *nf*
**stationer's (shop)** la papelería
to **stay** alojarse *v*
a **stepfather** un padrastro *nm*
a **stepmother** una madrastra *nf*
**still** quieto/quieta *adj*
**still** todavía
**stomach ache** el dolor *nm* de estómago
a **strawberry** una fresa *nf*
a **street** una calle *nf*
**stress** el estrés *nm*

**strict** estricto/estricta *adj*
**strong** fuerte *adj*
**stupid** tonto/tonta *adj*
a **subject (favourite)** una asignatura *nf* (preferida)
**suitable** adecuado/adecuada *adj*
a **suitcase** una maleta *nf*
a **sunburn** una quemadura *nf* de sol
**sure** seguro/segura *adj*
a **surfboard** una tabla *nf*
to **surprise** sorprender *v*
a **survey** una encuesta *nf*
to **survive** sobrevivir *v*
**sweets** los dulces *nm pl*
**swimming** la natación *nf*
**swimming pool** una piscina *nf*
a **swimsuit** un traje *nm* de baño

## T

a **table** la mesa *nf*
a **tablet/pill** un comprimido *nm*
to **take advantage of** aprovechar *v*
to **take** coger *v*
to **take out** sacar *v*
to **take place** tener lugar *v*
to **take** tomar *v*
a **take-away meal** un plato *nm* para llevar
**talkative** hablador/habladora *adj*
**tall** alto/alta *adj*
a **tap** un grifo *nm*
**tasty** sabroso/sabrosa *adj*
a **tattoo** un tatuaje *nm*
**teacher** el/la profe *nm/nf*
**teeth** las muelas *nf pl*
a **theme** un tema *nm*
**then** entonces
**there** allí
a **thing** una cosa *nf*
to **think** pensar *v*
**throat** la garganta *nf*
**through** por
to **throw** lanzar *v*
to **throw** tirar *v*
**thumb** el dedo gordo *nm*
a **ticket office** una taquilla *nf*
to **tidy** arreglar *v*
**tidy** ordenado/ordenada *adj*
a **tie** una corbata *nf*
on **time** a tiempo
**time** la hora *nf*
**tired** cansado/cansada *adj*
**together** junto/junta *adj*
**toilets** los aseos *nm pl*
**too much, many** demasiado/demasiada *adj*

at the **top** por encima
**towards** hacia
a **towel** una toalla *nf*
a **town** un pueblo *nm*
a **traffic jam** un atasco *nm*
**trainers** las zapatillas *nf pl*
a **translator** un/una traductor/traductora *nm/nf*
a **tree** un árbol *nm*
a **trinket** una chuchería *nf*
**trousers** un pantalón *nm*
**truth** la verdad *nf*
to **try on** probarse *v*
to **try** tratar *v*
a **T-shirt** una camiseta *nf*
**tuna** el atún *nm*
**turnstile** el torniquete *nm*
a **TV** un televisor *nm*
**twin** gemelo/gemela *adj*
to **twist** torcer *v*

## U

**ugly** feo/fea *adj*
**unbearable** insoportable *adj*
to **understand** entender *v*
**unemployed** en paro
**unforgettable** inolvidable *adj*
**unhappy** infeliz *adj*
**United States (USA)** Estados Unidos (EEUU) *nm pl*
**university** la universidad *nf*
**unleaded (petrol)** sin plomo
to be **unnecessary** sobrar *v*
**unpleasant** antipático/antipática *adj*
**untidy** desordenado/desordenada *adj*
**until** hasta
**upstairs** arriba
to **use** utilizar *v*
**useful** útil *adj*
**useless** inútil *adj*

## V

to **vacuum** pasar la aspiradora *v*
to **value** valorar *v*
**variety** la variedad *nf*
**vegetables** las verduras *nf pl*
a **voice** una voz *nf*

## W

**wages** el pago *nm*
a **waitress** un/una camarero/camarera *nm/nf*
to **wake up** despertarse *v*
to **walk** caminar *v*
a **walk** una vuelta *nf*

**walking, hiking** el senderismo *nm*
a **wall** una pared *nf*
to **want** querer *v*
a **wardrobe** un armario *nm*
a **waste (of time)** una pérdida (de tiempo) *nf*
a **watch** un reloj *nm*
**water (drinking/mineral)** el agua (potable/mineral) *nf*
to **water the plants** regar las plantas *v*
to **wear** llevar, ponerse *v*
**weather forecast** el pronóstico *nm* del tiempo
a **website** un sitio web *nm*
a **wedding** una boda *nf*
on **weekdays** entresemana
at the **weekend** el fin de semana
**weekly** semanal
to **weigh** pesar *v*
as **well as** además de
**well-balanced** equilibrado/equilibrada *adj*
**west** el oeste *nm*
a **western (film)** una película *nf* del oeste
**wet** mojado/mojada *adj*
**what kind of ...?** ¿qué tipo de ...?
**what?** ¿qué? ¿cuál?
**what's more, besides** además
a **wheel** una rueda *nf*
**when?** ¿cuándo?
**where (from)?** ¿(de) dónde?
**where (to)?** ¿(a)dónde?
**which?** ¿cuál?
**while** mientras
a **while** un rato *nm*
**white** blanco/blanca *adj*
**who** ¿quién?
**why?** ¿por qué?
a **window** una ventana *nf*
to **wish** desear *v*
**with** con
**without** sin
a **word** una palabra *nf*
a **worker** un/una trabajador/trabajadora *nm/nf*
a **workshop** un taller *nm*
**worse** peor *adj*
to be **worth** valer *v*
**wrongly** mal

## Y

a **yacht** un yate *nm*
**yesterday** ayer
**young** joven *adj*
a **youth hostel** un albergue *nm* juvenil
**youth** la juventud *nf*